深圳市 2019 年度哲学社会规划课题项目"新媒介视域下的深圳市文化产业新业态研究"（项目编号：SZ2019B003）成果。

深圳市 2020 年度哲学社会规划课题项目"5G 时代下传统媒体融合的路径研究"（项目编号：SZ2020B006）阶段性成果。

新技术、新媒体与文化产业新业态

NEW TECHNOLOGY,
NEW MEDIA,
AND NEW BUSINESS FORMATS
OF CULTURE INDUSTRIES

彭思思 —— 著

社会科学文献出版社
SOCIAL SCIENCES ACADEMIC PRESS (CHINA)

目 录

上篇 理论篇

引 言 ……………………………………………………………… 1
　一　研究背景 …………………………………………………… 1
　二　国内外理论研究现状 ……………………………………… 2

第一章　相关概念阐释 ………………………………………… 12
　一　新时代新语境下文化产业的内涵与范畴 ………………… 12
　二　新技术、新媒体下文化产业新业态的内涵与范畴 ……… 17
　三　新载体新形态下新媒体的内涵与范畴 …………………… 29

第二章　相关理论阐释 ………………………………………… 34
　一　阿尔文·托夫勒的"三次浪潮理论" …………………… 34
　二　卡斯特尔的"网络社会理论" …………………………… 36
　三　克里斯·安德森的"长尾理论" ………………………… 39
　四　迈克尔·波特等人的"产业竞争力理论" ……………… 41

第三章　新技术新媒体下文化产业新业态特征分析 ………… 48
　一　生产方式：从"产销分离"到"产销合一" …………… 48
　二　用户需求：从"关注内容"到"关注平台+内容" ……… 50
　三　消费方式：从"在场在地"到"线上线下" …………… 51
　四　传播方式：从"单向模糊"到"多向精准" …………… 52

第四章　新技术新媒体与文化产业新业态的创新扩散 ……… 54
　一　5G技术与文化产业 ……………………………………… 55
　二　人工智能与文化产业 ……………………………………… 60

三　虚拟现实技术与文化产业 …………………………………… 65
　　四　大数据与文化产业 …………………………………………… 71

第五章　新技术新媒体下文化产业呈现的业态 …………………… 75
　　一　人工智能赋能下的智能媒体产业 …………………………… 75
　　二　流媒体赋能下的数字影视产业 ……………………………… 79
　　三　5G技术赋能下的游戏电竞产业 ……………………………… 83
　　四　虚拟技术赋能下的智慧文旅产业 …………………………… 90

第六章　新技术新媒体下文化产业新业态的发展趋势 …………… 95
　　一　影游音多元联动，二次元文化特征凸显 …………………… 95
　　二　付费意愿提升，流媒体平台快速发展 ……………………… 97
　　三　文化科技融合，新业态新模式不断涌现 …………………… 98
　　四　国际协作加强，数字文化生态圈显现 ……………………… 99
　　五　传播壁垒突破，国潮促跨国文化传播 ……………………… 100
　　六　数字赋能管理，版权保护迈入新阶段 ……………………… 101

下篇　实践篇

第七章　新技术新媒体下深圳文化产业新业态战略背景和发展历程 … 104
　　一　新技术新媒体下深圳发展文化产业新业态的战略背景 ……… 104
　　二　新技术新媒体下深圳文化产业新业态的发展历程 …………… 110

第八章　新技术新媒体下深圳文化产业新业态发展基础 ………… 116
　　一　新技术新媒体下深圳文化产业新业态的基本情况 …………… 116
　　二　新技术新媒体下深圳文化产业新业态的空间布局 …………… 121
　　三　新技术新媒体下深圳文化产业新业态的行业分析 …………… 133
　　四　新技术新媒体下深圳文化产业新业态的产业规模 …………… 138
　　五　新技术新媒体下深圳文化产业新业态的重大平台 …………… 142

第九章　新技术新媒体下深圳文化产业新业态的创新优势 ……… 148
　　一　区位优势：湾区核心之一 …………………………………… 148
　　二　政策优势：创新氛围 ………………………………………… 149

三　技术优势：高新技术 ………………………………… 150
　四　资本优势：金融中心 ………………………………… 151
　五　人才优势：人才高地 ………………………………… 152
　六　出口优势：海外传播 ………………………………… 153

第十章　新技术新媒体下深圳发展文化产业新业态的经验做法 ……… 155
　一　深圳市5G时代下媒体融合发展新业态 …………… 155
　二　深圳市数字时代下游戏影视产业新业态 …………… 165
　三　深圳市移动互联网下的数字音乐产业新业态 ……… 187
　四　深圳市虚拟现实下智慧文旅融合新业态 …………… 198

第十一章　新技术新媒体下深圳发展文化产业新业态的主要问题和发展路径 ……………………………………………… 219
　一　业态维度 ……………………………………………… 219
　二　区域维度 ……………………………………………… 220
　三　载体维度 ……………………………………………… 221
　四　技术维度 ……………………………………………… 222
　五　金融维度 ……………………………………………… 223
　六　传播维度 ……………………………………………… 224

第十二章　新技术新媒体下深圳文化产业新业态的发展路径 ………… 225
　一　政策层面：推动高精尖文化产业体系布局 ………… 225
　二　技术层面：探索创新型引领型文化新业态 ………… 230
　三　企业层面：加大新型市场主体培育力度 …………… 233
　四　载体层面：推进新型文化产业集聚化建设 ………… 235
　五　金融层面：构建创新文化新业态投融资体系 ……… 237
　六　传播层面：积极构建文化交流互鉴新格局 ………… 238

参考文献 ……………………………………………………………… 242

附　录 ………………………………………………………………… 247

后　记 ………………………………………………………………… 275

上篇　理论篇

引　言

一　研究背景

众所周知，20世纪后半叶兴起的基于计算机技术革命基础上的互动式数字媒体正悄无声息地改变着人类信息传播活动的整体格局，并对我们的经济、社会乃至生活习惯、消费方式都产生了极为深远的影响。尤其是进入后工业时代，伴随物联网、大数据、云计算、虚拟现实以及人工智能等高新技术的飞速发展，智媒体不再只是处在尼古拉斯·尼葛洛庞帝（Nicholas Negroponte）对智媒体虚拟的设想层面，而是已经实实在在地融入了我们的生活，并对我们的生活、思维和行为习惯产生了全方位影响。

以数字"新基建"为底层运行逻辑的数字文化产业新业态作为一种新的媒介文化，是一种传播实践、社会实践，并随着技术的发展和媒体的演变而呈现出新的文化现象。无论是新闻信息服务还是各种依托于互联网的内容产业新业态（如数字新媒体、数字游戏、数字影视、数字音乐，以及新兴起的直播电竞、云展览、云旅游等），都处于高速增长期，并全方位颠覆着以往的社会行为模式和经济发展方式，重塑着我们的社会舆论体系、产业组织形式和文化价值观等。

所以，随着数字经济的到来，互联网、物联网、人工智能等新技术新媒体也必然会为文化新业态、产业新结构提供一个崭新的研究背景和研究面向。全方位、多层次探索数字技术与智媒体构建的新生产体系、新传播系统以及新兴文化业态对生活消费的嵌入与影响，研究新发展背景下文化产业新业态、新模式和新消费行为，特别是从文化实践层面系统考察新技术新媒体推动下的产业运演机制及新商业模式，都是十分必要且具有重要理论实践价值的工作。

二 国内外理论研究现状

（一）国外相关研究的学术史梳理及研究动态

众所周知，源自20世纪40年代德国"法兰克福学派"的"文化工业"理论和兴起于20世纪60年代英国"伯明翰学派"的"大众文化"等相关研究一直是我国学界文化产业理论研究的起点，虽然在工业社会早期，西方著名学者诸如西奥多·阿多诺（也译作西奥多·阿道尔诺、特奥多·威·阿多尔诺）、瓦尔特·本雅明等都纷纷对文化产业化发展后呈现的文化新业态进行了深刻的把脉、论述与研究。如在最早出现"文化工业"概念一词的《启蒙辩证法：哲学片断》一书中，阿多诺对文化新业态做过这样深刻的论述，其认为："文化工业体系是从更加自由的工业国家，以及诸如电影、广播、爵士乐和杂志等所有富有特色的媒介中形成的，所以它在这些方面也繁荣了起来。"提出，"'大众文化'不足以描绘这种现象，在很大程度上，并非群众自发产生的某种当代文化形式，而是新兴的文化产业，利用现代科学技术手段，尤其是当时大规模复制并传播文化产品"。[①] 他阐释了文化新业态的发展基础，并对其进行过初步的探讨与概念界定。而对技术持有乐观主义态度的著名学者瓦尔特·本雅明也在《机械复制时代的艺术品》一书中肯定了机械复制技术下电影这一文化产业新业态的发展，并针对电影这一新的文化形态给予了深刻的探讨。但由于他们受所处时代技术发展的历史局限，其理论研究范畴仅限于工业社会早期机械复制技术下我们现在看到的大众（传统）文化产业的领域，较少涉及数字化、信息化的后工业社会中关于文化产业新业态，特别是网络这一新兴媒介基础上衍生的一系列文化新发展范式。从这个意义上看，20世纪80年代，美国著名的未来学家阿尔文·托夫勒（Alvin Toffler）的"三次浪潮理论"则首次预见性提到"信息社会"，并第一次触及网络（信息）下文明形态的相关内容，使文化产业社会性理论与时俱进，更加丰富和完善，并清晰地展望了第三次信息浪潮下的文明图景，指明信息社会下的文化发展大趋势，为文化产业新业态的发展提供了基本的社会发展理论基础和框

[①] 〔德〕马克斯·霍克海默、〔德〕特奥多·威·阿多尔诺：《启蒙辩证法：哲学片断》，洪佩郁、蔺月峰译，重庆出版社，1990，第18页。

架，而克里斯·安德森（Chris Anderson）的"长尾理论"也在重新审视互联网等新媒体技术背景下，为文化产业新业态的发展赋予了颇具建设性和现实意义的产业经济发展新理论，为推动新媒体技术下的文化产业新业态发展模式奠定了坚实的产业理论基础。

在托夫勒精准预测的基础上，国外众多学者纷纷参与到后工业社会文化建设发展研究中。从美国学者尼葛洛庞帝在1995年发表的《数字化生存》，到曼纽尔·卡斯特（Manuel Castells，也译作曼纽尔·卡斯特尔）在2002年发表的《网络社会的崛起》以及2004年丹尼尔·贝尔（Daniel Bell）的《后工业社会的来临》，相继为我们梳理、研究了信息化社会特有的结构和过程，展开了信息化、数字化后工业时代我们文化产业即将面临的现实文化图景。被誉为"21世纪的麦克卢汉"的著名学者亨利·詹金斯（Henry Jenkins）也在《融合文化》一书中论述了数字游戏产业这一文化产业新业态，充分肯定了数字游戏产业作为新一代游戏产业新兴流行的正统艺术形式存在的重要意义。英国著名学者大卫·赫斯蒙德夫（David Hesmondhalgh）在其第三版《文化产业》上也做了大量的修订、扩充和更新工作。在诸多改动中，其专门辟了两个章节论述"数字化与互联网"以及"数字化网络对现存文化产业的影响"，对数字游戏等数字技术下的新型文化形态做了深入的研究，并在书中论证了互联网和数字化对当前文化产业的深刻影响，详细介绍了数字电视、数字游戏产业这一新的文化产业形态和YouTube这一新型混合文化形态。大卫·赫斯蒙德夫发现，"新的文化产业形态很好地融入了文化产业大家庭，并没有摧毁也没有消融已有的文化产业形态。同时，从媒体交融中我们可以发现各式各样的文化协同——游戏基于电影，电影基于游戏，音乐发行通过游戏，游戏发行也通过音乐等等"①，从理论层面为全球文化产业新业态发展趋势做了进一步研判。

目前，从全球文化产业实践层面来看，文化产业新业态集群主要集中在美国、英国、法国、德国等发达国家。同时，以中国为主的发展中国家的文化产业新业态发展壮大趋势越来越显著；印度、巴西、南非等发展中国家也已形成一批初具规模的新兴业态产业集聚，初步形成了文化产业新兴业态集聚遍布五大洲的发展格局。② 与此同时，世界各国皆以前所未有

---

① 〔英〕大卫·赫斯蒙德夫：《文化产业（第三版）》，张菲娜译，中国人民大学出版社，2016，第78页。
② 柯丽菲：《广西新产业新业态培育与发展研究》，社会科学文献出版社，2019，第4页。

的力度加大对文化产业新业态的投入，加速推进以 VR/AR/MR、AI、5G 与大数据等高新技术为基础的"新基建"建设。文化产业新业态的发展正快速进入一个全新的发展新阶段，电子竞技、直播视频等依托互联网、智媒体平台等传播的数字新文化形态正在全方位重塑着我们的文化消费习惯，深度改变着全球的文化产业发展格局和全球产业链分工。

（二）国内相关研究的学术史梳理及研究动态

我国文化产业相较于西方国家文化产业来说起步较晚，但在进入 21 世纪以后，特别是伴随计算机在全国的迅速普及以及互联网技术的迅猛发展，国内依托互联网等新媒体技术兴起的文化产业新业态逐渐成为我国文化产业一个较快的增长点，成为推动国民经济迅速增长的新引擎，并在文化经济实践中受到了国家政策层和专家学者的关注。相关文献资料显示，我国最早展开对文化产业新业态研究的时间要追溯到 2005 年。

2005 年 1 月 26 日，利向昱在《中华新闻报》上撰文《科技助力新兴文化产业》，并介绍了新技术条件下催生的几种新兴文化产业类型，由此拉开了业界关注新兴文化业态的序幕；2006 年 9 月，《国家"十一五"时期文化发展规划纲要》提出要大力发展以数字化内容、数字化生产和网络化传播为主要特征的新兴文化产业，"鼓励具有自主知识产权的网络文化产品的创作和研发，开发文化数据处理、存储和传输服务、移动文化信息服务、网上文化交易、数字互动体验服务、数字远程教育及数字娱乐产品等增值业务"。毫无疑问，这是政策层要求运用高科技创新文化生产方式、培育新兴文化业态理念的初步表达。当然，这一时期，学界也相继开展了类似"文化新兴业态""新型文化产业""文化产业新业态"等提法的相关研究，例如赵志立于 2007 年 4 月在《成都大学学报（社会科学版）》上发表《文化产业发展要重视新的文化业态》一文，首次使用"新的文化业态"的概念，并初步尝试对新兴文化产业进行分析和分类。2008 年 5 月在南京举行的"2008 文化财富沙龙"上，国内学者也集中展开过对文化产业新业态的相关讨论。会上，清华大学教授熊澄宇、上海交通大学教授胡惠林、中南大学教授柏定国、中央财经大学教授魏鹏举等都对文化产业新业态做了不同程度的描述。但从这次会议探讨的内容中不难窥见，2008 年前后一段时期内，国内学术界对文化产业新业态的研究仍偏重于强调内容层面对产业新业态的重要性，以及对新旧业态之间的联系与传承关系层面的初步理解上，对新业态的概念界定以及媒体新技术给予新业态等学理层面的研究仅仅是泛泛而谈，较少有从学理层面进行深刻剖析与全面解读的研究文章。

2010年以后，随着国家层面积极推进电信网、广播电视网和互联网三网融合，互联网、新媒体融合技术背景下大力发展起来的文化产业新业态的经济效益凸显，文化产业新业态再次成为学界、业界热切关注的领域。2012年11月，党的十八大报告再次强调"促进文化和科技融合，发展新的文化业态，提高文化产业规模化、集约化、专业化水平"。至此，文化产业新业态的重要性上升到国家战略层面。2020年，国务院办公厅印发《关于以新业态新模式引领新型消费加快发展的意见》，进一步强调各地区、各有关部门要充分认识培育壮大文化新业态的重大意义，加强对高端文化产品生产与消费的引导，构建以文化产业新业态为核心的新型消费体系。

目前，随着进入数字经济发展新时期，5G、大数据、人工智能、虚拟技术等数字技术对文化产业的内容生产、经营形态、传播方式等产生了深刻影响，数字游戏、数字影视、直播电竞、云游戏、云音乐、云旅游等文化产业新业态领域发展迅猛，一跃成为文化产业中最具成长性的重要力量，有效带动了文化数字化生产和数字文化消费转型升级。与此同时，文化产业新业态无论是从理论研究层面还是文化实践层面都取得了长足的进步，涌现了较为丰硕的研究成果，主要体现在以下几个研究方面。

1. 在新技术新媒体下展开对文化产业新业态概念的再阐释和范畴分析

早期学者由于时代的局限性，缺乏对数字技术、工业互联网，特别是5G时代背景下虚拟技术、人工智能以及以移动新媒体为主的"第五媒体"的全面认识，所以近年来国内很多学者（例如杜丽芬、范玉刚、金元浦、王林生、范周多等）都纷纷展开对相关概念的梳理与再定义。大部分学者认为文化产业新业态主要是指凭借互联网和数字技术支持而衍生出来的、与文化产品和文化服务有关的文化业态[1]，其核心技术是网络信息技术和数字化技术，主要显现为一系列颇具竞争力的网络文化产品。[2] 其中，包括数字媒体产业、数字出版产业、数字音乐产业、数字文旅产业、动漫及衍生品产业以及电竞产业等主要类型。[3] 目前，学术界认为文化产业新业态主要包括三个层面：其一，新媒体和新行业的出现；其二，新兴数字信

---

[1] 杜丽芬：《新兴文化业态：核心概念及其初步分类》，《商场现代化》2010年第17期。
[2] 范玉刚：《新时代数字文化产业的发展趋势、问题与未来瞩望》，《中原文化研究》2019年第1期。
[3] 张伟、吴晶琦：《数字文化产业新业态及发展趋势》，《新华文摘》2022年第15期。

息技术对传统文化行业的改造；其三，文化产业化过程中，传统产业加入文化内容后产生的新盈利模式。这三个层面形成了文化产业新业态的核心内容。[①] 即文化产业新业态主要分为全新业态、改造业态和融合业态三种类型。深圳学者李凤亮认为文化产业新业态的"新"体现在三个层面：第一个层面是传播手段的网络化，文化产业新业态改变了传统文化产品的销售及服务方式；第二个层面是文化载体的集成化，多元文化产品可以集中于单一载体平台进行传播，并完美实现各种终端跨屏的无缝对接；第三个层面是内容的衍生性，它围绕原创内容催生出IP生态圈，行业内部、各行业之间交叉融合性更为突出，分工更加专业，新的文化业态自身运行规律更加独特。同时，文化产业新业态具有要素构成、产业范围、组织结构和经营模式持续快速升级的动态特性。[②] 目前，随着云计算、VR、AI等新技术的演进，常态的文化创意产业不断向高端变革，产业融合成为趋势，定制型文化产品及服务成为业界新的拓展方向。[③] 未来，在互联网和高科技的助力下，文化新业态将进一步向"跨界融合""科技引领""版权衍生""沉浸体验"四种创新模式演进，并随着现代科技的发展，特别是大数据、云计算、人工智能、物联网和AR等高科技的广泛运用，文化产业的形态和文化消费方式将继续发生更深刻的变化，电子竞技、网络影视、云旅游、云演播、网络小视频、网络直播等新兴业态的蓬勃发展，也将不断拓宽文化产业的边界、创新文化业态的模式和呈现形式。[④]

2. 在新技术新媒体下展开对文化产业新业态演化机理、动力因素层面的研究

文化业态演化是指文化业态发展变化的动态累积过程。目前，很多学者针对文化产业新业态演化的动力、表现形式和规律展开了深入剖析，旨在从演化机理层面探讨文化产业新业态演变的客观动因。有文献资料显示，目前文化产业新业态演化动力的理论研究主要涉及环境理论、制度创新理论、技术创新理论以及媒体变迁四个层面。[⑤] 其中，创新要素主要围绕政

[①] 盛学峰：《大力发展文化新业态 促进文化产业转型发展》，《徽州社会科学》2015年第8期。
[②] 吕庆华、任磊：《文化业态演化机理及其趋势》，《理论探索》2012年第3期。
[③] 刘泽照：《新时代文化产业新业态建设经验汲取与发展路径》，《成都行政学院学报》2019年第4期。
[④] 郭艳：《数字化背景下我国文化产业业态创新研究》，《决策咨询》2021年第6期。
[⑤] 吕庆华、任磊：《文化业态演化机理及其趋势》，《理论探索》2012年第3期。

策、市场、资本、技术、载体五个方面展开探讨,①而政策作为文化产业新业态发展的基本动力因素得到了学者的广泛关注。特别是2011年以后,我国相关政策正逐步向有效调和文化科技融合发展方向倾斜。相关政策大概可分为文化与技术的单一发展型政策、科技与文化融合的相关配套政策、促进文化与科技融合的政策三大类,政策有效促进了文化产业新业态的发展。②

与此同时,技术因素作为文化产业新业态动力机制中最重要的力量,所展开的研究涉猎最广、篇幅众多。众所周知,每次新技术新媒体的兴起和重大变迁都会引发并催生出一系列新的文化形态,例如从早期的电影、电视文化业态到现在的互联网文化、手机文化新业态等。目前,相关研究主要聚焦在探讨人工智能、5G、大数据、云计算、智能设备、物联网等新技术新媒体对文化产业新业态的生产、消费影响等方面。③ 其中,有学者认为5G+AI形成的技术群是目前推动文化产业在生产端、运营端、物理终端以及数据端实现文化产业全产业链创新的重要因素。④ 同时,以大数据为基点,强大的算法、数据运算处理和人工智能深度学习正成为影响文化产业新业态以及未来产业范式不断创新的主要"技术基底"。未来文化产业新业态新模式应在深度合成数字内容和多模态虚拟等层面加大探索力度。⑤ 在智能时代的文化产业领域,智能联接型的新型企业将突破过去金字塔型的管理模式,企业之间也将依托新的智能新媒体平台形成新的生产力联盟,在不断满足"物以类聚、人以群居"的传播需求下,通过大数据的采集与分析,采用可量化的精确市场定位技术,将使文化产品或服务满足可度量、可调控等精准要求,进而形成全面感知、智慧节点、智能联接型的文化生产力模式。⑥

---

① 朱佳俊:《基于全产业链的文化业态创新要素与机制研究》,《科技和产业》2019年第5期。
② 雷杨、金栋昌、刘吉发:《"文化—技术"关系视角下现代文化产业高质量发展对策研究》,《理论导刊》2020年第3期。
③ 韩润磊、郝启帆:《人工智能激发文化产业发展的价值空间与创新实践分析》,《现代视听》2020年第11期。
④ 解学芳、陈思函:《5G+AI技术群驱动的文化产业新业态创新及其机理研究》,《东南学术》2021年第4期。
⑤ 阚天舒、张纪腾:《美国人工智能战略新动向及其全球影响》,《外交评论:外交学院学报》2020年第3期。
⑥ 花建:《新视听技术与文化产业的新业态》,《同济大学学报(社会科学版)》2019年第30卷第1期。

3. 在新技术新媒体下对文化产业新业态商业模式和发展趋势的研究

目前，对5G、大数据、人工智能以及移动新媒体赋能文化产业新业态在经营形态、商业模式、价值链条重构及其发展趋势的研判与探讨是当下比较重要的一个研究层面。此类研究对于指导文化产业实践，把脉文化产业新业态的新动态、新趋势具有重要的现实指导意义。例如北京大学教授陈少峰和张立波在《文化产业商业模式》一书中就集中分析归纳了数字内容产业、数字动漫产业以及全媒体产业等多种业态的主要商业模式。在5G、人工智能新技术新媒体的赋能下，"内容为王、平台为基、体验为核和科技为线"正成为新时期文化产业新业态主要的商业模式。随着5G+AI技术群在文化产业领域的深度应用，科技与文化的融合将从"选择性介入"走向"整体融合"，形成数字化、在线化、网络化、智能化的文化产业新业态与新模式的集聚，并推动文化产业新业态的不断崛起；[1] 而互联网下的文化新业态也将呈井喷式整体快速发展态势，数字媒体产业与文化创意产业结合趋势凸显。[2] 未来，产业组织形式将一步发生变化，视频直播、文化泛娱乐、虚拟现实和增强现实、弹幕、网络自制剧、网络大电影等新行业、新模式将层出不穷、加速迭代升级。[3] 同时，围绕互联网时代文化生产与消费实践，积极构建利用大数据技术、互联网技术向人的个性化需求延伸的精准化文化生产模式是未来文化产业新业态发展趋势之一。[4] 虚拟技术赋能下的文化空间模式创新（比如虚实对接融合型平台发展）也正逐步成为业界关注焦点。[5] 在"互联网+文化产业"新商业模式下，生产者和消费者的连接也将进一步加强，消费者将更加自由，其可以通过"互联网+"的技术支撑实现就地生产和智能制造。[6]

未来，在大带宽、大连接、低时延的新一代通信网络"新基建"的支

---

[1] 解学芳、陈思函：《5G+AI技术群驱动的文化产业新业态创新及其机理研究》，《东南学术》2021年第4期。

[2] 苏晓丽、蒋再松：《数字媒体专业与文化创意产业融合发展研究》，《山西青年》2017年第4期。

[3] 王林生：《互联网文化新业态的产业特征与发展趋势》，《甘肃社会科学》2017年第5期。

[4] 雷杨、金栋昌、刘吉发：《"文化—技术"关系视角下现代文化产业高质量发展对策研究》，《理论导刊》2020年第3期。

[5] 陈波、陈立豪：《虚拟文化空间下数字文化产业模式创新研究》，《中国海洋大学学报（社会科学版）》2020年第1期。

[6] 傅琳雅：《"互联网+文化产业"的新业态及发展趋势》，《沈阳工业大学学报（社会科学版）》2016年第4期。

撑下，文化新业态的传输、播放品质将得到进一步提升，大数据分析也正推动着各类沉浸式体验、AI 人工智能设备和场景的出现和大规模应用，①文化产业新业态将进入繁荣发展新时期。当然，随着以 5G、6G、人工智能以及工业互联网等为核心的新一代信息基础设施建设的推进，"智能＋"时代的现代文化产业体系也正面临诸多挑战与重塑，文化产业新业态也面临低端产能与大规模个性化文化智能模式不匹配、条块分割与智能驱动的高互联互通不匹配、文化内容创新能力与算法主导的文化产业新技术体系不匹配等现实困境。②

4. 在新技术新媒体下从用户层面展开对文化产业新业态引起的文化现象研究

相关研究主要聚焦在人工智能、虚拟现实、大数据以及新媒体技术主宰的新文化环境中，对传统用户身份转向的研究以及对日常生活中用户行为方式、思维方式以及亚文化现象等的探究。众所周知，随着技术发展，新技术新媒体营造的真实与虚拟交错的新时空改变了我们原有对主客体的认识，重新组合虚拟、真实和存在的关系，在感官沉浸方面重塑用户体验的同时，用户的生活和思维在某些程度上将出现复杂化趋势。③ 在新媒体环境下，个体丧失了对主流文化形态的理解和认同的兴趣，并逐渐在虚拟身份的创造中获得了自我认同。有学者认为在虚拟现实中，传统大众传媒的用户逐渐转变为作为传受合体的"电子媒介人"，并且正在试图通过与昔日强大无比的大众传播机器的平等对话成为新的传受主体。④ 传统线性化、技术化、消费型的用户模式正向非线性、社会化、生产与消费融合的用户模式转变，"受众·消费者·公民·用户"的多维图景演化正徐徐展开。⑤ 互联网数字音乐、数字影视乃至当下备受热捧的游戏电竞等文化产业新业态正不断冲击传统以电视、图书为媒介的主流文化市场，而文化产业新业态高度中介化的交往模式造成了群体性的深刻孤独以及"信息茧房"，加剧人与人之间区隔等现实困境，这些都是学者们近年来主要关注

---

① 王林生：《"十四五"时期文化新业态发展的战略语境、历史机遇与行动路线》，《行政管理改革》2021 年第 8 期。
② 解学芳、雷文宣：《"智能＋"时代的现代文化产业体系：挑战与重塑》，《深圳大学学报（人文社会科学版）》2021 年第 38 卷第 4 期。
③ 马鸿龙：《数字空间的感观沉浸——新媒介文化对受众的体验再塑》，《今传媒》2011 年第 7 期。
④ 夏德元：《数字时代的媒介互动与传统媒体的象征意义》，《学术月刊》2011 年第 3 期。
⑤ 徐桂权、张指晗：《中国受众研究四十年的话语建构》，《新闻与写作》2019 年第 3 期。

和重点研究的对象。

　　同时，很多学者也关注到在新技术新媒体环境下，特别是在直播、VR、网红经济与粉丝经济等产业与文化重塑下引发的一系列亚文化现象与主流文化之间的"收编"与"抵抗"问题。[①] 学者朱雪燕就从伯明翰学派提出的"收编"理论框架下展开了对侵入"主流"的青年亚文化——弹幕[②]文化在与市场经济下大众文化之间的互动实践中"收编"的可能性进行了有益的探索。学者刘楠[③]则从形象、行为、表达的维度剖析了诞生于"90后"的"丧文化"表征背后的群体心理和文化成因。学者庞雨晨[④]则认为新的青年群体则正是通过颓废无力的虚拟形象、主动"晒丧"的压力分享、低欲望的"佛系"生活以及对"成功学"的话语解构，表达了对主流文化抵抗与放弃抵抗兼具的态度，此外还有对"宅文化"、"萌文化"以及"恶搞文化"等亚文化的相关研究。

　　总而言之，从现有研究文献的分析来看，国内目前对互联网背景下文化产业新业态的研究更多侧重于单方面因素的理论与实践探索，如对文化产业新业态的内涵给予新背景下的再阐释、再界定；对5G、人工智能、移动新媒体赋能下文化产业新业态、新特征、新的商业模式以及发展趋势给予梳理与分析。虽然最新理论研究已经开始涉及5G、虚拟空间下文化创新模式研究，但无论是理论的研究深度还是实践的结合程度都还有很大提升空间。特别是在进入互联网时代的"下半场"后，大数据、虚拟技术、新型媒体平台对文化产业新业态构建、组织形式升级以及文化安全监管都提出了全方位的新挑战，如何在新技术新媒体的环境下，实现互联网、物联网与文化产业的共生型创新发展还是一个值得学界、业界去认真研究和解决的问题。此外，从目前收集整理的文献资料来看，虽然已有众多学者对文化产业新业态展开了多方面的研究，但这些研究以单一业态的发展研究或区域性文化产业新业态发展研究为主，对于文化新业态的商业模式探讨也局限于数字影视、游戏电竞等单个的新业态的分析层面，少有展开系统

---

① 苏涛、彭兰：《"智媒"时代的消融与重塑——2017年新媒体研究综述》，《国际新闻界》2018年第1期。
② 朱雪燕：《侵入"主流"的青年亚文化弹幕——基于英国伯明翰学派的文化研究视野》，《艺术百家》2018年第4期。
③ 刘楠：《"丧"文化的网络媒介呈现与引导研究》，硕士学位论文，河北大学，2018。
④ 庞雨晨：《亚文化视角下90后"丧文化"的风格及其意义——基于社会学的调查与研究》，硕士学位论文，浙江大学，2018。

性归纳分析与理论研究。同时，伴随数字社会的快速发展，文化产业新业态研究层次的丰富性正逐渐展开，"文化+"融合产业新业态正逐步成为文化产业新业态重点研究的领域。特别是近年来，在国家强有力的号召与政策推动下，新媒体技术赋能下文化、旅游与体育融合发展研究以及文化与直播、教育等行业之间的深度融合发展研究以及如何加强区域间文化新业态融合发展都具有重大的学术价值和现实意义，相关研究仍具有突破的空间。

第一章
相关概念阐释

一 新时代新语境下文化产业的内涵与范畴

文化产业（Culture Industries）这一术语首次出现在法兰克福学派代表人物——德裔犹太哲学家马克斯·霍克海默与西奥多·阿道尔诺合著的《启蒙辩证法：哲学断片》[①] 一书中。1947年，西奥多·阿道多诺以"文化工业——作为大众欺骗的启蒙"为章节名，第一次提出文化工业（Culture Industry）这一概念。该概念的提出主要是法兰克福学派对第二次世界大战之后资本主义对大众传媒的操作的反思，其本意是为了批判文化与科技的异化问题。书中认为："文化与产业是原本对立的两面，现代资本主义促使文化商品化，使得文化失去了批判手段的能力"，从而在形成了国际文化产业理论研究的元理论的同时，也使文化产业这一概念在大众文化批判中诞生，并引起学术界和各国政府的高度关注。

到20世纪60年代末，随着文化产业实践的深入，文化与社会、商业之间关系的进一步紧密交织，法国社会学家如莫林（Morin）、余埃特等人（Huet et al.）觉察到"文化工业"这一术语不能完全反映文化产业的复杂程度以及文化商品化的积极创新性和新趋势，特别是马克斯·霍克海默与西奥多·阿道尔诺文化悲观主义的忧虑与文化商品化演变进程矛盾重重[②]。于是，以法国为代表的社会学家和政策制定者开始频频使用"文化产业"一词，并用复数形式的"Culture Industries"取代了单数形式的"Culture

---

① 〔德〕马克斯·霍克海默、〔德〕西奥多·阿道尔诺：《启蒙辩证法：哲学断片》（德语：Dialektik der Aufklarung: Philosophische Fragmente, 1940），渠敬东、曹卫东译，上海世纪出版集团，2006。

② 〔英〕大卫·赫斯蒙德夫：《文化产业（第三版）》，张菲娜译，中国人民大学出版社，2016，第19页。

Industry"来表示各种文化产业的集合体。至此,"文化工业"由一个纯粹批判性的理论概念,逐渐跳出学术的樊篱,以"文化产业"的形态进入社会经济文化的大众视域①,而"文化工业"最原始的含义也逐步被新的含义取代,从当初一个颇具浓郁批判意蕴的词发展成为一个中性词,再到20世纪90年代,演变成长为一个融合信息产业、文化产业、媒介产业等多个产业领域在内的交叉融合型产业生态体系。

目前,国内外政府、组织机构对文化产业称谓和定义的理解不尽相同。联合国教科文组织(UNESCO)认为:"文化产业就是按照工业标准生产、再生产、储存以及分配文化产品和服务的一系列活动。"② 美国将文化产业称为"版权产业",以知识版权为核心将其分为核心版权业、部分版权业、发行销售和版权关联四大类。其中,核心类包括电影产业(电视、影院、家庭播放的录制作品),录音产业(唱片等),音乐出版业,图书、报刊出版业,广告,无线电、电视和电缆播放业,软件产业(含数据处理、商用以及社交式游戏软件),等等。英国将文化产业称为"创意产业","广告、建筑、艺术和文物交易、工艺品、设计、时装设计、电影、互动休闲软件、音乐、表演艺术、出版、软件、电视广播13个行业被确认为创意产业"③。日本则将文化产业称为"内容产业",其行业范围既包括日本传统意义上的文化信息产业,还加入了现代意义上的信息产业及传播产业,主要包括出版报刊、游戏、音乐和影像,而后具体又可分为游戏、媒体行业、音乐、印刷出版等。而我国主要采用"文化产业"这一表述,也采用过"创意产业""数字文化产业""数字内容产业"等表述。我国国家统计局对"文化及相关产业"的界定为:"文化产业就是为社会公众提供文化娱乐产品和服务的活动,以及与这些活动有关联的活动的集合。它一般是指新闻服务,出版发行和版权服务,广播、电视、电影服务,文化艺术服务等等。"④

2018年,为适应我国互联网时代文化产业新业态不断涌现的新形势,

---

① 邓静:《从文化工业到文化产业——概念溯源》,《2020全国教育教学创新与发展高端论坛会议论文集(卷一)》,2020,第161~162页。
② 《文化产业(产业门类)》,百度,https://baike.baidu.com/item/%E6%96%87%E5%8C%96%E4%BA%A7%E4%B8%9A/741879,最后访问日期:2023年10月21日。
③ 熊澄宇、张铮、孔少华:《世界数字文化产业发展现状与趋势》,清华大学出版社,2016,第3~4页。
④ 周正兵:《文化产业导论》,经济科学出版社,2009,第28页。

满足文化体制改革和文化发展规划的需要，国家统计局专门颁布了最新修订版的《文化及相关产业分类（2018）》，将文化产业定义为"为社会公众提供文化产品和文化相关产品的生产活动的集合"，涉及两大领域，共9个大类、43个中类、146个小类，主要将文化及相关产业生产活动范围分为文化核心领域和文化相关领域两部分。

（1）以文化为核心内容，为直接满足人们的精神需要而进行的创作、制造、传播、展示等文化产品（包括货物和服务）的生产活动。具体包括新闻信息服务、内容创作生产、创意设计服务、文化传播渠道、文化投资运营和文化娱乐休闲服务等活动。

（2）为实现文化产品的生产所需的文化辅助生产和中介服务、文化装备生产和文化消费终端生产（包括制造和销售）等活动。

从文化及相关产业分类（见表1-1）可见，我国倾向于将文化产业界定为"产品、活动及服务"的产业集合，与其他国家有一定区别。尽管世界各国对文化产业的定义从不同角度出发，但其蕴含的精神属性是一致的。

表1-1 文化及相关产业分类（2018年修订版）

类别	大类	中类	小类
文化核心领域	新闻信息服务	新闻服务	新闻业
		报纸信息服务	报纸出版
		广播电视信息服务	广播、电视、广播电视集成播控
		互联网信息服务	互联网搜索服务、互联网其他信息服务
	内容创作生产	出版服务	图书出版、期刊出版、音像制品出版、电子出版物出版、数字出版、其他出版业
		广播影视节目制作	影视节目制作、录音制作
		创作表演服务	文艺创作与表演、群众文体活动、其他文化艺术业
		数字内容服务	动漫、游戏数字内容服务，互联网游戏服务，多媒体、游戏动漫和数字出版软件开发，增值电信文化服务，其他文化数字内容服务
		内容保存服务	图书馆、档案馆、文物及非物质文化遗产保护，博物馆、烈士陵园、纪念馆

续表

类别	大类	中类	小类
文化核心领域	内容创作生产	工艺美术品制造	雕塑工艺品制造，金属工艺品制造，漆器工艺品制造，花画工艺品制造，天然植物纤维编织工艺品制造，抽纱刺绣工艺品制造，地毯、挂毯制造，珠宝首饰及有关物品制造，其他工艺美术及礼仪用品制造
		艺术陶瓷制造	陈设艺术陶瓷制造、园艺陶瓷制造
	创意设计服务	广告服务	互联网广告服务、其他广告服务
		设计服务	建筑设计服务、工业设计服务、专业设计服务
	文化传播渠道	出版物发行	图书批发，报刊批发，音像制品、电子和数字出版物批发，图书、报刊零售，音像制品、电子和数字出版物零售，图书出租，音像制品出租
		广播电视节目传输	有线广播电视传输服务、无线广播电视传输服务、广播电视卫星传输服务
		广播影视发行放映	电影和广播电视节目发行、电影放映
		艺术表演	艺术表演场馆
		互联网文化娱乐平台	互联网文化娱乐平台
		艺术品拍卖及代理	艺术品、收藏品拍卖，艺术品代理
		工艺美术品销售	首饰、工艺品及收藏品批发，珠宝首饰零售，工艺美术品及收藏品零售
	文化投资运营	投资与资产管理	文化投资与资产管理
		运营管理	文化企业总部管理、文化产业园区管理
	文化娱乐休闲服务	娱乐服务	歌舞厅娱乐活动、电子游艺厅娱乐活动、网吧活动、其他室内娱乐活动、游乐园、其他娱乐业
		景区游览服务	城市公园管理，名胜风景区管理，森林公园管理，其他游览景区管理，自然遗迹保护管理，动物园、水族馆管理服务，植物园管理服务
		休闲观光游览服务	休闲观光活动、观光游览航空服务
文化相关领域	文化辅助生产和中介服务	文化辅助用品制造	文化用机制纸及纸板制造、手工纸制造、油墨及类似产品制造、工艺美术颜料制造、文化用信息化学品制造
		印刷复制服务	书、报刊印刷，本册印制，包装装潢及其他印刷，装订及印刷相关服务，记录媒介复制，摄影扩印服务
		版权服务	版权和文化软件服务

续表

类别	大类	中类	小类
文化相关领域	文化辅助生产和中介服务	会议展览服务	会议、展览及相关服务
		文化经纪代理服务	文化活动服务、文化娱乐经纪人、其他文化艺术经纪代理、婚庆典礼服务、文化贸易代理服务、票务代理服务
		文化设备（用品）出租服务	休闲娱乐用品设备出租、文化用品设备出租
		文化科研培训服务	社会人文科学研究、学术理论社会（文化）团体、文化艺术培训、文化艺术辅导
	文化装备生产	印刷设备制造	印刷专用设备制造、复印和胶印设备制造
		广播电视电影设备制造及销售	广播电视节目制作及发射设备制造、广播电视接收设备制造、广播电视专用配件制造、专业音响设备制造、应用电视设备及其他广播电视设备制造、广播影视设备批发、电影机械制造
		摄录设备制造及销售	影视录放设备制造、娱乐用智能无人飞行器制造、幻灯及投影设备制造、照相机及器材制造、照相器材零售
		演艺设备制造及销售	舞台及场地用灯制造、舞台照明设备批发
		游乐游艺设备制造	露天游乐场所游乐设备制造、游艺用品及室内游艺器材制造、其他娱乐用品制造
		乐器制造及销售	中乐器制造、西乐器制造、电子乐器制造、其他乐器及零件制造、乐器批发、乐器零售
	文化消费终端生产	文具制造及销售	文具制造、文具用品批发、文具用品零售
		笔墨制造	笔的制造，墨水、墨汁制造
		玩具制造	玩具制造
		节庆用品制造	焰火、鞭炮产品制造
		信息服务终端制造及销售	电视机制造、音响设备制造、可穿戴智能文化设备制造、其他智能文化消费设备制造、家用视听设备批发、家用视听设备零售、其他文化用品批发、其他文化用品零售

当然，随着科技的迅猛发展以及对文化产业的持续赋能，其所包含的产业类别和产业边界一直处于变动之中。报纸、广播、电影、电视、音乐、网络小说、数字游戏、影视动漫等，都是在历史上的不同时期、不同发展阶段、不同传播技术下"加入"文化阵营的，并在不同的发展阶段有不同

的"主打"类型。① 特别是以人工智能、虚拟技术、大数据、云计算等为代表的高新科技与文化的进一步深度融合，使当下文化产业的范畴也不再仅仅局限在电影、电视、报业的传统文化界域之内，一大批新型的产业样式（如网络视频直播、电竞游戏、短视频、虚拟现实产业、数字出版、可穿戴文化"智能制造"产业以及智慧文旅产业等）早已打破先前文化艺术固有的边界，并横跨通信、网络、娱乐、媒体及传统文化艺术的各个行业，进行了"除界域"的融合重铸。当前，越来越多的新兴文化样式和产业内容正被创作出来并展示出强大的生命力，其有效引发并推动着文化产业自身类型的边界拓展。未来，随着大量崭新的、前所未有的文化新范式的不断涌现，文化产业范畴也面临再一次的越界与扩容。

二 新技术、新媒体下文化产业新业态的内涵与范畴

"业态"（Type of operation）一词源于日本。20世纪60年代，日本学者安士敏将"业态"定义为"营业的形态"，认为"它是形态和效能的统一，形态即形状，它是达成效能的手段，效能受到形状的制约"。20世纪90年代开始，国内学者陆续对"业态"这一概念进行了相关研究与阐释。学者萧桂森提出"业态是以人为中心、以服务为手段的销售方式"，强调业态"就是针对特定消费者的消费需求按照一定的战略目标，有选择地运用经营手段，提供销售和服务类型化服务形态"②。而"文化业态"这一概念，顾名思义就是指文化企业为应对外部环境、市场竞争及消费者需求变化，组合文化产品价值链不同要素形成的企业经营管理模式和企业运营形态。学者吕庆华、任磊认为："文化业态一般有狭义和广义之分。狭义的文化业态与企业商业模式密切相关，是指文化企业的运营形态，如文化产品生产与流通、文化旅游等商业模式；广义的文化业态还包括企业经营管理模式，主要是文化行业的组织类型和结构，表现为文化产业的业种、业状和业势。"③

目前，国内对"文化产业新业态"这一概念的解释和内涵界定仍存在

---

① 金元浦主编《数字和创意的融会：文化产业的前沿突进与高质量发展》，中国工人出版社，2021，第10页。
② 萧桂森：《食品零售业态革命》，《食品工业科技》2003年第11期。
③ 吕庆华、任磊：《文化业态演化机理及其趋势》，《理论探索》2012年第3期。

诸多争议，学界业界也将其多表述为"新兴文化产业"、"新兴文化产业业态"和"新型文化业态"等（本书将按不同语境灵活使用三种提法）。

从学界层面看，学者赵志立在2007年4月《成都大学学报（社会科学版）》上发表的《文化产业发展要重视新的文化业态》一文拉开了学术界对文化产业新业态的概念界定和理论探讨的序幕，并掀起了学术界对文化产业新业态的关注和热烈探讨。赵志立在文章中首次使用"文化产业新业态"这一概念，并对新兴文化产业的内涵界定和范畴分类进行了初步研究，其将四川省发展势头较好的数字内容产业、文化旅游产业、创意产业和数字版权产业等称为新兴文化产业，这也是学术界对新兴文化产业进行分析和分类的初步尝试。学者邓丽芬认为，对文化产业新业态的理解应重点关注三个方面。第一，文化产业新业态显然脱胎于传统的文化产业业态，区分新兴文化产业业态和传统文化产业业态的具体范畴是我们界定概念的第一步。总体来看，文化产业新业态主要是指凭借互联网和数字技术支持衍生出来的、与文化产品和文化服务有关的文化产业业态，其核心技术应该是网络信息技术和数字化技术。也就是说，文化产业新业态首先是一种新技术条件下的网络文化业态。第二，文化产业新业态是文化内容、科技和资本结合的产物。显然，文化产业新业态所表现的内容应与狭义的文化密切关联，主要是指文化产品生产商利用各种数字化的软件和硬件以及数字化终端，将图像、文字、影像、语音等内容进行整合，并在互联网上直接创作、编辑、生产制作及传递，向消费者提供多种层次、多种类型的各种内容产品。第三，对载体形态而言，文化产业新业态主要指向宽带互联网络新媒体和移动新媒体两大类，主要载体形式表现为电脑、手机和其他移动存储等终端平台。这种新技术驱动下的新媒体，采用新技术实现内容和传播价值模式的调整或创新，满足受众的各种新需求。

目前，文化产业新业态与传统文化产业业态本质差异在于科学技术（尤其是数字和网络技术）对文化产业业态的影响，技术因素已经成为文化产业新业态本身的一部分，这是传统文化产业业态所不具备的基本特征。[①] 简而言之，就是传统的文化产业业态的主体是内容产业，而文化产业新业态的主体则是基于技术要素的内容产业，它"不同于传统文化产业或'软文化产业'的概念，是伴随现代科技和互联网技术发展出现的复合

[①] 韩英、付晓青：《新技术与文化产业新业态》，《科技创新与文化创意产业——2012年山东省科协学术年会分会场青年科学家论坛文集》，2012，第4页。

型创新业态形式,其汇聚了人文价值体验与科技、资本的精湛融合,是与市场经济体制紧密结合的新型价值链输出模态"[1]。

学者王林生则认为文化产业新业态就是"文化与互联网及其相关数字技术结合而衍生出的新文化样式",是"文化形态和经济效能的统一,是现代互联网科技和商业模式运用于文化产业的结果。文化产业新业态主要以互联网为产业发展的核心,它按照互联网信息时代的生产、再生产、储存以及分配要求或原则,提供相关文化产品或服务的新型经济活动"[2],相较于传统文化产业,它将产生新的内容形式、交易方式、产业组织与市场空间、用户主体[3];其核心因素在于互联网和数字经济平台,集中体现为"三新",即新经济产业、新发展业态和新商业模式[4],并在交叉融合、互联互通、动态多变等方面颇具优势,有助于国家文化生产价值链的延伸,并具有技术密集、知识密集、附加值高等新特性,充分体现出数字技术对传统文化行业的升级与创造[5]。

此外,学者李凤亮等认为:"文化产业新业态无论是从传播手段到盈利方式,还是从文化载体到文化内容,都发生了关键性转变。主要体现在三个方面。一是文化产业新业态实现了传播手段的网络化,从根本上改变了传统文化产品的销售及服务方式,诞生了一批诸如在线视频、数字音乐、网上博物馆等新兴文化产业业态。二是完成了文化载体的集成化,新兴的多元化文化产品摆脱了早期单一载体平台销售和传播模式,可以实现在各种移动终端和新型智能设备中的无缝对接,使得文化产品的融通性和融合性大幅增强。三是由于跨平台传播能力和跨平台应用的增强,激发了文化消费力的进一步释放,文化产品的内容含金量和创意附加值都大幅提高,并围绕原创内容衍生出IP(Intellectual Property)生态圈。"[6]

---

[1] 刘泽照:《新时代文化产业新业态建设经验汲取与发展路径》,《成都行政学院学报》2019年第4期。

[2] 王林生:《互联网文化新业态的产业特征与发展趋势》,《甘肃社会科学》2017年第5期。

[3] 郑雷、郑立波、江苏佳:《新型文化业态的现状分析及发展趋势——以VR、微拍、众筹为例》,《传媒》2017年第24期。

[4] 刘泽照:《新时代文化产业新业态建设经验汲取与发展路径》,《成都行政学院学报》2019年第4期。

[5] 金元浦:《开启原创之门:互联网内容产业的新形态》,《中华文化论坛》2016年第10期。

[6] 李凤亮等:《跨界融合与文化创新:文化产业论集》,社会科学文献出版社,2019,第84页。

从国家政策层面看，"文化产业新业态"这一概念最早出现在2003年9月文化部发布的《关于支持和促进文化产业发展的若干意见》（以下简称《意见》）中。《意见》提出"用高新技术和适用技术改造传统文化产业，培植开发新兴文化产业"，这是国家首次从政策层面提出"运用高科技创新文化生产方式、培育新兴文化业态"的战略思考，也是我国对文化产业新业态展开实践探索的初步展现。2006年9月，《国家"十一五"时期文化发展规划纲要》提出要大力发展以数字化内容、数字化生产和网络化传播为主要特征的新兴文化产业，"鼓励具有自主知识产权的网络文化产品的创作和研发，开发文化数据处理、存储和传输服务、移动文化信息服务、网上文化交易、数字互动体验服务、数字远程教育及数字娱乐产品等增值业务"。随后，党的十七大报告中强调科技对于新兴文化业态培育的重要性，提出"运用高新技术创新文化生产方式，培育新兴文化业态，加快构建传输快捷、覆盖广泛的文化传播体系"[1]。2009年7月，国务院常务会议通过《文化产业振兴规划》，专辟段落进一步明确要"发展文化产业新业态。采用数字、网络等高新技术，大力推动文化产业升级"[2]。2011年10月，《中共中央关于深化文化体制改革 推动社会主义文化大发展大繁荣若干重大问题的决定》强调"推进文化产业结构调整，发展壮大出版发行、影视制作、印刷、广告、演艺、娱乐、会展等传统文化产业，加快发展文化创意、数字出版、移动多媒体、动漫游戏等新兴文化产业"[3]。

2012年11月，党的十八大报告再次强调"促进文化和科技融合，发展新型文化业态，提高文化产业规模化、集约化、专业化水平"[4]。2018年，中共中央总书记、国家主席、中央军委主席习近平在全国宣传思想工作会议上发表重要讲话，再次强调发展新型文化业态是推动文化产业高质量发展的重要途径。2020年11月，文化和旅游部出台《关于推动数字文化产业高质量发展的意见》，进一步落实《文化部关于推动数字文化产业创新发展的指导意见》，突出对"十四五"时期数字文化产业发展的引导，

---

[1] 《透视十七大报告："新"动民心》，新浪网，https://news.sina.com.cn/o/2007-11-06/140712855320s.shtml，最后访问日期：2023年10月23日。
[2] 《国务院公布〈文化产业振兴规划〉（全文）》，烟台财经网，http://www.jiaodong.net/finance/system/2009/09/27/010643461_01.shtml，最后访问日期：2023年10月22日。
[3] 《中共中央关于深化文化体制改革 推动社会主义文化大发展大繁荣若干重大问题的决定》，百度，https://baike.baidu.com/item，最后访问日期：2023年10月1日。
[4] 《胡锦涛文选》（第三卷），人民出版社，2016，第639页。

强调创新驱动产业发展，通过夯实数字文化产业发展基础、培育数字文化产业新型业态、构建数字文化产业生态等方式，引领数字文化消费，融入国家和社会发展大局，实现数字文化产业高质量发展的目标。2021年5月，文化和旅游部印发《"十四五"文化产业发展规划》，提出要顺应数字产业化和产业数字化发展趋势，加强文化科技创新和应用，提升文化装备水平，加强文化产业数据中心、云平台等"云、网、端"通用基础设施建设，促进文化产业领域科技研发和成果转化，推进文化和科技深度融合，培育壮大新型文化业态。

  从历年国家政策文件的表述中不难窥见，随着文化新业态的不断发展，党和国家对文化新业态的概念表述、内涵所指也在不断发生变化。从概念表述上看，早期国家政策文件主要采用"新兴文化产业业态""文化产业新业态"等，而在党的十八大报告中首次采用"新型文化业态"表述后，党的十九大至今，相关政策文件均延用"新型文化业态"的表述，这在一定程度上表明党和国家对这一日新月异产业新业态认识的逐步统一和高度重视。从政策扶持内容表述上看，从早期侧重强调推进"用高科技改造传统产业、培植开发新兴文化产业"的政策导向，到中期侧重强调扶持"数字化""网络化"赋能数字文化产业新兴业态的政策导向，再到明确提出"构建数字文化产业生态"的政策导向，加大力度发展创意设计、数字出版、移动多媒体、动漫游戏等新兴文化产业，加强文化产业数据中心、云平台等'云、网、端'等通用基础设施建设，推进文化和科技深度融合的战略布局，不难窥见，国家层面对文化产业新业态的理解也是一个逐步深化和系统化的过程。同时，政策的导向性也随着认知的升级越来越鲜明，对于文化产业新业态区别于传统文化产业业态的核心要素，比如"云、网、端"等数字技术新特性赋能文化新业态的底层运行逻辑认知也越来越深刻。

  目前，无论是学术界还是业界对于文化产业新业态这一概念的理解见仁见智。本书认为"文化产业新业态"是一个相对的、动态的概念，"新"相对"旧"而言，每一个时代都有属于当时阶段的文化产业新业态。从文化产业发展的过程中，我们可以看到原来一些"新"的文化行业逐渐成熟并被归于"旧"产业阵营，而随着技术不断更新、创意不断变化、产业日渐融合，更"新"的文化业态层出不穷。它的内涵和外延都需要随着产业实践的不断丰富而逐步展开并不断建立和完善起来，对它深入研究并做出科学而准确的结论尚需时日。现阶段研究的文化产业新业态就是为满足

"95后""00后"等"Z世代"的文化消费新需求,在5G、6G以及人工智能、工业互联网等新基建基础上,依托新技术新媒体的创新、普及和传播价值模式的调整,通过跨领域、跨边界形成一系列数字文化新产品、新的商业流程和新的服务模式。这主要体现在以下三个方面。

一是相较于传统文化业态,文化产业新业态本质一定是建立在网络信息技术和数字化技术基础之上的,通过业态裂变、产业融合等方式新衍生出来的与文化产品、文化服务相关的。现阶段所涉及的文化产业新业态主要侧重新的信息网络技术条件下衍生出来的数字(网络)文化产业,这点目前在学术界已基本达成初步共识。

二是文化产业新业态摆脱了早期传统业态单级发展模式,将多种产业业态进行有效的对接、衔接,进而有效推动业态的联动发展与融合发展,并通过技术加持、资本催化等方式推动文化内容、科技和资本结合的复合型发展,促使产业业态焕发持续旺盛的生命力,比如文化旅游与影视、音乐、游戏、媒体等产业的融合联动发展以及资本催生下,目前发展势头较为强劲的视频直播、游戏电竞等新兴文化业态。[1]

三是在传播渠道和载体形态方面,文化产业新业态的内容传输主要通过宽带互联网络新媒体和移动新媒体两大传播渠道,承载的载体形式目前仍以电脑、智能手机、智能穿戴设备等物质形态的信息载体为主,并逐步向以苹果Siri、微软小冰以及微信等信息软件程序为主的信息形态载体不断拓展。

目前,针对文化产业新业态的界定与分类,学界和业界都在做努力的尝试。根据《中国文化及相关产业统计年鉴(2022)》,文化产业新业态主要包括文化信息传输服务和文化创意设计服务,具体可以分为五类:互联网信息服务、增值电信部分(文化部分)、文化软件服务(如多媒体、动漫游戏等软件开发和数字动漫、游戏设计制作等数字内容服务)、建筑设计服务和专业设计服务。[2] 从业态功能和效用角度,文化产业新业态又可划分为传媒、休闲与娱乐、版权、创意四大类;[3] 根据内容与作用功能和技术手段不同,文化产业新业态又可分为综合、视听、文本以及功能四大类。[4] 当然,由于高新技术加速更迭,新的传播技术与传媒介质不断更新,

---

[1] 杜丽芬:《新兴文化业态:核心概念及其初步分类》,《商场现代化》2010年第17期。
[2] 薛贺香:《论中国新型文化业态的发展方向》,《区域经济评论》2018第4期。
[3] 吕庆华、任磊:《文化业态演化机理及其趋势》,《理论探索》2012年第3期。
[4] 王国平、刘凌云:《新型文化业态是文化产业结构优化升级的先导》,《求索》2013年第7期。

正在"更新"的文化业态层出不穷,特别是大数据、云计算、人工智能、物联网和AR等高科技的广泛运用,文化产业的形态和文化消费方式都发生了深刻变化,电竞、网络影视、云旅游、云演播、网络小视频、网络直播等新兴产业业态蓬勃发展,不断拓宽文化产业的边界;① 同时,由于任何新兴文化产品从设计到制作,从媒体平台到终端受众,技术因素和文化资源元素相互交融、糅合发展。所以,无论用哪一种分类方法都无法涵盖所有文化新业态,而不同的分类标准又将导致同一个文化类别的多种身份,甚至同一个文化产品,在设计制作时属于一种文化产品,而通过媒体平台传播到终端时又表现为另一种文化产品。文化产业新业态的创造性、交互性和多样性决定了分类的难度,所以,目前学界、业界暂未对文化新业态形成较为统一的认知和界定。

与此同时,文化新业态各大类之中的小类细分仍是一个需要深入探讨的课题,以新技术新媒体主导型文化产业新业态为例,由于生产环节或技术手段不同,其文化产品呈现出不同的业态,且形成多个不同的业态族群,仅网络数字化媒体产业新业态,就可以细分为新媒体产业和多媒体数字内容产业。新媒体产业包括互联网、移动互联网、户外数字媒体、IPTV、数字电视等多个领域;多媒体数字内容产业则包括数字娱乐产业、数字出版产业、数字教育产业、数字艺术产业、数字广告产业等各种文化行业,其中每个产业又可细分出多个产业市场,而对不同的文化新形态要做不同的分析,限于篇幅笔者不做深入的探讨。

本次《新产业新业态新商业模式统计分类(2018)》(以下简称《三新分类》)的九大类项目,涉及文化(含文旅体融合)新业态和新商业模式,涵盖了先进制造业、互联网与现代信息技术服务、现代技术服务与创新创业服务、现代生产性服务活动、新型生活性服务活动、现代综合管理活动等6个大类,其中分层列项的有12个中类和58个小类(见表1-2)。12个中类分别涉及项目:新一代信息技术设备制造、现代信息传输服务、互联网平台(互联网+)、互联网信息及其他服务、软件开发生产、数字内容设计与制作服务、其他现代技术服务、现代商务服务、现代体育休闲服务、文化娱乐服务、现代旅游服务、现代城市商业综合管理服务。其中,互联网信息及其他服务中的网络游戏服务、互联网电子竞技服务、网络音乐服务、网络视频和直播服务等涉及的文化新业态是《三新分类》中最大

---

① 郭艳:《数字化背景下我国文化产业业态创新研究》,《决策咨询》2021年第6期。

的亮点。

表1-2 新产业新业态新商业模式统计分类（2018）（文化新业态版）

大类	中类	小类	名称	国民经济行业代码（2017）	国民经济行业名称
02			先进制造业		
	0201		新一代信息技术设备制造		
		020107	集成电路及专用设备制造	3562* 3973	半导体器件专用设备制造 集成电路制造
		020108	智能消费相关设备制造	3961 3963 3969* 3990*	可穿戴智能设备制造 智能无人飞行器制造 其他智能消费设备制造 其他电子设备制造
		020109	数字创意技术设备制造	3471* 3931* 3932* 3934* 3939* 3951* 3952* 3969*	电影机械制造 广播电视节目制作及发射设备制造 广播电视接收设备制造 专业音响设备制造 应用电视设备及其他广播电视设备制造 电视机制造 音响设备制造 其他智能消费设备制造
05			互联网与现代信息技术服务		
	0501		现代信息传输服务		
		050102	下一代广播电视网运营服务	6321* 6322* 6331* 6410*	有线广播电视传输服务 无线广播电视传输服务 广播电视卫星传输服务 互联网接入及相关服务
		050103	下一代广播电视内容分发服务	6321* 6429* 8740*	有线广播电视传输服务 互联网其他信息服务 广播电视集成播控
		050104	其他网络运营服务	6319* 6410* 6490*	其他电信服务 互联网接入及相关服务 其他互联网服务
	0502		互联网平台（互联网+）		
		050201	互联网生产服务平台	6431	互联网生产服务平台
		050202	互联网生活服务平台	6432	互联网生活服务平台
		050203	互联网科技创新平台	6433	互联网科技创新平台

续表

大类	中类	小类	名称	国民经济行业代码（2017）	国民经济行业名称
		050204	互联网公共服务平台	6434	互联网公共服务平台
		050205	其他互联网平台	6439	其他互联网平台
	0503		互联网信息及其他服务		
		050301	互联网检索服务	6421*	互联网搜索服务
		050302	网络游戏服务	6422*	互联网游戏服务
		050303	互联网电子竞技服务	6422*	互联网游戏服务
		050304	网络音乐服务	6429*	互联网其他信息服务
		050305	网络视频和直播服务	6429*	互联网其他信息服务
		050306	其他互联网信息服务	6429*	互联网其他信息服务
		050307	其他未包括的互联网服务	6490*	其他互联网服务
	0504		软件开发生产		
		050401	基础和通用软件	6511* 6512*	基础软件开发 支撑软件开发
		050402	计算平台软件	6512*	支撑软件开发
		050403	人工智能软件	6511* 6513*	基础软件开发 应用软件开发
		050404	数字内容加工软件	6513*	应用软件开发
		050405	工业软件	6513*	应用软件开发
		050406	行业软件	6513*	应用软件开发
		050407	网络和信息安全软件	6513*	应用软件开发
		050408	嵌入式软件	6513*	应用软件开发
		050409	其他新兴软件开发	6511* 6512* 6513* 6519*	基础软件开发 支撑软件开发 应用软件开发 其他软件开发
	0505		数字内容设计与制作服务		
		050501	数字内容设计服务	6513* 7485* 7491* 7492*	应用软件开发 规划设计管理 工业设计服务 专业设计服务
		050502	地理信息加工服务	6571* 6579*	地理遥感信息服务 其他数字内容服务
		050503	数字动漫制作服务	6572* 6579* 7492*	动漫、游戏数字内容服务 其他数字内容服务 专业设计服务

续表

大类	中类	小类	名称	国民经济行业代码（2017）	国民经济行业名称
		050504	数字游戏制作服务	6572* 6579* 7492*	动漫、游戏数字内容服务 其他数字内容服务 专业设计服务
		050505	其他数字内容制作服务	6571* 6572* 6579*	地理遥感信息服务 动漫、游戏数字内容服务 其他数字内容服务
06			现代技术服务与创新创业服务		
	0606		其他现代技术服务		
		060601	工业相关设计服务	7491*	工业设计服务
		060602	创意设计服务	7251* 7259* 7483* 7484* 7491* 7492*	互联网广告服务 其他广告服务 工程勘察活动 工程设计活动 工业设计服务 专业设计服务
		060603	智能城市专业化设计服务	7485* 7486*	规划设计管理 土地规划服务
		060604	个性化产品设计与定制服务	7491* 7492* 7519*	工业设计服务 专业设计服务 其他技术推广服务
07			现代生产性服务活动		
	0705		现代商务服务		
		070501	互联网广告	7251*	互联网广告服务
		070504	调查与咨询服务	7242 7243* 7249*	市场调查 社会经济咨询 其他专业咨询与调查
		070506	其他现代商务服务	7262* 7281* 7282* 7283* 7284* 7289* 7297* 7299*	职业中介服务 科技会展服务 旅游会展服务 体育会展服务 文化会展服务 其他会议、展览及相关服务 商务代理代办服务 其他未列明商务服务业
08			新型生活性服务活动		

续表

大类	中类	小类	名称	国民经济行业代码（2017）	国民经济行业名称
	0809		现代体育休闲服务		
		080905	电子竞技活动	6422 * 6513 * 8626 * 8911 * 8991 * 9052 *	互联网游戏服务 应用软件开发 数字出版 体育竞赛组织 体育中介代理服务 体育表演服务
		080906	游戏代练服务	9090 *	其他娱乐业
	0810		文化娱乐服务		
		081001	数字广播影视及视听内容服务	6579 * 8710 * 8720 * 8730 * 8770 *	其他数字内容服务 广播 电视 影视节目制作 录音制作
		081002	数字化娱乐服务	6429 * 6579 *	互联网其他信息服务 其他数字内容服务
		081003	数字新媒体服务	6429 * 6579 * 8626 *	互联网其他信息服务 其他数字内容服务 数字出版
		081004	数字广播影视及视听节目服务	6429 * 8710 * 8720 * 8740 * 8760 *	互联网其他信息服务 广播 电视 广播电视集成播控 电影放映
		081005	网络出版服务	6421 * 6422 * 6429 * 8626 * 8629 *	互联网搜索服务 互联网游戏服务 互联网其他信息服务 数字出版 其他出版业
		081006	数字创意与融合服务	6579 * 7251 * 7259 * 7281 * 7282 * 7283 * 7284 * 7291 * 8625 8831 *	其他数字内容服务 互联网广告服务 其他广告服务 科技会展服务 旅游会展服务 体育会展服务 文化会展服务 旅行社及相关服务 电子出版物出版 图书馆

续表

大类	中类	小类	名称	国民经济行业代码（2017）	国民经济行业名称
		081007	数字博物馆	6429* 8850*	互联网其他信息服务 博物馆
	0811		现代旅游服务		
		081101	度假村旅游	6110* 6190* 7291*	旅游饭店 其他住宿业 旅行社及相关服务
		081102	生态旅游	7291* 7711* 7712 7713 7714 7715 7716 7719*	旅行社及相关服务 自然生态系统保护管理 自然遗迹保护管理 野生动物保护 野生植物保护 动物园、水族馆管理服务 植物园管理服务 其他自然保护
		081103	休闲观光旅游	7291* 9030*	旅行社及相关服务 休闲观光活动
		081104	体育旅游	5623* 7291* 7861* 7862* 7869* 8930*	体育航空运动服务 旅行社及相关服务 名胜风景区管理 森林公园管理 其他游览景区管理 健身休闲活动
		081105	健康疗养旅游	7291* 8412* 8416*	旅行社及相关服务 中医医院 疗养院
		081106	低空游览	5622*	观光游览航空服务
		081107	邮轮旅游和游艇游览	5511* 5512*	海上旅客运输 内河旅客运输
		081108	研学旅游	7291* 9030*	旅行社及相关服务 休闲观光活动
09			现代综合管理活动		
	0902		现代城市商业综合管理服务		
		090201	城市商业综合体	7222*	商业综合体管理服务
		090203	园区管理服务	7221*	园区管理服务

资料来源：《国家统计局关于印发〈新产业新业态新商业模式统计分类（2018）〉的通知》（国统字〔2018〕111号）文件。

本书对"文化产业新业态"的研究主要聚焦互联网、物联网等数字新媒体平台传播下的数字文化内容产业，主要涉及以下三大类业态。

一是以数字技术为基础支撑，以人工智能、虚拟技术、大数据、云计算等为代表的高新科技与文化结合而产生的全新文化产业，这类产业以"数字创意"为核心，自诞生就具备天然的高新技术科技含量，它的科学技术、信息基础（技术手段）、制作方式、传播渠道（新媒体载体）相较于传统都有着突破式的颠覆，是数字时代下新诞生的产业模式形态，如数字游戏产业（云游戏）、数字音乐产业、数字动漫、数字影视、数字直播产业以及电子竞技产业等。

二是在数字信息技术与互联网新媒体带动下，对依托广播、电视网等传统媒体传播的文化内容产业进行数字化、智能化升级形成的产业新业态，比如广播电视、出版业等与互联网、手机等新媒体融合衍生出的手机广播电视、移动多媒体广播电视、数字报刊、数字图书等数字媒体产业以及VR/AR等新技术赋能下的云演艺、云展览等新业态。

三是高新技术不断加速跨行业、跨领域产业融合形成的文化产业新业态，如文化产业与旅游行业融合形成的智慧文旅产业以及数字教育产业等。

三　新载体新形态下新媒体的内涵与范畴

"新媒体"（New Media）一词源于1967年，美国哥伦比亚广播电视网技术研究所负责人P. Goldmark（P. 高尔德马克）在一份关于开发EVR（电子录像）产品的项目计划书中所提出的概念，后经美国传播政策总统特别委员会主席E. 罗斯托通过向尼克松总统提交报告多处使用该词开始在美国社会推广，并逐步扩展到全世界。

目前，学界、业界对于"新媒体"这一概念见仁见智，"媒体"与"媒介"以及"新媒体"与"新媒介"等概念时常等同混用。例如"media literacy"一词，在我国台湾地区译为媒体素养，我国香港地区译为传媒素养，中国大陆译为媒介素养。可见，两个概念之间并未做严格区分。过去一段时期内，学术界对于"媒介""媒体"的区分主要划分依据是将"媒介"更多理解为介质，即包容媒质所携带信息或内容的容器，例如纸质媒介、电视媒介等。而"媒体"多用于指代经营媒介的组织机构，即用以传播信息思维的组织形式以及传播载体和工具，比如广电集团等。当然，随着互联网被称为"第四媒体"，两者之间的界限开始逐步消解。学者程栋在其主编的《智能时代新媒体概论》一书中也认为进入人工智能时代，万物皆媒，使用"媒体"来界定组织机构的说法已然成为历史，特别是在1998年联合国教科文组织将网络列为报纸、广播、电视之后的"第四媒体"以后，"媒体"一词的使用频率越来越高。到2017年中国知网中文章标题使用"媒体"一词的频率竟是使用"媒介"的5倍多，并逐步占据了学术话语主流地位。[①] 书中将新媒体的概念做了广义和狭义两种界定，提出："广义的新媒体是指传受之间的传播信息载体；狭义的新媒体是指21世纪以来交互式传播信息的个性化、智能化数字载体。"无论是从广义层面还是狭义层面追根溯源，新媒体的本质就是"信息载体"。学者黄传武等认为"凡是基于数字技术在传媒领域运用而产生的新媒体形态就是新媒体"[②]。刘建民等学者在此研究基础上，进一步深入探究了数字技术与新媒体的关系，并提出"新媒体就是指依托数字化、网络化信息处理技术和通信网络的新型信息媒介的总称，是基于计算机、通信、数字广播等技术，通过互联网、无线通信网、数字广播电视网和卫星等渠道，以电脑、电视、手机等设备为终端，向用户提供咨询和娱乐服务的传播形态，是'数字化新媒体'"[③] 的理解。这也是目前学术界较为认可的定义之一。

中国传媒大学新闻学院宫承波教授在《新媒体概论》一书中也尝试从时间和技术两个维度来阐述、把握新媒体这一概念。他认为："广义上新媒体是依托全新的传播技术，改变以往传统的传播形态。其注重用户体验和互动，信息传播质量提高、传播范围更广，传播内容日趋个性化和分散化。狭义上的新媒体就是专指传播形态发生改变的'新兴媒体'，凡是与传统媒体传播形态不同的媒体都可以称为新媒体。"刘建民教授等也持有相同的观点，认为"相较于传统媒体，信息社会下网络是新媒体的核心和原动力，只有从网络出发去整合、包容、改造和淘汰的传媒媒体才是新媒体"。学者谭天在此基础上对新媒体范畴进行了分析，他认为："当今的新媒体应该主要包含'新型媒体'和'新兴媒体'。"其中，"'新型媒体'包括数字电视、车载移动电视、手机报、手机广播以及传统媒体网站等，其本质上仍是传统媒体的延伸；'新兴媒体'则包括Google、Facebook、腾讯、百度等互联网企业及组织形态。而且，新媒体与传统媒体是两种不同

---

① 程栋主编《智能时代新媒体概论》，清华大学出版社，2020，第9页。
② 黄传武等：《新媒体概论》，中国传媒大学出版社，2013，第55页。
③ 刘建民等：《数字化明天：宁波文化产业新兴业态研究》，浙江大学出版社，2013，第29页。

的媒体组织，其以媒介平台为主要的媒介组织形态，不仅搬运内容，更重要的是能提供更多的服务以响应用户需求"。①

中国人民大学匡文波教授在《论新媒体传播中的"蝴蝶效应"及其对策》中进一步指出，"新媒体具有开放性、互动性、跨地域性、草根性等传播特点"。② 同时，新媒体传播环境呈现的"去中心化"趋势十分显著，"人人都有麦克风，个个都是新闻记者"已成为现实。随着信息传播主体变得更加多元，信息呈现方式也变得更加多样化，人们的世界观也随之改变，个人自由话语权得到回归③。清华大学新闻与传播学院熊澄宇教授也分别在《整合传媒：新媒体进行时》和《对新媒体未来的思考》文中进一步肯定了新媒体自由、开放、互动、民主的传播特点。他认为新媒体在为人们以较低的成本和便捷的方式获取信息服务，以更加自由灵活的传播模式满足人们不同的信息需求，成为人们不可或缺的交流工具。新媒体的出现，不仅推进了整个社会的信息开放，更是有效打破了传统的"金字塔"传播结构，将人们所渴望的自由、平等、民主的理念带到现实社会中来，使个人、社区和国家均可发挥各自的潜力，推动了社会成熟发展。同时，在新媒体时代，影响并决定传播力的要素已由传统媒体时代的政治生态环境、科学技术水平、经济条件、思想观念等宏观因素，转变为内容为王、融合为重和用户至上等中观因素和微观因素。④

浙江大学张允若教授则在《关于网络传播的一些理论思考》一文中进一步对新媒体网络传播形式进行深入探讨并指出："网络传播使人类传播活动出现历史性的变革，赋予人类传播许多新的特点，并使传播模式有了新的延伸和发展。"⑤ 如今，网络传播把人类社会丰富多样的传播活动融会在虚拟的"第二世界"里，智能化将成为未来传播模式创新的核心逻辑，这就需要我们重新审视以往的媒体传播研究，如何掌握好新媒体技术的发展特点，做好新时代文化产业发展课题。

当然，"新媒体"这一概念阐释的界定仍存有争议。正如宾夕法尼亚大学安纳伯格传播学院杨国斌教授所指出的那样："目前国外对于这个概念也存疑，'新媒体'这一概念无论在国外还是国内都还没达成更多的共

---

① 谭天：《媒介平台论：新兴媒体的组织形态研究》，中国人民大学出版社，2016，第4页。
② 匡文波：《论新媒体传播中的"蝴蝶效应"及其对策》，《国际新闻界》2009年第8期。
③ 沈正赋：《新媒体时代传播力的影响要素及其建构路径》，《新闻战线》2018年第13期。
④ 沈正赋：《新媒体时代传播力的影响要素及其建构路径》，《新闻战线》2018年第13期。
⑤ 张允若：《关于网络传播的一些理论思考》，《国际新闻界》2002年第1期。

识，还处于不断延伸与延展的一个动态概念。"中国人民大学新闻传播学院匡文波教授也在《新媒体理论与技术》中反复强调"新媒体是随着传统媒体技术的进步而发展的，从人类传播史的角度而言是一个时代的范畴"概念。众所周知，在人类千万年的演进历程中，信息载体在技术推动下不断推陈出新，从早期的纸型载体、音像载体、电子载体到现在的网络载体，从物质形态的"信息载体"到信息形态的"信息载体"，等等，一直都在不断延展、变化。谷歌执行董事长埃里克·施密特也曾表示："互联网将消失。未来将有数量巨大的IP地址、传感器、可穿戴设备以及你感觉不到与之相连互动的东西，无时无刻伴随着你。"可见，"新媒体"是一个不断延展的动态概念。与此同时，新媒体也是一个相对的概念。清华大学文化产业研究中心主任熊澄宇教授在其《新媒体百科全书》译著后记中也反复重申："新媒体没有固定的定义，随着事物的发展、时间的推移，新媒体的定义也会发生变化。对于报纸，广播就是新媒体；对于广播，电视就是新媒体；而对于电视，网络就是新媒体。任何一种现存的媒体形态，都将会被未来的媒体形态所超过。"比如进入互联网时代后，桌面电脑、平板电脑以及目前如日中天的智能手机，智能手环、智能眼镜等可穿戴设备，相较于传统媒体报纸、广播电视是"新媒体"；而接踵而来的苹果Siri、微软小冰、天猫精灵等新平台与新载体又不断冲击着现有对"新媒体"的认知与再定义。

所以，本书认为新媒体就是"数字信息载体"，是一种新型的人际沟通与信息交互的"中介"，它是一个不断延伸延展的动态概念，同时也是一个相对的概念。随着内容产品线的不断扩张和产品形态的不断变化，当今的新媒体的疆域显然已经远远超出了以往"媒体"范畴，在互联网的承载下演变成一个涵盖了终端、内容、关系、服务等各个环节的全新的产业链条。[①] 相较于与报纸、杂志、广播、电视等传统媒体截然不同的媒体组织形式，新媒体的组织形态摆脱了纸质、电视机等物质形式的承载局限，并逐步发展成为线上、云上的开放式互联网媒体平台。VR/AR、AI、5G/6G等新技术创造的场景应用，将给媒体变革带来更多可能。未来的新媒体将不再以某一固定"云上"或"实体"的形式存在，而是一个由数据、算

---

① 谭天：《媒介平台论：新兴媒体的组织形态研究》，中国人民大学出版社，2016，第10页。

法、算力等构建的复杂系统，"万物皆媒"成为现实。① 本书中的"新媒体"研究范畴主要以1998年联合国教科文组织正式将互联网这一"第四媒体"作为新媒体的研究起点，涵盖网络、手机、最新的智能可穿戴设备、机器人等新型信息交流载体，具有数字技术赋能下全时性、交互性、智能化、个性化等传播特征和本质属性。

（1）全时性。新媒体具有根据需要随时随地进行信息传播的属性。特别是在工业物联网、5G、6G等信息技术赋能下的智联网时代，万物皆媒，永远在线，可以更好地实现对信息的即时、实时、全时传播。

（2）交互性。新媒体是基于社交关系链的双向互动传播，它改变了传统媒体单一内容或信息推送（Push）方式和受众被动接收信息的传播局面，重新赋予了受众信息选择权，受众不仅可以自主选择信息，还可以参与信息和内容的制作与发布；同时，人人都有麦克风，人人都可以是自媒体，让交流方式更加多元、便捷。

（3）智能化。新媒体在进入万物智联时代，人与机器人之间的协作和交互性增强，越来越多的机器人参与信息的采编、组稿等实践工作，基于AI的算法型内容的精准推送成为智媒时代新媒体的趋势特征。

（4）个性化。新媒体改变了传统媒体对受众进行单向度"同质化传播"的局限，其综合采用大数据、云计算实现了对受众信息资料、需求的收集和分析反馈，通过灵活、柔性的生产系统进行内容及信息的"海量甄别"，使受众需求摆脱传统按类区分的方法，并将这种区分精确到个体，最后在"量身定制"下实现"精准推送"，实现个性化的信息服务。

---

① 张龙、于洪娜：《元宇宙概念下的新媒体演进与策略》，《传媒》2022年第14期。

第二章
相关理论阐释

一 阿尔文·托夫勒的"三次浪潮理论"

20世纪80年代,美国著名的未来学家阿尔文·托夫勒在"三次浪潮理论"中首次预见性提到"信息社会",并第一次触及网络(信息)下文明形态的相关内容,他以科学技术的发展为轴心来考察整个人类社会。其在著作《第三次浪潮》中将人类社会划分为三个阶段:第一次浪潮为"农业革命",即人类从原始野蛮的渔猎时代,进入以农业为基础的社会,其驱动力为土地和农民;第二次浪潮为"工业革命",其驱动力为机械和蓝领工人;第三次浪潮为"信息革命",以当时出现端倪的信息和生物等新技术为代表,其驱动力是信息技术和知识工作者。而在即将到来的第三次文明浪潮中,随着新的能源和信息方式引入人们的生产系统中,文明着手弥补生产者和消费者之间长久存在的裂痕,第一次浪潮时期社会的产销合一状态又将重新成为经济活动的主流,不过是以高新科技为基础。而第三次浪潮时期,托夫勒在文中从能源、科技、家庭结构、文化等方面为新文明铺设了基本架构,指出第三次浪潮裹挟而来的新文明在很多方面和传统的工业文明相冲突,既包含了高科技,又包含了反工业化。他提出第三次文明浪潮最基本的原料(也是永远不会匮乏的原料)就是信息加上想象力,并在此基础上提出经济领域巨变的论断,他认为发起于工业革命背景下的工厂组织批量生产模式将逐步式微。与此同时,工业时代构建的"标准化""专业化""同步化""集中化""极大化""集权化"等六大生产组织原则将不适用于第三次文明浪潮下的生产关系,取而代之的是"个性化定制"等原则。正如托夫勒在书中所畅想的那样,许多机器不再是由工人操作,而是由消费者自己远程控制,生产者和消费者之间的界限逐渐模糊,"富有创意的产销合一者"又将重新成为经济活动的重心,这对我们文化产业产销合一的盈利模式以及产业链搭建等都具有重要的理论指导意义。

与此同时，托夫勒早已从变化多端的21世纪中看出了诸多新现象，许多变化不再是独立事件，很多事件和那些看起来不相干的事件紧密相连，这些是大现象的片段，这个大现象就是：工业主义灭亡，新文明崛起。托夫勒在著作《第三次浪潮》的前言中就已提到这一新文明带来的巨大变化，人类以往的旧假设都将遭受挑战，旧的思想方式、公式、教条、意识形态等，不论以往如何受到推崇、如何妙用无穷，都不再是真理了。持有乐观主义态度的托夫勒也同样看到了诸多新的价值观、新的地域政治关系、新的生活形态和新科技的不断涌现，这个世界就从这些冲突中迅速发展壮大起来，新的生产生活方式为现代社会文明不断注入新的生命力。①

例如，托夫勒认为第三次文明浪潮下有新的文明，独特的世界观，以及处理时间、空间、逻辑、因果的办法。在书中，他认为在第三次文明浪潮中，"文化碎片化"趋势更加明显。我们将被一些矛盾、零散的形象包围，生活在所谓的"碎片文化"之中，并在碎片拼凑中形成整体的新观念。同时，人们也将从工业社会被与机器同步捆绑的时间中获释，重新获得更加弹性的工作时间，兼职工作、夜间工作以及自由工作将逐步取代朝九晚五工作模式，银行也将逐步放弃传统的"银行工作时间"，整个社会运转模式转向全天候作业模式，一日三餐模式将被逐步取代，新的消费形态正逐步形成。托夫勒特别强调，第三次浪潮揭开了新纪元——一个属于多样化媒体的时代，新科技带动了新的信息系统。这些变化深深影响我们的大脑，我们对世界的体会、认知和领会世事的能力都会产生革命性的转变。同时，随着信息重要性的增强，新文明将会改变教育结构，重新调整科学研究方向，最重要的是重新组织传播媒体。今天的大众传播，不论是纸质媒体还是电子媒体，都无力应付传播的重荷。第三次浪潮已经粉碎第二次浪潮时代落伍的信息结构，重新建立起一个系统，并从经济、文化、生活的各个方面推翻原先建立的标准。

托夫勒的三次浪潮理论为我们清晰地阐述了以"信息革命"为基础的第三次文明浪潮对社会各个层面的重新构建，指明了信息社会下的文化发展大趋势，其关于"第三次浪潮"的分析和预测已在现代社会中不断显现，并对未来文化发展趋势的指引具有积极的现实意义，是把握数字时代下文化产业转型升级的重要理论基础之一。

---

① 王振飞：《工业文明下的技术文化反思》，《边疆经济与文化》2018年第11期。

二 卡斯特尔的"网络社会理论"

西方新马克思主义学派城市社会学家代表人物曼纽尔·卡斯特尔（也译作曼纽尔·卡斯特），是城市研究、新信息技术和新媒体技术研究领域著名的学者，他的思想和著作对我们理解网络社会中的城市经济与全球经济具有重要作用[①]。卡斯特尔最有影响力的著作莫过于信息时代三部曲，其颇具建设性、预见性地建构了"网络信息社会"理论，尤其是《网络社会的崛起》（*The Rise of the Network Society*）中基于数字化信息传播高新技术的新型传播系统被他称为"互联网星系"的理论成为学者们重点研究的对象。除三部曲之外，卡斯特尔研究成果还包括《移动通信与社会变迁：全球视角下的传播变革》、《传播力》（*Communication Power*）、《充满愤怒与希望的网络世界：网络时代的社会运动》（*Networks of Outrage and Hope：Social Movements in the Internet Age*）、《网络星河：对互联网、商业和社会的反思》以及学术访谈录《对话卡斯特》等著作，对网络社会、互联网、移动通信技术、传播与权力、传播与社会变迁等方面进行了系统阐释，形成了较为完善的"网络信息社会"理论。[②]

卡斯特尔在《网络社会的崛起》中集中讨论了互联网这个当代社会的空间新形式，他认为"作为一种历史趋势，信息时代的支配性功能与过程日益以网络组织起来。网络构建了我们社会的新社会形态，而网络化逻辑的扩散实质地改变了生产、经验、权利与文化过程中的结果"。我们的社会将变成一个接一个地通过网络连接的网络社会，这个社会高度动态、高度开放，并呈现出经济行为的全球化、组织形式的网络化以及文化的真实虚拟化等新特征。

（一）经济行为的全球化

迈入网络信息社会，卡斯特尔认为"经济的知识、信息基础、全球性的触角、以网络为基础的组织形式，以及信息科技革命之间的历史扣连，催生了一个新而独特的经济系统"，该经济系统主要以信息化（information-

---

[①] 张咏华：《媒介分析——传播技术神话的解读（第二版）》，北京大学出版社，2017，第181~182页。
[②] 徐忆、宁云中：《卡斯特尔的网络空间理论与"超文本"文学表征》，《求索》2013年第1期。

al)、全球化（global）和网络化（networked）为基本且独有的特征，并强调特征之间的交织联结。① 卡斯特尔认为网络信息社会的核心特征是以知识信息为基础的新的生产力，强调信息已成为当下社会过程的原材料。在"信息主义"发展模式中，生产力的主要来源是"以信息和技术为基础，把生产要素的结合与使用达到最优的能力"，其改变了工业经济单一的生产力增长方式。同时，他认为信息化经济是全球性的，并提出全球经济（global economy）不等同于世界经济（world economy）的论断。卡斯特尔认为全球经济是"以信息与通信科技提供的新基础设施为根基，在政府和国际机构执行的解除管制与自由化政策协助下，世界经济才真正变为全球经济"，这个经济系统可以在全球层次互相联结，并可以即时或在特定时间内以全球为规模而运作。当然，卡斯特尔也指出，全球经济也并非遍布星球的经济，并未涵盖所有经济过程和所有经济领域。在《网络社会的崛起》一书中他详细描绘了全球经济带来的金融市场的全球化、商品与服务市场的全球化、生产的国际化以及技术、劳动全球化等多个维度的新图景。卡斯特尔特别指出，"在新崛起的网络社会，商品与服务的全球生产渐渐不再是由多国公司执行，而是由跨国的生产网络完成，而多国公司是其中不可或缺的要素，但其若无网络的其他部分，该要素无法运作"，进一步强调了新经济的网络化这个基本特征，即迈入信息网络社会，新经济的增长是以网络为基础的生产力增长以及以网络为基础的经济全球化。

（二）组织形式的网络化[②]

卡斯特尔发现全球生产演变的重要趋势是生产过程的组织转变，包括多国公司本身的变化。其中，最为广泛的组织变化趋势，乃是从"大量生产"到"弹性生产"的转型，或者，用科里亚特（Coriat）的公式来讲，是从"福特主义"到"后福特主义"的转型。卡斯特尔认为在信息网络社会，企业的"弹性化"生产将成为趋势，并成为促进经济活动主体企业管理"水平化"转变的主要因素。在他看来，新经济模式下企业组织形式的转型关键不在于规模，而在于由垂直的科层化系统转变为水平化公司，即以分散化、参与和协调为基础，由能进行自我规划、自我导向的各单位组

---

① 〔美〕曼纽尔·卡斯特：《网络社会的崛起》，夏铸九等译，社会科学文献出版社，2001，第118页。

② 〔美〕曼纽尔·卡斯特：《网络社会的崛起》，夏铸九等译，社会科学文献出版社，2001，第190~191页。

成,以适应"弹性化"生产。其中,一些中小型企业将由于灵活的经营机制和广泛的关系网络而更加具有活力。

同时,卡斯特尔认为"网络企业"(network enterprise)作为全球化经济的新组织形式已然浮现,其特别强调了信息化全球经济的组织形式是"网络企业"。大部分生产部门(包括商品和服务),都依其实际的运作程序在全世界组织起来,形成罗伯特·赖克(Robert Reich)所谓的"全球网"(global web)。全球网构建的新生产体系主要依赖的是公司之间、每个主要公司的分散化单位之间,以及彼此联结且与大公司或公司网络联结的中小企业网络,彼此的策略性联盟和特别合作计划。① 这种网络化的组织形式首先使工作方式灵活化,卡斯特尔认为,在网络社会里,以信息为基础的生产必然引起产业内部明显的技术和社会劳动分工,这种技术和社会劳动分工必然导致产业内部的生产分割,从而带来劳动空间的分割以及不同生产工序的分割和分散。在网络社会里,人们更多的是运用信息化手段参与生产与工作,这样使工作的地点、时间、过程和方式都具有极大的灵活性。②

(三)文化的真实虚拟化

卡斯特尔认为一切文化都是借由传播手段、工具而传播、展现的文化。因而受互联网这一新的传播技术革命的深刻影响,"一种新的文化,即真实虚拟的文化正在形成。在这一新的文化中,多形态传播的数字化网络已囊括所有文化表现和个人经验,从而使虚拟性成为我们的真实性的一个根本维度",他将这种新的文化命名为"真实虚拟文化"(culture of real virtuality)。③ 同时,卡斯特尔发现,"互联网这一新的电子传播系统,具有通达全球、整合所有交流媒介以及具有互动潜能的新特点,其特性是一切文化表现得无所不包与全面涵盖"。在这个数字化与网络化整合的传播系统中,"现实本身(人们的物质和象征存在)完全陷入且浸淫于虚拟意向的情境,那是个'假装'的世界,在其中表象不仅出现于屏幕以便于沟通经验,而且本身也变成了经验"。同时,新传播系统彻底转变了人类生活空间与时

---

① 〔美〕曼纽尔·卡斯特:《网络社会的崛起》,夏铸九等译,社会科学文献出版社,2001,第143~144页。
② 徐忆、宁云中:《卡斯特尔的网络空间理论与"超文本"文学表征》,《求索》2013年第1期。
③ 陆扬:《解析卡斯特尔的网络空间》,《文史哲》2009年第4期。

间的基本向度,流动空间(space of flows)与无时间之时间(timeless time)成为新文化的物质基础。

卡斯特尔提出的网络社会理论描绘的正是当前文化产业转型升级所处的大环境、大背景。根据网络社会理论分析,以互联网为基础构建起的信息社会对我们文化产业的发展带来了新的冲击,同时也为文化产业转型升级带来了新的发展契机。对在新经济、新文化现象中企业等市场主体如何适时调整自己发展举措,以及如何灵活调整更高层次的相互关系和成长发展需要都具有重要的理论指导意义和参考价值。

三 克里斯·安德森的"长尾理论"

20世纪80年代,以雷蒙·威廉斯和约翰·费斯克为代表的英国"伯明翰学派",在法兰克福批判理论和"大众文化"理论基础上提出了一系列新的基本观念,特别是约翰·费斯克提出的"两种经济"理论,从此开辟了以电影工业为代表的大众文化研究,提出了富有建设性的新理论。所谓两种经济,一是"金融经济",二是"文化经济",理论根据是马克思主义政治经济学的商品交换价值和使用价值理论。费斯克以电视为文化产业例子,提出在资本社会中,电视作为商品,被生产和发现于这两种平行而且共时的经济系统之中。其中,"金融经济"注重的是电视的交换价值,流通的是金钱;"文化经济"注重的是电视的使用价值,流通的是"意义、快感和社会认同"。费斯克认为"在消费社会里,能带来意义和快感的商品都有'文化经济'价值",建议"大众文化的研究取向必须走出'金融经济'系统而转向'文化经济'价值"。[①] 但由于早期文化产业孕育于传统产业之中,而文化产业作为产业经济的一个分支,企业家受80/20法则(帕累托法则)等传统经济理论影响,加之所处时代传统仓储展示和物流的限制,文化产业的经济发展理论并未能有效涵盖、对接互联网时代数字化内容生产与数字化流动和存储带来的新经济模式。

2006年,美国《连线》杂志总编辑克里斯·安德森观察到一种符合统计规律的现象——数量、品种二维坐标上的需求曲线拖着长长的"尾巴",这就是基于互联网经济背景提出的著名的"长尾理论"。"长尾理论"起初被用来描述诸如亚马逊等公司的商业和经济模式,其基本原理是通过数

---

① 宋奇慧:《中国数字文化产业研究》,北京邮电大学出版社,2013,第18页。

化网络的"边际成本递减"导致的个人创作下批量创意产品的低成本生产,取得类似"大规模"成本优势。克里斯·安德森认为商业和文化的未来不在于传统需求曲线上那个代表畅销商品的"头部",而在于那条代表冷门商品、经常被人遗忘的"长尾"。其关注点聚焦在原先被忽视、需求不旺、销售不佳的80%的商品上,更加强调大众的个性化需求,强调传统商业发展中不被重视的长尾市场。例如,在唱片公司的盈利上,传统模式中,20%的畅销唱片为公司带来了80%的利润,其余80%的不是很流行的唱片只为公司做出了20%的盈利贡献。如此,唱片公司就比较重视带来大部分盈利的20%的畅销唱片,可能撇弃盈利能力较弱的80%的不流行唱片,从而减少生产、销售和流通成本,进一步提高公司的收益。然而,在网络时代里,数字商品的生产、销售和流通的成本不断降低,相比于传统成本而言边际成本几乎为零。于是,在成本较高的传统CD变成成本超低的数字唱片后,以往成为唱片公司盈利负担的80%不流行唱片也不再成为商业成本上的累赘,而是转为一笔可以增加更多收益的"意外之财"。这笔"意外之财"的数额不仅可以与之前的20%精华所带来的收益相抗衡,甚至比它更大,这就是长尾带来的收益[1]。所以,"长尾理论"颠覆了长达百年、几乎支配所有经济活动的"二八定律",并一跃成为网络时代经济领域内的新经典。

总而言之,"长尾理论"是一种需求方的规模经济,其提出网络就是规模,需求方规模经济就是网络节点上的规模经济,进而彻底解放了一直潜伏在工业化的长尾积极性,并为经济活动提供了新的观察视角。在文化产业领域,该理论也充分说明,进入网络信息社会,"我们的文化和经济重心正在加速转移,从需求曲线头部的少数大热门转向需求曲线尾部的大量中小市场。面向特定小群体的文化产品和服务可以和主流热点具有相同的经济吸引力"[2]。与此同时,"长尾理论"中反复强调的个性化需求以及产品的差异化也将是文化产业发展必须考量的重要因素。我国文化产业新业态要想实现又好又快的发展,必须满足细分化的受众群体的消费要求,这也是延长"长尾"效益的根本所在。

未来,随着网络化、数字化进程的加快,以产品个性化、服务差异化、

---

[1] 杨旦修、聂钰石:《数字音乐的媒介经济学分析——基于长尾理论的视角》,《新闻界》2009年第3期。

[2] 〔美〕克里斯·安德森:《长尾理论》,乔江涛等译,中信出版社,2012,第87页。

选择多样化为标志的文化新业态的"长尾"将进一步得到充分的延伸，个性化小众化的文化市场将有效实现文化产品的增值，并获取更大的"长尾"经济效益。

四 迈克尔·波特等人的"产业竞争力理论"

产业经济理论认为，决定和影响产业发展的因素十分复杂，既包括政治、经济、文化、历史等宏观因素，也包括需求、供给、对外贸易、经济制度及经济发展战略等具体因素。这些因素相互交织、相互联系，影响和决定产业发展的轨迹。其中，高新技术产业发展与传统产业的改造是产业发展的规律之一[①]。据产业发展的内在规律分析，产业的形成、发展及其变化主要受由生产力发展水平决定的技术进步和社会需求两方面的影响。纵观世界各国工业化的进程，都是由技术革命引起产业变革，形成新的社会分工，由此推动产业结构的优化。20世纪电子和微电子技术革命，尤其是电子计算机的广泛应用，不仅使第二产业的发展实现了飞跃，而且使以信息服务为特色的服务业迅速崛起，产业发展迅速向第三产业转移。这说明，随着经济发展和技术进步，产业结构必然不断优化升级，逐步形成同社会生产力水平相适应的第一、第二、第三产业占比合理的产业结构，这是各国经济发展的普遍趋势。与此同时，产业竞争力是研究一个新兴产业的发展潜力与趋势的重要指标，更是衡量一个地区产业发展与潜力的重要指标。

产业竞争力亦称产业国际竞争力，指某国或某一地区的某个特定产业相对于他国或地区同一产业在生产效率、市场需求满足、持续获利等方面所体现的竞争能力。产业竞争力内涵涉及两个方面的基本问题：一个是比较的内容，一个是比较的范围。具体来说，产业竞争力比较的内容就是产业竞争优势，而产业竞争优势最终体现于产品、企业及产业的市场实现能力。因此，产业竞争力的实质是产业的比较生产力，所谓比较生产力，是指企业或产业能够以比其他竞争对手更有效的方式持续生产出消费者愿意接受的产品，并由此获得满意的经济收益的综合能力。产业竞争力是一个区域的概念，其比较的范围是国家或地区。因此，对产业竞争力的分析应突出影响区域经济发展的各种因素，包括产业集聚、产业转移、区位优势等。目前，产业竞争力理论基础主要有两个：比较优势原理和竞争优势原

---

① 鲍宏礼主编《产业经济学》，中国经济出版社，2018，第46页。

理。其中，古典经济学家大卫·李嘉图的比较优势原理指出：商品的相对价格差异即比较优势是国际贸易的基础，特定国家应专注于生产率相对较高的领域的生产，以交换低生产率领域的商品。战略管理学家迈克尔·波特的竞争优势原理认为，竞争优势有别于比较优势，它是指各国或各地区相同产业在同一国际竞争环境下所表现出来的不同的市场竞争能力。

竞争力是指竞争主体（国家、地区和企业等）在市场竞争中争夺资源或市场的能力。这种能力是竞争主体在竞争过程中逐步形成并表现出来的，是竞争主体多方面因素和实力的综合体现。竞争力根据不同的标准可以划分为不同的层次，通常可分为国家竞争力、区域竞争力、产业竞争力、企业竞争力和产品竞争力。

现代竞争力理论主要是从对企业竞争力的探讨和对国家竞争力的研究发展起来的。而后许多学者将企业竞争力和国家竞争力的理论方法应用到产业或区域等层面，逐步发展起来了产业竞争力理论和区域竞争力理论，并由此产生了许多新的竞争力理论假说和研究方法。现代竞争力理论早期有代表性的学说是熊彼特的"创新说"。他在《经济发展理论》一书中提出了经济创新的概念，第一个突破了近代关于竞争力的"绝对优势"、"比较优势"和"要素禀赋"等古典学说。他认为，"创新"对企业竞争力具有决定性作用，当竞争对手无法或没有迅速察觉新的竞争趋势时，最先发明创新的企业可能因此改写彼此的竞争态势，也就是说，不断创新的企业会具有强大的竞争力。波特吸收了熊彼特的创新思想，但他认为创新不仅指技术上的改善，而且指做事方法的改进，比如新的促销方法、新的组织方式。一个企业在竞争对手没有觉察的情况下，首先采用创新观念，很可能由此而改变双方的竞争优势。此后，波特又将他的竞争力理论从微观拓展到宏观，认为当从国家层面进行衡量时，竞争力的唯一意义就是国家生产力。一国在某一产业的国际竞争力表现为一个国家创造一个良好的商业环境，使该国企业获得竞争优势的能力。他利用"钻石模型"提出了决定国家竞争力的四大要素（即生产要素，需求条件，相关产业和支持产业的表现，企业的战略、结构和竞争对手），并且较系统地展示了各竞争力因素之间的关系。第二次世界大战以来，世界各国政府也纷纷开展了对国家竞争力的研究，"如美国总统委员会就此问题进行过大量的探讨，日本则提出了国际贡献能力、生存能力、强制能力三分法的综合国力论"[①]。

[①] 魏后凯、吴利学：《中国地区工业竞争力评价》，《中国工业经济》2022年第11期。

目前，国内外竞争力评价方法和指标体系构建主要有以下几种理论模型。

（一）产业集群竞争力研究——"钻石模型"

"钻石模型"是由美国哈佛商学院战略管理学家迈克尔·波特提出的。波特的"钻石模型"用于分析一个国家某种产业为什么会在国际上有较强的竞争力。波特认为，决定一个国家的某种产业竞争力有四个要素：生产要素——包括人力资源、天然资源、知识资源、资本资源、基础设施；需求条件——主要是本国市场的需求；相关产业和支持产业的表现——这些产业和相关上游产业是否有国际竞争力；企业的战略、结构和竞争对手的表现。波特认为，这四个要素具有双向作用，形成钻石体系（见图2-1）。

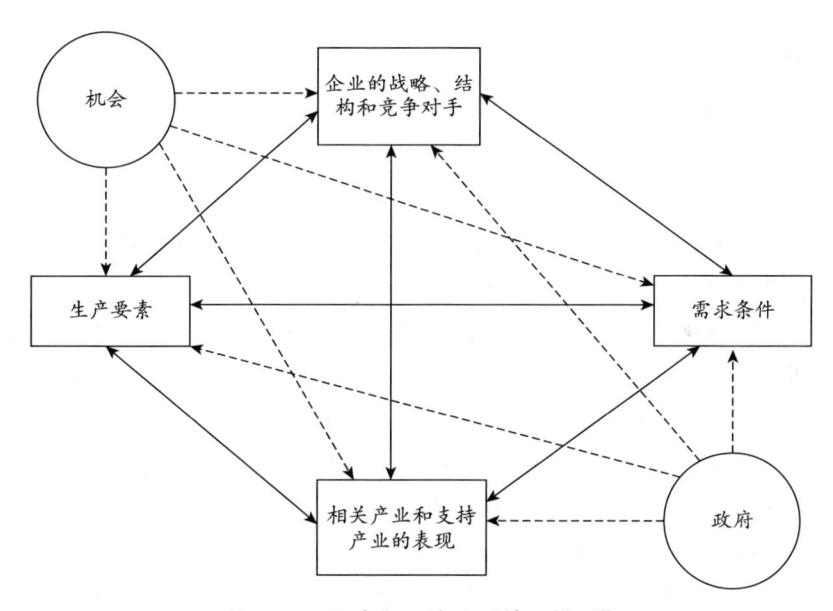

图2-1 迈克尔·波特"钻石模型"

1. 生产要素

波特将生产要素划分为初级生产要素和高级生产要素。初级生产要素是指天然资源、气候、地理位置、非技术工人、资金等；高级生产要素则是指现代通信、信息、交通等基础设施，受过高等教育的人力，研究机构，等等。波特认为，初级生产要素重要性越来越低，因为对它的需求在减少，跨国公司可以通过全球的市场网络来取得（当然初级生产要素对农业和以天然产品为主的产业还是非常重要的）。高级生产要素对获得竞争优势具有不容置疑的重要性。高级生产要素需要先在人力和资本上大量和持续地投资，而培养高级生产要素的研究所和教育计划，本身就需要高级的人才。高级生产要素很难从外部获得，必须自己来投资创造。

2. 需求条件

国内市场需求是产业发展的动力。国内市场与国际市场的不同之处在于企业可以及时发现国内市场的客户需求，这是国外竞争对手所不及的，因此波特认为全球性的竞争并没有降低国内市场的重要性。另一个重要方面是预期性需求。如果本地的顾客需求领先于其他国家，这也可以成为本地企业的一种优势，因为先进的产品需要前卫的需求来支持。德国高速公路没有限速，当地汽车工业就非常卖力地满足驾驶人对高速的狂热追求，而超过200千米乃至300千米的时速在其他国家毫无实际意义。有时国家政策会影响预期性需求，如汽车的环保和安全法规、节能法规、税费政策等。

3. 相关产业和支持产业的表现

对形成国家竞争优势而言，相关和支持性产业与优势产业是一种休戚与共的关系。波特的研究提醒人们注意"产业集群"这种现象，一个优势产业不是单独存在的，一定是和国内相关强势产业一同崛起的。以德国印刷机行业为例，德国印刷机雄霸全球，离不开德国造纸业、油墨业、制版业、机械制造业的强势。美国、德国、日本汽车工业的竞争优势也离不开钢铁、机械、化工、零部件等行业的支持。有的经济学家指出，发展中国家往往采用集中资源配置，优先发展某一产业的政策，孤军深入的结果就是牺牲了其他行业，钟爱的产业也无法一枝独秀。

4. 企业的战略、结构和竞争对手

波特指出，推进企业走向国际化竞争的动力很重要。这种动力可能是来自国际需求的拉力，也可能是来自本地竞争者的压力或市场的推力。创造与持续产业竞争优势的最大关联因素是国内市场强有力的竞争对手。波特认为，这一点与许多传统的观念相矛盾，例如，一般认为，国内竞争太激烈，资源会过度消耗，妨碍规模经济的建立；最佳的国内市场状态是有两到三家企业独大，用规模经济与外商抗衡，并促进内部运作的效率化。还有的观念认为，国际型产业并不需要国内市场的对手。波特指出，在其研究的十个国家中，强有力的国内竞争对手普遍存在于具有国际竞争力的产业中。在国际竞争中，成功的产业必然先经过国内市场的搏斗，迫使其进行改进和创新，海外市场则是竞争力的延伸。而在政府的保护和补贴下，国内没有竞争对手的"超级明星企业"通常并不具有国际竞争能力。

5. 机会

机会是可遇而不可求的，机会可以影响四大要素发生变化。波特指出，对企业发展而言，形成机会的可能情况大致有以下几种：基础科技的发明创造，传统技术出现断层，外因导致生产成本突然提高（如石油危机），金融市场或汇率的重大变化，市场需求的剧增，政府的重大决策，等等。机会其实是双向的，它往往在使新的竞争者获得优势的同时，使原有的竞争者丧失优势，只有满足新需求的厂商才能有发展"机遇"。

6. 政府

波特指出，从事产业竞争的是企业，而非政府，竞争优势的创造最终必然要反映到企业上。即使拥有最优秀的公务员，也无从决定应该发展哪项产业，以及如何取得最适当的竞争优势。政府能做的只是提供企业所需要的资源，创造产业发展的环境。政府只有扮演好自己的角色，才能成为扩大钻石体系的力量，政府可以创造新的机会和压力，其直接投入的应该是企业无法行动的领域，也就是外部成本，如发展基础设施、开放资本渠道、培养信息整合能力等。

（二）中国人民大学国家竞争力分析模型

人大竞争力与评价研究中心以 IMD 和 WEF 的模型为基础，结合中国的实际情况进行发展与创新，形成自己的理论观点和分析模型。他们认为，国家竞争力应分为核心竞争力、基础竞争力和环境竞争力三个层次，即国家竞争力不仅仅要发挥现有经济实力，更要追求建立合理的经济运行系统，还必须考虑实现综合经济实力的社会经济环境条件以及综合实力长期持续发展的内在成长能力。

（三）裴长洪的研究模型

中国社科院裴长洪在产业组织理论和西方学者的研究成果基础上，建立了行业分析、市场结构和价值链三种方法相结合的产业国际竞争力的分析框架，并提出了产业国际竞争力的显示性、分析性评价指标。

裴长洪的研究模型从微观、中微观、中观和宏观四个层面对竞争力进行诠释。

第一，对以企业为主体的产品而言，竞争力是指在实现产品价值条件下，该种产品在一国、一地区进而在国际市场上的扩张能力，通常可以用该产品的劳动生产率、成本、价格、质量以及市场占有率来衡量。这是通常的绝对竞争优势的测度指标和方法。

第二，对企业而言，竞争力是指在实现企业产品不断扩大市场的同时，该企业可持续的盈利能力。通常可以用企业销售额和销售利润率来衡量，但还需要设定别的指标来衡量其持续性，如企业的技术开发和创新能力。

第三，产业，因其是一个集合概念，其竞争力必定是在不同地域间比较，在不同地域间比较又必定离不开区际或国际交换活动，而国际交换活动受国际分工规律的制约，因此产业竞争力必然首先体现为不同区域或不同国家不同产业（或产品）的各自相对竞争优势，即比较优势。但现实生活中，国际交换活动即便完全按照比较优势规律来进行，市场上也会出现比较优势相近的同一产业或产品的比较，这时候，竞争力将取决于它们各自的绝对竞争优势，即质量、成本、价格等一般市场比较因素。所以，产业竞争力是指属地产业的比较优势和它的一般市场绝对竞争优势的总和。考虑到产业不仅是同一产品的集合，而且是同一企业和同一经营活动的集合，因此实际上其规定性要涵盖得更宽一些。

第四，对以国家为主体的产品而言，讨论其国际竞争力，事实上应该引入产业竞争力的分析范式，即首先要讨论它具有何种比较优势以及其强度如何，这是衡量一种产品是否具有进入国际市场潜力的前提；其次才可能讨论该产品与别国同一产品比较具有优势的属性。所以，关于产品国际竞争力的许多实证研究，多采取这种论证方式。由于研究以国家为主体的产品竞争力问题较易于获得数据和资料，较易于进行实证研究，因此所谓国际竞争力问题的研究更多的是落实到以国家为主体的产品竞争力上来。[1]

（四）魏后凯的区域竞争力评价模型

魏后凯从市场影响力、资源配置力、产业增长力、结构转换力和工业创新力五个方面评价产业竞争力。他认为，区域产业竞争力取决于单个企业的核心竞争力及其群体优势，并主要体现在这五个方面的能力上。

魏后凯等学者认为，所谓区域竞争力，是指区域内各主体在市场竞争的过程中形成并表现出来的争夺资源或市场的能力。这种能力只有通过市场竞争才能够形成和展现，并且在动态的竞争过程中不断发生变化。也就

---

[1] 裴长洪、王镭：《试论国际竞争力的理论概念与分析方法》，《中国工业经济》2002 年第 4 期。

是说，竞争才有竞争力。当然，这里的竞争，主要是指区域对资源或市场的争夺，如资源开发、技术创新、人才争夺、环境改善、产业发展、区域营销等。

区域产业竞争力是区域竞争力的核心，而这种产业竞争力是与企业的核心竞争力紧密联系在一起的，它既取决于宏观层次的区域比较优势（即区域资源禀赋差异），又取决于微观层次的企业竞争优势，是二者综合作用的结果。[①] 这两种优势相互联系、相互促进，由此构成了一个区域竞争力的基础。显然，区域竞争力是竞争主体在争夺资源或市场的过程中表现出来的一种综合能力。这种能力表现在诸多方面，既包括现实的生产力（如市场占有率、资源配置效率等），也包括潜在的竞争能力（如创新能力、结构转换能力等）。就地区工业竞争力来说，它取决于单个企业的核心竞争力及其群体优势，并主要体现在市场影响力、工业增长力、资源配置力、结构转换力和工业创新力上。这五个方面共同构成了一个地区的工业竞争力的基础。[②]

[①] 魏后凯：《比较优势、竞争优势与区域发展战略》，《福建论坛（人文社会科学版）》2004年第9期。

[②] 魏后凯、吴利学：《中国地区工业竞争力评价》，《中国工业经济》2002年第11期。

第三章
新技术新媒体下文化产业
新业态特征分析

当前，文化产业的发展日益迈入一个以数字化和网络化为先导的全新发展阶段，文化产业的结构性调整成效显著，数字化趋势特征明显，是这一发展阶段的基本特点。[①] 特别是随着5G、6G以及工业互联网、人工智能等新型基础设施建设的全面铺开，以往工业经济所依赖的产业要素、资源和传播体系，正在让渡给云计算、智能终端、大数据等构建的新基础体系与运行体系。在文化产业新业态领域，基于互联网、物联网的文化需求、文化生产、文化传播以及文化消费方式等已然显示出与工业时代截然不同的文化特质。今天，文化产业生产已经突破了霍克海默和阿多诺最初批判的"文化工业"时期以福特主义为核心的规模化、标准化、批量化大生产阶段[②]，正加速迈进基于数字化互联网的个性化、智能化定制的新型文化生产阶段。同时，在新媒体、智媒体构建的新传播时空中，消费文化和用户需求也发生了翻天覆地的变化，精准化营销、协作化创新、网络化共享等文化经济发展新范式层出不穷，文化产业新业态呈现出以下发展新特征。

一 生产方式：从"产销分离"到"产销合一"

德国诗人兼社会评论家汉斯·马格努斯·恩岑斯伯格（Hans Magnus Enzensberger）说过，昨日大众传播"机械化地将传送者和接受者一分为

[①] 范玉刚：《新时代数字文化产业的发展趋势、问题与未来瞩望》，《中原文化研究》2019年第1期。

[②] 董鸿英、张铮：《网络时代的小微文化生产：媒介技术视角下的政策解读》，《创意管理评论（第二卷）》，经济管理出版社，2017，第116~117页。

二，显示出社会对生产者和消费者的区别对待"，而现阶段我们进入以数字互联网技术为社会运行底层逻辑的新媒体时代，受众从被动型消费逐步向主动型消费转变，从被动参与文化向主动对文化产品进行"二次自主创作"转变，并通过社交平台等渠道向"富有创意的产销合一"生产者转变。同时，随着人机互动的文化生产实践逐步发展，人工智能（AI）成为文化生产的新基础，并作为文化生产内容创造者开始直接介入文化内容的"原创"或初始生产环节[①]，改变了传统文化生产人类唯一主体的事实，使文化创作与生产进入一种人机协同创新与创作生产的新阶段。例如阿里巴巴研制的每秒能做 8000 次设计的 AI 设计师"鹿班"、在中国足球超级联赛报道的写稿测试中表现出色的新华社"快笔小新"、腾讯财经开发的自动化写稿机器人"Dreamwriter"（梦幻写手）、今日头条"张小明"等，都是 AI 介入媒体领域并实现完全智能化文化内容生产的典范。

与此同时，在文化新消费习惯和模式的重塑下，文化产业新业态打破了传统文化产业业态的"线性"生产体系，数字新媒体技术将文字、图像、语音、影像、音乐等文化内容予以数字化、信息化、流量化，有效摆脱了传统文化生产依靠在地性设备、在地资源等诸多瓶颈的制约[②]。特别是在以人工智能、虚拟现实技术（VR、AR、MR）[③] 以及交互技术等为代表的新一代信息技术的全面赋能下，文化产业新业态内容生产的智能化、移动化、交互性特点进一步彰显，其文化产品、内容及服务相较于传统文化产品也更加注重文化消费的互动体验以及去界面化真实交流需求，并催生出更多体验式创新型场景以及用户参与、互动性强的文化内容制作。根据读者意见改变作品叙事走向，互动开放式结局的视频、电影，以及在人机交互平台开展的创意产品个性化定制和生产，等等，都无疑说明了当新媒体技术与文化内容实现高度匹配时，文化产业新业态的内容生产分析决策权正在越来越多地交给用户，一种新的用户参与、互动性强的生产组织方式正在推进传统文化产业生产的转型升级，并在人工智能的迅速普及下，向以用户为中心的个性化需求衍生的精准化、智能化、柔性化文化生产模

---

① 刘方喜：《当机器成为艺术生产主体：人工智能引发文论生产工艺学转向》，《江海学刊》2019 年第 3 期。
② 范玉刚：《新时代数字文化产业的发展趋势、问题与未来瞻望》，《中原文化研究》2019 年第 1 期。
③ VR：虚拟现实 Virtual Reality 的英语缩写。AR：增强现实 Augmented Reality 的英文缩写。MR：混合现实 Mixed Reality 的英文缩写。

式发展。

二 用户需求：从"关注内容"到"关注平台+内容"

加拿大著名学者马歇尔·麦克卢汉曾在其旷世之作《理解媒介：论人的延伸》一书中提出"在新型、电力信息时代和程序化生产中，商品本身越来越具有信息的性质"[1] 的论断，学者安蒂·卡斯维奥（Antti Kasvio）在其《传媒和文化产业》一文中也有类似的见解，并进一步指出"中心信息收集与科技的传送，逐渐转向这些科技所传播的内容。在这一阶段，最大的增长期望是从信息技术产业技术转向传媒与文化产业"的趋势判断。纵观现阶段的文化产业实践活动，新旧文化产业业态最大的不同在于科学技术，尤其是高科技智能技术和网络媒体平台对产业新业态的渗入与影响，高科技基因、互联网基因都是文化产业新业态自身属性的一部分，这是传统文化产业业态不具备的优势。换言之，传统文化产业业态的主体需求侧重内容产业，而文化产业新业态的主体需求则侧重的是基于高新技术要素的内容产业。不同的用户会选择不同的终端进行图书阅读，而对这些不同的终端进行选择的决定因素更倾向于这些终端所拥有的技术组合——也就是说，消费者选择阅读终端的过程实质上是根据自身的需求状况选择不同技术组合的过程。[2] 以图书为例，过去我们重在研究以纸质为媒介承载的"白纸黑字"图书这一文化产品，其影响因素以内容因素为主，而纸张这一介质对一本图书的受关注程度、销售情况而言并非主要因素。而对新技术新媒体阶段的文化产品，我们在关注图书内容的同时，甚至在关注内容之前，首先更关注的是载体对我们主观意识的吸引力和承载介质便捷性对我们文化消费产生的重大影响，即我们会更加关注新技术新媒体平台下呈展的文化内容，这也是当前拥有优质内容的传统媒体逐步被"今日头条"等信息聚集类网络媒体平台替代，而集体"失声"的原因所在。

---

[1] 〔加〕马歇尔·麦克卢汉：《理解媒介：论人的延伸》，何道宽译，译林出版社，2011，第52页。

[2] 付晓青：《文化产业新业态研究》，福建人民出版社，2015，第43页。

三 消费方式：从"在场在地"到"线上线下"

正如曼纽尔·卡斯特在《网络社会的崛起》一书中的描述："目前，全球经济组织的基本单位已经变成网络了，一个开放而多边的网络，而且是一种多重面向的虚拟的文化。"[1] 网络技术创造了一个虚拟的空间，这个空间是以计算机等电子设备终端为端口、以网络通信技术和虚拟现实技术为基础、以新传媒和符号传播为媒介，主体和技术相融共生的崭新空间样态[2]，这个虚拟的、崭新的空间正"跨界融合，连接一切"。

目前，新技术新媒体时代下的文化产业新业态相较于传统的文化业态，最主要的特征就是以互联网为基础的生产力，新型的文化产品均能实现数字化以及随时随地地被在线传播和在线消费。同时，随着"上云用数赋智"方式的全面赋能，"线上+线下"的新型消费体系和文化消费新习惯正全方位得到塑造与普及，以往读书、看报等"在场文化消费"正逐步被在线阅读等线上的文化消费替代，网络游戏、网络影视以及网络音乐等数字内容产品均已脱离传统的电视、影院、唱片的束缚，"云展览""云文博""云演艺""云旅游"等满足消费者宅家期间文化需求的文化新业态更是层出不穷、欣欣向荣。

与此同时，在以"95后""00后"为代表的"Z世代"网络新生消费群体的推动下，线上"真实虚拟"、线下"沉浸式视听体验"的新文化诉求正推动着新型文化产业产品向互动式"在地同感"趋势发展。越来越多的新型文化平台企业纷纷把线上的文化服务进行线下空间导入，消弭了线上时空体验隔阂，增强了消费群体在"多次元"时空层面的文化沉浸式体验。例如爱奇艺重磅打造的国内首创全感VR体验店"影动时空"，腾讯在上海打造的国内首个线下电竞潮流文化体验馆——V-Station体验馆，等等。众多覆盖触觉、嗅觉、听觉、风感、重力感等感觉在内的全感线下VR体验馆正逐步成为文化生活新消费场景。随着"线上+线下"双链相互赋能的深入推进，传统消遣式、被动式的观影、观展等文化体验正逐步被云游览、云游戏以及线下电竞、线下VR影视游戏等新文化体验替代，我们也

---

[1] 〔美〕曼纽尔·卡斯特：《网络社会的崛起》，夏铸九等译，社会科学文献出版社，2001，第52页。
[2] 裴萱：《赛博空间与当代美学研究新视野》，《广东社会科学》2017年第2期。

正迈入以人机交互式为主、沉浸式体验的文化消费新时代。

四 传播方式：从"单向模糊"到"多向精准"

众所周知，传统文化的信息传播往往遵循"传者—内容—渠道—受众"的固有模式，信息的传播者在其中占据主导位置，以传播者为中心向四周扩散，利用"中心化"单一单向的传播模式进行文化内容的传播。而文化产业新业态所依托的互联网、物联网则具有开放性、去中心化等特点，使受众人人都有麦克风，形成了双向或多向的信息传播路径。与此同时，以往的"受众"变成了"用户"，并在文化传播中扮演着"受传一体"的角色，即在接收文化内容信息的同时，也通过转发、评论等方式，实现对文化信息的二次传播，改变了传统媒体单向的信息传播模式，解除了其静态传播束缚。

目前，在人工智能、大数据等数字赋能的传播新格局下，文化产业新业态的传播正迈入一种全新的传播语境，"沉浸式"传播、"微"传播和"精准智能"传播新特征显著。例如VR、AR出版产业新业态的兴起，就突破了图书出版以图文为主的传统传播方式，通过佩戴随书赠送的VR眼镜，用户可以360度全景体验书中内容，并在VR、AR技术构建的虚拟文化空间中"遨游""穿越"，甚至"角色扮演"，作为"书中人"进行深度交互式"阅读"。相较于纸质出版物等传统形式的文化产业业态，新的文化产业业态在文化传播中更加注重消费者可视、可触、可感等全方位的感官体验以及沉浸式、交互式传播[①]。同时，在以移动手机、微信等为代表的"微"型社交媒体传播背景下，以数字影视、数字动漫、数字视频等为主的数字视听新媒体产业的"微"传播特征越发显著，"短视频""微视频""微电影""微动漫"等系列微时长、微叙事、微体量的文化产业内容产品层出不穷。同时，在大数据、云技术和人工智能等高新技术赋能下，新兴业态的文化传播不仅改变了传统文化传播"一刀切"的推广方式，而且可以全方位、多层面洞察用户文化需求，实现文化精准、高效、智能化传播。例如百度、抖音、哔哩哔哩等新媒体平台会根据数据（如用户的搜索、评价，用户观看视频的时长以及各

[①] 庞书维：《VR、AR时代出版业的发展态势报告：挑战、机遇与未来》，《文化科技创新发展报告（2020）》，社会科学文献出版社，2020，第195页。

种隐式数据）建立用户画像，并将用户画像与内容标签进行匹配，进行个性化、智能化推送，有效降低了文化产品资源的错配率，进而保持文化内容智能的精准分发和传授关系的长久黏性，有效提高了用户文化参与的积极性和满意度。[①]

[①] 孙传明、郑淞尹：《智能时代传统文化的产业开发与创新发展》，《理论月刊》2021年第5期。

第四章
新技术新媒体与文化产业
新业态的创新扩散

美国学者埃弗雷特·罗杰斯（E. M. Rogers）认为，"创新是一种被个人或其他采用单位视为新颖的观念、实践或事物"，是新技术、新产品、新方法、新观念的总称。创新扩散是指一种基本社会过程，在这个过程中，主观感受到的关于某个新主意的信息被传播。通过一个社会构建过程，创新的意义逐渐显现。[1] 当前，科技创新作为技术与应用更新联合演进的产物，在文化产业发展过程中的原生性助推器作用更为突出。[2]

众所周知，现代媒体科技广泛运用于各类文化生产实践活动中，在文化产业领域掀起了新技术革命的旋风，引发了新兴文化业态的蓬勃兴起和传统文化业态的迭代更新。特别是近年来，中国大力发展的新技术新媒体正在不断赋能文化产业新发展。云计算、大数据、物联网、人工智能、区块链、5G等新一代信息技术的迅猛发展，深刻改变人们获取知识、传递信息、鉴赏文化的渠道和方式，推动文化创作生产传播方式发生深刻变革。信息技术的更新迭代，产生了新技术新媒体驱动下的创新扩散，带动了文化产业的形式、内容及模式创新，数字内容、动漫游戏、视频直播等基于互联网的文化产业新业态已经成为文化产业发展的新动能和增长点。尤其是，随着人工智能、大数据、物联网等新技术新媒体的进一步普及应用，以5G为基础，与人工智能、大数据、AR/VR等紧密结合集聚而成的"5G+"新技术正向文化产业各个领域全方位渗透，并在文化产业诸多领域掀起了新技术革命的旋风，引发了文化产业新业态的蓬勃兴起和传统文

---

[1] 〔美〕埃弗雷特·M. 罗杰斯：《创新的扩散（第四版）》，辛欣译，中央编译出版社，2002，第6页。
[2] 解学芳、臧志彭：《人工智能在文化创意产业的科技创新能力》，《社会科学研究》2019年第1期。

化产业业态的迭代更新，在对文化产业结构产生深刻影响的同时，也推动了文化产业从内容生产到运营模式、传播模式的不断创新。

一 5G技术与文化产业

（一）5G技术发展历程和基本特征

5G 的英文全称是 The 5th Generation Mobile Communication Technology，中文翻译为第五代移动通信技术，具有高速度、低延时和大连接等特点。5G 被誉为"数字经济新引擎"，既是物联网、区块链、视频社交、人工智能的基础，也为"中国制造 2025"和"工业 4.0"提供关键支撑。中国信息通信研究院测算，中国 5G 投资总额将达 1.2 万亿元，将累计带动超过 3.5 万亿元相关投资。到 2035 年，5G 将驱动全球 12.3 万亿美元的经济产出。①

众所周知，移动通信技术是国家的科技革命和产业变革的重要驱动力。从历史上看，很多发达国家都将移动通信视为"构筑竞争优势的战略必争地"。20 世纪 70、80 年代，当美国制造业在全球的领先地位逐步受到挑战时，美国率先在全球推出了"信息高速公路计划"，主张对个人电脑（Personal Computer，PC）和互联网进行标准化处理。此后，近乎所有的半导体芯片、操作系统、路由器、互联网的架构都处于美国的主导之下。IBM、英特尔、微软、谷歌等大型网络公司的相继涌现，也成就了美国在政治、经济、文化、教育等方面的优势地位，并助推第一代移动通信技术（1G）于 1986 年在美国诞生。第一代移动通信技术主要以语音为中心，其功能非常有限，仅能服务于军事、政府机构等。1987 年，欧洲成立全球移动通信系统协会（Global System for Mobile Communications Association，GSMA）研发 2G，并推出了欧洲 GSM 通信标准。第二代移动通信技术主要以文本为中心，支持短信及低速数据业务。这一阶段，世界形成了美国的 CDMA（Code Division Multiple Access）、欧洲的 GSM（Global System for Mobile Communications）和日本的 PHS（Personal Handy-phone System）三大通信标准。其中，GSM 在欧洲和其他地区被广泛接受，超过了 CDMA 和 PHC 等

---

① 《今年5G网络建设已提前超额完成任务》，中华人民共和国国家互联网信息办公室官网，http://www.cac.gov.cn/2022-11/02/c_1669016577205815.htm，最后访问日期：2023年2月4日。

其他通信标准，我国加入的也是 GSM 体系，并建立了中国联通 GSM 网和中国移动 GSM 网。

到 20 世纪 90 年代后期，2G 市场变得更加成熟和饱和。日本的 NTT Docomo（当时全球最大的运营商）率先通过新的 WCDMA 技术实现 3G。这对当时使用 GSM 的 TDMA 技术的运营商来说是一个伟大的创新。GSM 运营商最初推出了 GPRS，后来又推出了 EDGE 技术作为 3G 的迁移途径，这就是业界所谓的 2.5G。2.5G 技术使 GSM 运营商能够以低比特率提供简单的数据服务，而这种服务最终在 3G 中得到广泛应用。第三代移动通信技术主要以图片为中心，将无线通信与国际互联网等多媒体通信手段相结合，实现了声音及数据信息同步传送。① 随着美国推出 CDMA2000、欧洲推出 W-CDMA，以及中国推出 TD-SCDMA，世界形成了 3G 的三大通信体系，中国首次在国际通信标准的制定中有了话语权。至此，欧洲（W-CDMA）、美国（CDMA2000）、中国（TD-SCDMA）的 3G 标准呈现竞争兼容态势。

2014 年中国 4G 牌照发放，与国际时差缩短，有效带动了消费升级需求的爆发。第四代移动通信技术主要集 3G 与 WLAN 于一体，可以快速传输音频、视频和图像等，催生了在线游戏、直播、短视频等丰富的通信功能，并推动信息传播走向了移动互联网时代。4G 主要有两大通信体系：一个是中国提出的 TD-LTE，另一个是欧洲提出的 FDD-LTE。2018 年，美国拥有的 4G 基站数量有 30 万个，而中国更是达到了 350 万个（若将 2G 基站、3G 基站计算在内，中国现有的基站数量已达 610 万个）。②

从通信技术的发展历程来看，5G 是前四代移动通信技术（1G/2G/3G/4G）全面升级后的最新一代产物。作为万物互联时代的核心技术，5G 拥有超高流量密度、超高连接数密度、超高移动性和超低能耗等功能特点，有效实现了对 4G 通信技术各种缺陷的弥补。实际通信中具有保密效果好，通话清晰流畅，数据、图像和视频的传输效率高等优势，给广大用户带来良好使用体验的同时，也全方位贯穿经济社会发展的各个领域，深层次融入人们生产生活的各个方面。

目前，5G 的发展历程可以分为三个阶段。

---

① 黄永林、余欢：《5G 技术助推文化产业创新发展》，《理论月刊》2020 年第 4 期。
② 李小平等：《5G 的发展历程、特点及其对教育理论的延伸》，《现代教育技术》2019 第 9 期。

第四章　新技术新媒体与文化产业新业态的创新扩散

第一阶段是 2015 年至 2018 年（5G 技术研发实验阶段），主要是对 5G 关键技术进行试验，并完成了 5G 技术的标准化和规范化工作。在这个阶段，国际电信联盟（ITU）和 3GPP（第三代合作伙伴计划）组织制定了 5G 技术的标准和规范，为 5G 技术的商用奠定了基础。

第二阶段是 2019 年至 2020 年，主要是 5G 技术的试点和商用。在这个阶段，各国开始进行 5G 技术的试点和商用，5G 技术开始进入大众视野。2019 年 6 月，工信部向中国电信、中国移动、中国联通、中国广电发放了 5G 商用牌照，中国正式进入 5G 商用元年。同年 10 月，5G 基站入网正式获得了工信部的开闸批准。工信部颁发了国内首个 5G 无线电通信设备进网许可证，标志着我国 5G 基站设备将正式接入公用电信商用网络。

第三阶段是 2021 年至今，主要是 5G 技术的全面商用和发展。在这个阶段，5G 技术得到广泛应用，涉及智能制造、智慧城市、智能医疗等领域。

众所周知，第五代移动通信技术的诞生以第四代移动通信技术为基础。相较于第四代移动通信技术，第五代移动通信技术在传输速率、延迟性等多个方面拥有更为明显的优势，其功能更为强大、性能更为稳定，对多个行业影响深远。第五代移动通信技术新特征主要包括以下几个方面。

高速度。即 5G 网络传输速度大幅提升，比先前 4G 网络快近百倍，5G 网络最高可达 10Gb/s 的数据传输速率。5G 的"加速度"突破了先前速度的限制，有效解决了 4G 网络受限于传输速度、带宽和容量而导致的内容传播延时等问题。在 5G 的赋能下，信息赛道加宽、流量加大，用户在获取新闻、下载高清电影等方面的速度极大提升，这将从本质上改变传统的文化内容传播方式，并对文化产业生产方式起到变革与创新作用。

低时延。即在 5G 的赋能下，智能终端的延时反应可以压缩到毫秒量级。5G 网络的延时是 4G 网络的 1/10，因此 5G 网络状态下文化产品将实现极快的内容展示，大幅缩短等待时间，改善用户的消费体验。回顾近几年，国内沉浸式 VR 技术仅在电影、动画、游戏、会展领域应用，而且只有使用头盔设备或 3D 眼镜才可体验三维立体和全景效果，这些限制的直接原因是 VR/AR 等技术的相关硬件设备难以有效解决眩晕感问题，根本原因是 4G 网络的延时太长，容易出现画面卡顿和眩晕等问题。[1] 5G 在速度上的突破，有效降低了网络延迟，将为受众带来更高的协同感和流畅的

---

[1] 刘建明：《5G 对社会与传媒业的历史性颠覆》，《新闻爱好者》2019 年第 3 期。

体验感。

万物互联。即5G可以实现人和人的连接，人和物的连接，以及物和物的连接，让人与人、人与物、物与物之间的相互连接不再囿于固定场景，所有的东西都能网上互联，进而催生出很多有趣的场景，从而为技术应用带来无限可能。比如，通过手机我们可以远程控制家里的电视、空调、加湿器、扫地机器人等电子设备。

泛在网。即5G网络将实现全覆盖，各种微型基站将遍布各地，即使是沙漠、雨林这种过去无法安装基站的地区都能享受到5G提供的服务，真正实现移动网络信号的全球覆盖[①]。5G网络的泛在化使广泛的互联网连接成为可能，大众可以在每一个网络的终端上接收和传播信息、消费文化产品。

5G目前正处于加速推广阶段，而6G也已经从实验室阶段进入战略部署阶段。如果说5G创造了万物互联的开端，并有望带动信息需求从消费升级需求向工业升级需求转移，那么6G将进一步实现网络容量和传输速率的突破，最终实现万物互联这个"终极目标"。有专家认为，6G将会被用于空间通信、智能交互、触觉互联网、情感和触觉交流、多感官混合现实、机器间协同、全自动交通等场景，将对人们的生活产生全方位、深层次的重大影响。

（二）5G技术与文化产业的融合创新

众所周知，技术创新是文化产业发展的重要动力。第五代移动通信技术是基础性、根本性的技术革命，在文化产业发展过程中具有里程碑的意义。目前，以5G为技术底座的技术群，正全方位推动新科技与文化产业不断融合创新和文化新业态不断涌现，并从文化内容创作、运营及传播等各个环节对文化产业产生深度影响，引领文化产业实现新一轮的爆发式增长。

1. 内容创新：5G推进PGC主体、UGC主体和MGC主体间的协同创新

众所周知，无论技术、载体、渠道如何迭代更新，用户的核心需求——表达、参与和记录从未改变，内容永远是核心。5G时代的信息发展继续推动用户对高质量文化内容需求的纵向发展。同时，5G超宽带、低延时进一步加速内容的生产与聚合。进入5G时代，文化产业内容生产创新除了体现在依托传统的OGC（Occupationally-generated Content，职业生产内容）、PGC（Professionally-generated Content，专业生产内容）和UGC（User-gen-

---

[①] 宋强：《5G时代出版业的机遇与发展趋势浅析》，《出版广角》2019年第17期。

erated Content，用户原创内容），还大量向 MGC（Machine-generated Content，机器生产内容）转变，即人机协作的内容创新模式正成为现在和未来文化内容创新的主要方式，并深度影响内容生产者的选择权。目前，5G 与人工智能等技术已经全方位介入文化内容生产，机器人参与新闻写作、艺术创作日渐成为常态。例如 MGC 新闻即运用人工智能技术，由机器智能生产新闻，它可以快速生成优质内容并实现精准化多元化的传播，更加契合高度细分的个性化文化市场新需求，有效提高文化内容的创新能力、生产能力和传播能力。佳士得 2018 年高价拍卖由法国艺术团队 Obvious 利用人工智能创作完成的画作，也标志着机器智能创作的艺术品价值得到了社会的承认。未来，在 5G 赋能下，机器智能将全面介入高端文化内容的创作，并在高度定制化文化内容方面发挥重要作用。

2. 运营创新：5G 推动一体化平台运营生态系统的构建

在"5G +"技术群的赋能下，文化产业运营模式的创新应用迈入发展新阶段，初步形成了以用户需求为导向、以数据驱动为基础的智能化、人机协同、产业协同的一体化运营生态系统。在这种生态系统中，多种协同、供需精准匹配的平台运营模式大大提高了资源的利用效率，并逐步取代了工业时代传统的运营模式，有效提升了文化产业的盈利能力和可持续发展能力。

平台化是现代互联网的基本特征，拥有高速率、低延时、低功耗等优势的 5G 为互联网平台经济发展提供了强有力的技术支持，使产业平台化运营趋势更加明显。越来越多的企业依托互联网技术构建网上平台，以提升平台连通、连接服务能力，通过对内连通，整合资源，集聚要素，形成合力；通过对外连接，开放合作，融入产业生态圈，捕捉乃至创造发展机会，进而构建多重协同和反馈闭环一体化运营模式，有效降低产品生产与经营的边际成本。目前，"多平台联动"运营模式已经成为平台化运营发展主流模式。多平台运营是指在不同的平台上进行文化产业的运营和推广，包括线上平台和线下平台整合运营等。线上平台主要包括互联网、移动互联网、社交媒体等，线下平台包括展览、演出、博物馆等。以博物馆运营为例，博物馆可以通过线上平台和线下平台进行多平台运营，将其文化资源推广到更广泛的受众群体中。同样，音乐产业也可以通过音乐平台、社交媒体等线上平台和演唱会、音乐节等线下平台进行多平台运营，把被抑制、被冻结的消费潜能充分释放出来，有效调动各种资源的整合与互动，切实实现音乐产业的用户体验和经济效益的双提升。

目前，在5G赋能下，文化产业平台正迈向智能化、云端化、一体化运营发展的新阶段。5G高速率的通信为建设更先进的移动智能云平台打下良好的基础，未来，随着新型基础设施建设的加速，智能音响、智能电视、智能手机等智能终端之间的联动应用将在文化实践中越来越广泛，智能云端共享存储平台也将在文化产业各行业发展中发挥着越来越重要的作用，并通过云阅读、云游戏、云音乐等方式，有效实现文化资源随时随地共享和文化资源配置效率的优化。

3. 传播创新：5G推动实时超高清视频直播成为新常态

5G最显著的特征是高速率、低延时，其通信速度是4G的近百倍，可以有效解决视频播放卡顿、速度慢等问题，使得"5G+4K""5G+8K"高清、流畅的视频直播成为5G时代视频传播的新常态。例如2019年10月1日，我国成功运用"5G+4K"技术直播新中国成立70周年庆典活动，充分展示了5G超大带宽、超低时延的强大动能。2020年全国两会期间，中央电视台首次使用"5G+4K"手机设备进行网络直播，实现了高清视频通过5G网络的实时传播。与此同时，5G时代，以大数据、人工智能、虚拟现实技术为代表的高科技也不断创新着传播方式和传播渠道，为人们了解传统文化产业带来更丰富的"现场"交互体验，有效推动优秀传统文化的普及和高质量传播。例如故宫博物院与湖北博物馆联手打造的"智慧博物馆"，借助8K超高清互动技术与虚拟现实技术，观众可以利用VR眼镜360度感受曾侯乙编钟文化的魅力，并可以通过操作手柄完成敲击编钟的文化体验互动，极大地增强了观众对于传统文化的兴趣和文化认同感，有效提升了文化的传播效能。

二 人工智能与文化产业

（一）AI技术的发展历程和基本特征

人工智能诞生于20世纪50年代中期。自1950年计算机科学之父艾伦·图灵提出"机器智能"（Mechanical Intelligence）一词后，1956年8月，在美国汉诺斯小镇宁静的达特茅斯学院，约翰·麦卡锡（LISP语言创始人）、马文·闵斯基（人工智能与认知学专家）、克劳德·香农（信息论创始人）、艾伦·纽厄尔（计算机科学家）、赫伯特·西蒙（诺贝尔经济学奖得主）聚在一起，探讨用机器来模仿人类智能的议题，并首次提出了

第四章　新技术新媒体与文化产业新业态的创新扩散

"人工智能"这一概念。1969年,第一届国际人工智能联合会议的召开,正式标志人工智能得到了国际上的认可。① 如今,人工智能在数字技术全球化浪潮下已经成为21世纪最受瞩目的技术之一,更是推动新一轮科技革命和产业变革的前瞻性与战略性技术。

人工智能作为计算机科学的一个重要分支,是一门新的研究开发能够模拟、延伸和扩展人类智能的理论、方法、技术及应用系统的技术科学。人工智能拥有广泛的学习、推理等认知能力,具备类似人类的广泛适应性,能够通过计算程序和算法来模拟人类思维和行为,灵活地解决问题。② 早期的人工智能技术主要通过形式化的数学规则(语法规则)直接编程,使计算机拥有某些人类的智能,这可以帮助人类完成形式化程度高的任务,却难以完成语音识别、图像识别等人类凭直觉就可以解决而又很难形式化描述的任务。而新一代人工智能技术的关键特征是使用机器学习,尤其是深度学习技术,使用多层神经网络直接处理数据,并根据层次化的概念体系来理解世界,而每个概念则通过与某些相对简单概念之间的关系来定义。③

目前,人工智能可以分为弱人工智能和强人工智能。弱人工智能(Weak AI)也被称为狭隘人工智能(Narrow AI)或应用人工智能(Applied AI)。弱人工智能赋能下的机器人指的是只能完成某一项特定任务或者解决某一特定问题的智能机器,它不具备独立意识,其行为都是设计者的意愿,所以弱人工智能只能在人类设计的程序范围内决策,事情的发展一旦超出了提前预设的程序范围,那么它是无法应对的。Apple的Siri、Amazon的Alexa、IBM的Watson和自动驾驶汽车都是弱人工智能的典型代表。强人工智能(Strong AI)也被称为广义人工智能(General AI),主要是指能真正推理(reasoning)和解决问题(problem-solving)的智能机器,并且,强人工智能赋能下的机器将被认为是有知觉的,有自我意识的,其可以独立思考问题并制定解决问题的最优方案,面对超出预设程序范围的事情,能够自主决策和应对,并制定出解决问题的最优方案,和生物一样拥有自己的价值观和世界观体系。当下引爆全球对人工智能广泛关注的ChatGPT(Chat Generative Pre-trained Transformer,聊天生成型预训练转换模型)就

---

① 李彦宏:《智能经济》,中信出版集团,2020,第15页。
② 王文广:《跨文化传播中的通用人工智能:变革、机遇与挑战》,《对外传播》2023年第5期。
③ 王佰川、杜创:《人工智能技术创新扩散的特征、影响因素及政府作用研究——基于A股上市公司数据》,《北京工业大学学报(社会科学版)》2022年第3期。

是强人工智能的典型代表。ChatGPT 的出现标志着通用人工智能的起点和强人工智能的拐点，它是里程碑式的技术进步。ChatGPT 在理解、分析和生成自然语言方面的优势，可以极大地改善智能合约的编写和执行效率。同时，该程序能够处理更加复杂的任务，拥有接近人类水平的语言理解和生成能力，在最具挑战性的自然语言处理领域实现了革命性突破。① 这也是迄今为止人工智能领域最成功的产品和历史上用户增长速度最快的应用程序，正引发新一轮人工智能革命。

纵观人工智能的发展史，从 20 世纪 50 年代至今，人工智能发展主要经历了以下六个阶段②。

一是起步发展期（1956 年至 20 世纪 60 年代初）。人工智能概念提出后，相继取得了一批令人瞩目的研究成果，如机器定理证明、跳棋程序等，掀起人工智能发展的第一个高潮。

二是反思发展期（20 世纪 60 年代至 70 年代初）。人工智能发展初期的突破性进展大幅提升了人们对人工智能的期望，人们开始尝试更具挑战性的任务，并提出了一些不切实际的研发目标。然而，接二连三的失败和预期目标的落空，使人工智能的发展走入低谷。

三是应用发展期（20 世纪 70 年代初至 80 年代中）。20 世纪 70 年代出现的专家系统模拟人类专家的知识和经验解决特定领域的问题，实现了人工智能从理论研究走向实际应用、从一般推理策略探讨转向运用专门知识的重大突破。专家系统在医疗、化学、地质等领域取得成功，推动人工智能进入应用发展的新高潮。

四是低迷发展期（20 世纪 80 年代中至 90 年代中）。随着人工智能的应用规模不断扩大，专家系统存在的应用领域狭窄、缺乏常识性知识、知识获取困难、推理方法单一、缺乏分布式功能、难以与现有数据库兼容等问题逐渐暴露出来。

五是稳步发展期（20 世纪 90 年代中至 2010 年）。网络技术（特别是互联网技术）的发展，加速了人工智能的创新研究，促使人工智能技术进一步走向实用化。1997 年国际商业机器公司（IBM）深蓝超级计算机战胜了国际象棋世界冠军卡斯帕罗夫，成为人工智能此阶段发展中的一个标志性事件。

---

① 《弱人工智能和强人工智能是什么？它们有什么区别？》，百度，https://baijiahao.baidu.com/s?id=1755253167025985990&wfr=spider&for=pc，最后访问日期：2023 年 6 月 3 日。
② 谭铁牛：《人工智能的历史、现状和未来》，求是网，https://www.qstheory.cn/dukan/qs/2019-02/16/c_1124114625.htm，最后访问日期：2023 年 5 月 11 日。

六是蓬勃发展期（2011年至今）。随着大数据、云计算、互联网、物联网等信息技术的发展，泛在感知数据和图形处理器等计算平台推动以深度神经网络为代表的人工智能技术飞速发展，大幅跨越了科学与应用之间的"技术鸿沟"，诸如图像分类、语音识别、知识问答、人机对弈、无人驾驶等人工智能技术实现了从"不能用、不好用"到"可以用"的技术突破，人工智能再次迎来爆发式增长的新高潮。

目前，新一代人工智能技术正在深刻改变我们的经济、社会与生活方式，特别是ChatGPT的出现与成功，将人工智能应用带到了一个新的高度，并开启了一个人机共融的智能新时代。随着以算力、算法、大数据为代表的人工智能成为新基建的"底座"，"人工智能经济"将成为未来十年世界经济的新标签。

（二）AI技术与文化产业的融合创新

2017年7月，国务院印发了《新一代人工智能发展规划》，这不仅标志着中国人工智能发展新时代的到来，也标志着中国文化产业高质量发展新契机的到来。随着人工智能技术的不断发展，文化产业与人工智能逐渐融合，催生了"AI+新闻写作"、"AI+艺术创作"以及"AI+电影创作"等文化产业新业态，形成与以往的文化产品和服务截然不同的新型文化产品和服务，有效满足人民日益增长的美好生活需要，提高文化产业生产传播的效率和质量，为文化产业的高质量发展注入新动力。

1. 内容创新：AI推动文化生产，实现"人机协同"智能化生产

众所周知，内容创造是文化产业的核心。以往，文化内容创作通常被视作智力活动，非常依赖人本身的创意与脑力输出，而人工智能具备推理、学习和适应新情况的能力，可以执行知识型、决策型、创意型和创造型的工作，机器生产、人机协同的智能化生产正成为文化生产的最新发展趋势和重要战略选择。随着技术的快速发展，人工智能开始全面介入文化产品的内容创作环节，AI主播、AI采编与审核、AI艺术等文化产业新业态的出现，充分证实人工智能正在逐步尝试创造性劳动，参与文化生产各个环节。文化内容生产经由AI挖掘文化信息数据，分类聚合消费者偏好，从生产端嵌入主流价值，[1] 并促使文化内容生产、创作向智能化、专业化方向

---

[1] 解学芳：《人工智能时代的文化创意产业智能化创新：范式与边界》，《同济大学学报（社会科学版）》2019年第1期。

发展。同时，由机器智能生产内容的 MGC 模式也正成为文化内容的主要生产模式。以《华盛顿邮报》写作机器人 Heliograf 为例，人工智能技术嵌入内容创作原理主要包括以下两个方面。首先，新闻生产实现智能化。新闻写作机器人 Heliograf 依托人工智能等技术进行数据处理和输出，根据新闻报道的固定"叙事模板"，智能提取新闻要素，识别数据并与模板中的短语匹配合并，根据用户的心理需求和行为规律来产出稿件。其次，新闻采集传播高效化。新闻写作机器人等使用人工智能算法来捕捉新闻数据，通过自动抓取分析用户关注的新闻，依托图像识别、视频识别技术，学习和理解内容，判断其新闻价值，进而抓取有价值的话题呈现给用户。[①] 可见，机器智能生产内容的 MGC 模式可以激活原有零散的文化资源，助推文创作品高效地进行智能化创制与精准生产，有效革新文化创作方式和传播方式，提高文化作品的质量与创新性。

  同时，人工智能利用其智能感知、智能分析与智能制造等功能参与独具人文气息的文化产品创造，还为文化内容增添人类无法实现的智能元素。例如，在艺术领域，人工智能等技术全面介入艺术创造环节，积极探索人工智能与艺术融合的最优方式，为传统文化产品赋能，在一定程度上革新了艺术作品的展现形式，实现了艺术创作水平与智能化生产的平衡。此外，人工智能内容创作已涉足绘画、音乐、诗歌等多个领域，展示出强大的创造力与学习力，对未来创意阶层的创意能力延展与艺术创新都将产生深刻影响。[②]

  2. 传播创新：AI 推动文化精准智能传播成为新常态

  人工智能可以通过数据分析、自然语言处理、图像识别等技术手段，为人们提供符合其需求的文化内容，有效促进文化产品的精准有效传播，提高文化产业传播的效率和质量。目前，内容分发是人工智能在文化产业中的重要应用之一。传统的内容分发主要依靠人工筛选和推荐，效率低下且容易夹杂主观性，而人工智能技术可以根据用户的兴趣爱好、消费行为、历史浏览记录进行数据分析，实现内容的精准分发和推荐，为用户推荐更加符合其兴趣的电影、音乐、书籍等文化产品，从而有效提高用户的满意度和消费体验。例如 Netflix 使用人工智能技术为用户推荐电影和电视节目，

[①] 朱静雯、郑琪、方爱华：《5G 背景下文化产业的创新发展探析》，《出版广角》2020 年第 6 期。

[②] 解学芳、陈思函：《"5G + AI"技术群赋能数字文化产业：行业升维与高质量跃迁》，《出版广角》2021 年第 3 期。

Spotify 也使用人工智能技术为用户推荐音乐，等等，无一不是经过人工智能的识别，为其提供或即时生成与这个场景相适应的电影、电视剧、歌曲等文化产品，从而实现内容的个性化推荐，有效增加内容的曝光率和点击率，提高内容的传播效果和影响力。

3. 消费创新：AI 推动文化消费智能化发展新需求

文化消费是整个文化产业发展的终极环节，同时也是检验文化产品是否能够被人们接受的最重要环节。目前，人工智能技术也已经取得了较为成熟的应用，可以通过分析用户行为数据、智能推荐算法等方式，为文化产业提供市场研究和预测服务，帮助企业制定更加科学的营销策略，可以为用户提供更加精准的文化产品和服务，有效培育文化消费新的增长点。以爱奇艺为例，该平台以目标用户为中心，通过人工智能技术的介入，智能分析目标用户社交范围内具有相似需求的关联用户，从而实现以少代多、以局部推动群体的营销效果，有效挖掘消费潜力，提升文化消费质量，同时也极大地拉动了文化消费需求。此外，人工智能还能为消费者赋能，消费者可通过智能技术介入文化产品的再生产，创造出极具个性的新文化产品。过去，消费者创造的文化内容多是精神、审美层面的内容，而非具体的文化产品与服务，但有了人工智能的自然语言处理、计算机视觉和语音处理等技术，即使消费者不具备专业的艺术知识技能，也有可能将自己的文化消费体验再制造成新的文化产品[①]，极大地刺激文化消费新需求。

三　虚拟现实技术与文化产业

（一）虚拟现实技术的发展历程和基本特征

虚拟现实（Virtual Reality，VR）技术，是由美国人杰伦·拉尼尔（Jaron Lanier）在 20 世纪 80 年代初正式提出，并于 20 世纪 90 年代开始兴起的一项新型计算机综合信息技术。虚拟现实技术是一项通过计算机生成三维环境，用户可以通过头戴式显示器等设备进入虚拟环境中进行交互和体验的技术。其技术背后设想是利用人的两眼视差及三维图像的合成原理，让眼睛在电子环境中接受实时的动感信息而产生"身临其境"的感觉。目前，VR 技术囊括了计算机、电子信息、仿真等多种技术，其基本实现方式

---

① 杨毅、向辉、张琳：《人工智能赋能文化产业融合创新：技术实践与优化进路》，《福建论坛（人文社会科学版）》2018 年第 12 期。

是以计算机技术为主，利用并综合三维图形技术、多媒体技术、仿真技术、显示技术、伺服技术等多项高科技的最新发展成果，借助计算机等设备产生一个逼真的三维视觉、触觉、嗅觉等多种感官体验的虚拟世界，帮助用户实现全身心投入并进入深层次的互动与交流。

虚拟现实技术的发展可以追溯到 20 世纪 60 年代。当时，美国的一些大学开始研究虚拟现实技术，但由于技术的限制和成本高昂等现实因素，虚拟现实技术一直没有得到更广泛的应用。随着计算机技术的不断发展和硬件设备的不断升级，虚拟现实技术逐渐成为一种可以商业化的技术。虚拟现实技术的发展史大致分为四个阶段：1963 年以前，为蕴含虚拟现实技术思想的第一阶段；1963～1972 年，为虚拟现实技术的萌芽阶段；1973～1989 年，为虚拟现实技术概念和理论产生的初步阶段；1990 年至今，为虚拟现实技术理论的完善和应用阶段。

第一阶段：蕴含虚拟现实技术思想的第一阶段（1963 年以前）。

虚拟现实技术和仿真技术是有关联的，是对生物在大自然中的行为和感觉的一种模拟交互技术。西方发明家 Edwin A. Link（埃德温·林克）发明了飞行模拟器，让操作者能体会到真正乘坐飞机的感觉，这是人类模拟仿真物理现实的初次尝试。1962 年，Morton Heilig（莫顿·海利希）的"全传感仿真器"（Sensorama Simulator）的发明，开始具有了一定虚拟技术的思想，同时也为虚拟现实技术理论提供了现实依据。

第二阶段：虚拟现实技术的萌芽阶段（1963～1972 年）。

1965 年，计算机图形学的重要奠基人 Ivan Sutherland（伊凡·苏泽兰）博士发表了一篇名为"The Ultimate Display"（《终极的显示》）的论文，文中 Sutherland 提出虚拟现实技术的初步设想，他以极其敏锐的洞察力和丰富的想象力描绘了这种新的显示技术。在他的设想下，虚拟现实技术不仅可以让观察者直接沉浸在计算机控制的虚拟环境之中，就如同日常生活在真实世界中一样，同时，观察者还能以自然的方式与虚拟环境中的对象进行交互，如触摸感知和控制虚拟对象等。Sutherland 从计算机显示和人机交互的角度提出了模拟现实世界的思想，推动了计算机图形图像技术的发展，并启发了头盔显示器、数据手套等新型人机交互设备的研究。1968 年，Sutherland 成功研制了第一个计算机图形驱动的头盔显示器（HMD）及头部位置跟踪系统，树立了虚拟现实技术发展史上一个重要的里程碑。1972 年，Nolan Bushell（诺兰·布什内尔）紧随其后，在此技术基础上开发出第一个交互式电子游戏"Pong"。这些实践为虚拟现实技术的探索奠定了良好的基础。同时,此阶段为虚拟现实技术的基本思想产生和理论发展创造了良好的开端。

第三阶段: 虚拟现实技术概念和理论产生的初步阶段(1973~1989年)。

这一阶段,虚拟现实技术的概念基本形成,并出现了两个典型的虚拟现实系统。1973年,Myron Krurger(迈伦·克鲁格)提出了"Artificial Reality"(人工现实)一词,这是早期虚拟现实的表述;1989年,美国VPL公司的创立者Jaron Lanier正式提出"Virtual Reality"(虚拟现实)一词,并很快被世界各领域研究人员广泛接受,最终成为这一科学领域的专用名称。同时,这一时期最重大的发明就是VIDEOPLACE与VIEW两大典型的虚拟现实系统。由M. W. Krueger设计的VIDEOPLACE系统,会产生一个虚拟图形环境,使参与者的图像投影能实时地响应参与者的活动。由M. McGreevy(迈克尔·麦克格瑞卫)领导完成的VIEW系统,它是让体验者在装备数据手套和头部跟踪器后,通过语言、手势等交互方式,形成虚拟现实系统。这些虚拟现实系统为虚拟现实技术的应用奠定了良好的基础。

第四阶段: 虚拟现实技术理论的完善和应用阶段(1990年至今)。

前几个阶段,虚拟现实技术主要处于思想、概念和技术的酝酿阶段,而进入20世纪90年代以后,虚拟现实技术迈入理论应用性阶段。在一些发达国家及少数发展中国家,此技术普遍应用到科研、飞行、医学、军事等人类生活的各个方面中。特别是随着计算机软件、硬件系统的迅速发展和应用,基于大型数据集合的声音和图像的实时动画制作成为可能,越来越多的新颖实用的输入、输出设备相继进入市场,而人机交互系统的设计也在不断创新,各种软硬件平台性能也大大提高和改善。这些都为虚拟现实系统的发展打下了良好的基础。其中,利用虚拟现实技术设计波音777获得成功,是近几年来又一件引起科技界瞩目的伟大成就。

在VR系统的理论中,最显著的特点是突出强调三个"I",即Immersion(沉浸性)、Interactivity(交互性)和Imagination(想象性)。所谓沉浸性,是指用户感觉被虚拟世界包围,全身心地置身于虚拟世界,包括味觉沉浸、嗅觉沉浸、触觉沉浸、听觉沉浸、视觉沉浸等。米哈里·契克森米哈伊(Mihaly Csikszentmihalyi)认为沉浸状态即在这种状态下,参与到某项活动中的人们是如此投入,以至于忽视了周围的一切。[①] 所谓交互性,

---

[①] Mihaly Csikszentmihalyi and Judith LeFevre, "Optimal Experience in Work and Leisure", *Journal of Personality and Social Psychology* 56 (1989): 815.

是指人与虚拟世界之间以自然的方式，包括使用控制器（如手柄、触摸屏）控制虚拟环境中的物体，或者使用跟踪技术跟踪用户的物理运动，进行信息互动，包括虚拟环境中人机交互的实时性、人机交互的有效性、人的参与反馈。所谓想象性，是指通过人的想象来形成虚拟的各种环境，与此同时，这些想象也是设计者思想的一种体现。①例如在建设一座大楼之前，传统的方法是绘制建筑设计图纸，无法形象展示建筑物更多的信息，而现在可以采用虚拟现实技术来进行设计与仿真，非常形象直观。人们可以借助虚拟现实技术沉浸在多维信息空间中，去经历和体验世界上早已发生或尚未发生的事件，并依靠自己的感知和认知能力全方位地获取知识，发挥主观能动性，寻求解答，形成新的解决问题的方法和手段。

随着软件开发系统不断完善，虚拟现实技术已经成功应用于生活生产的各个领域。国内业界形象地将2016年称为VR元年。2022年12月2日，虚拟现实/增强现实入选"智瞻2023"论坛发布的十项焦点科技名单。未来，人们将深度借助虚拟现实技术进入"虚拟空间"进行信息传播、交流和交往，这项全新的实用技术也将在游戏、视频、直播、教育等多个领域发挥出更大作用。

（二）虚拟现实技术与文化产业的融合创新

随着虚拟现实技术终端产品形态的不断创新、内容日趋丰富，虚拟现实技术在文化产业的应用领域越来越广泛。虚拟现实技术通过创新来改变文化产品的外在表现形式或文化产品的内容，使文化产业的发展有了新的方向，同时也可以为文化产业带来更广阔的市场和更高的经济效益。在文化实践应用中，虚拟现实技术主要是赋能文化产品或服务全沉浸式体验，主要应用于游戏与文化娱乐的虚拟化、直播教育场景的虚拟化、展览的虚拟化、文化旅游的虚拟化以及文化创作互动的虚拟化等，②并从以下几个方面给文化产业的发展带来更深刻的变革。

1. 内容创新：VR优化文化产业内容的呈现方式

虚拟现实技术可以对文化场馆、博物馆、展览等场景进行深度模拟和沉浸式展示，实现场景"数据化"的智能体验与"活态"展示，有效推动文化内容和呈现方式的创新发展。虚拟现实技术目前在文化遗产保护或博

---

① 彭文君：《浅谈虚拟现实技术在机械工程领域的应用》，《科技创新导报》2015年第1期。
② 范周：《数字经济下的文化创意革命》，商务印书馆，2019，第46页。

物馆等展览展示中应用较多。虚拟现实技术不仅可以将实物复制成为虚拟模型，使人们可以在虚拟环境中进行观看和沉浸式感知体验，同时也有效降低了场馆建设和维护的成本。例如故宫博物院打造的"全景故宫"涵盖故宫所有开放区域，游客打开网页或手机，点击 VR 模式，即可享受身临其境的体验效果。游客不仅可以"走"进大殿，还可以身临其境"坐"上龙椅[1]，在为用户提供更加丰富、生动、新奇体验的同时，有效促进了文化遗产的传承和发展，赋予了传统文化以新的内涵和生命力。

此外，在虚拟现实技术的赋能下，文化产业沉浸式内容创作力度将不断加大。进入数字信息时代，影视、游戏、动漫领域需要更多符合虚拟现实技术、沉浸式观感体验特点的文化内容和文化 IP 的支撑，并形成有趣的内容互动体验。例如，虚拟游戏是利用虚拟现实技术创建的一个虚拟世界，可以让用户在其中进行游戏和探索。沉浸式虚拟游戏可以与文化 IP 深度捆绑结合，在游戏研发中沉浸式表达历史事件和文学故事等，让用户在游戏中充分了解文化 IP 相关知识和故事，有效增加用户黏性。同时，在游戏中可以让用户扮演文化 IP 中的角色（例如小说中的主人公、电影中的角色等），与其他玩家进行互动和交流，创造出更加有趣和独特的沉浸式游戏体验，进一步丰富文化的内容与文化呈现形式。

2. 运营创新：VR 创新文化产业虚拟经济商业模式

虚拟现实技术的嵌入创新了文化产业的商业模式。虚拟现实技术赋能下的文化产业商业模式是一种虚拟经济新商业模式。目前，在虚拟现实技术的赋能下，虚拟展览、虚拟游戏、虚拟旅游、虚拟演出以及虚拟门票、虚拟商品等文化产业新业态层出不穷，在有效拓展文化产品形态的同时，也不断创新文化产业的商业模式。虚拟现实技术可以让用户在不同的地方体验文化产业的内容，打破了传统文化产业运营的地域限制，有效创新了文化产业的商业模式。例如敦煌研究院与腾讯合作推出的"云游敦煌"微信小程序，通过动画剧、互动游戏、个性化定制等多种策略对敦煌文化资源进行数字虚拟化开发和转化，上线 10 天访问量就突破了 500 万人次，是互联网平台企业与文化文物单位合作进行流量转化、服务运营等新模式的积极尝试；又如南京博物院采用实体博物馆和线上虚拟博物馆相结合的方式，运用 360 度全景技术、虚拟现实技术在官网复原实地场馆空间，让用

---

[1] 朱静雯、郑琪、方爱华：《5G 背景下文化产业的创新发展探析》，《出版广角》2020 年第 6 期。

户足不出户就能够通过互联网参观博物馆，并通过设置虚拟场景的互动游戏，在高科技营造的空间里为观众创造超前的互动体验，探索出一条"互联网＋文博展陈"的运营新模式。① 同时，虚拟技术的嵌入也节省了传统会展业、展览业等场地租赁、搭建展台以及物流费用等成本，并通过售卖虚拟门票、虚拟商品等多种方式，有效推动了文化虚拟商品线上交易与服务，开辟了线上线下"双线"发展商业新模式。

3. 传播创新：VR 推动文化实现"沉浸式"互动传播

目前，虚拟现实技术已经成为文化沉浸式传播、体验式传播的有效手段。在现代文化传播中，虚拟现实技术通过结合可穿戴设备、全景直播等新技术，将文化场景进行虚拟化、沉浸式重塑，从而将观众置身于真实与虚拟之间，实现超越时空，创造出崭新的文化传播体验，实现了沉浸式互动体验式传播，在有效刺激用户多重感官联动感知信息的同时，也改变用户获取信息的方式。例如，虚拟现实技术可以与文化旅游、传统艺术进行深度结合，为人们提供更加丰富便捷、沉浸式文化体验的同时，也以场景化、虚拟化实现了传播方式的创新，有效促进了优秀文化的沉浸式传播。众所周知，在虚拟现实技术的赋能下，游客可以在家中通过虚拟头盔、眼镜等，沉浸式参观世界各地的博物馆、名胜古迹，或者观看来自世界各地的演出。同样，在虚拟现实技术的赋能下，创作者可以 360 度还原故宫博物院等建筑场景，也可以让中国传统绘画作品鲜活立体地呈现在观众面前，使其重新"活起来"，让游客在沉浸式的文化空间中自由穿梭，充分感受中国传统文化的魅力，对推动中华优秀传统文化传承与传播起到积极的促进作用。

此外，基于真实现场体验的沉浸式、直播式传播也正成为主流传播方式。目前，虚拟现实技术开始逐步与直播等文化传播新业态深度结合，其中包括沉浸式新闻直播、沉浸式体育直播和沉浸式综艺直播，特别是网络直播平台等都正与虚拟现实技术进行深度融合②。未来，随着虚拟现实技术的进一步突破，越来越多崭新的文化传播空间将被创造出来，新场景将深度地把受众与媒介有效融为一体，在真实与虚拟之间实现超越时空的共时、交互和共情传播。

---

① 解学芳、陈思函：《"5G＋AI"技术群赋能数字文化产业：行业升维与高质量跃迁》，《出版广角》2021 年第 3 期。
② 张洪生：《虚拟现实技术与文化产业的发展》，《传媒》2016 年第 24 期。

四 大数据与文化产业

（一）大数据发展历程及基本特征

大数据（big data）是由数量巨大、结构复杂、类型众多的数据构成的数据集合。[①] 这些数据主要从社交媒体、移动应用程序、物联网设备等各种来源收集而来，通过对这些数据的分析，可以充分发挥数据集的重要价值和作用，用数据来分析、揭示潜在的模式、趋势等。早在1983年，阿尔文·托夫勒的《第三次浪潮》就提到过大数据，并且论断："大数据将是第三次浪潮中的华彩乐章。"大数据的概念最初起源于20世纪60年代，当时计算机还没有广泛应用，数据的存储和处理能力非常有限。随着计算机技术的发展和互联网的出现，大量的数据开始在各个领域中产生。1997年，迈克尔·考克斯（Michael Cox）和大卫·埃尔斯沃斯（David Ellsworth）在一篇名为《计算机科学面临的挑战：大规模数据的可视化和分析》的论文中，首次提出了"大数据"这个概念。2008年，大数据被 *Nature* 作为专题提出，引起了全球各行各业的广泛关注。

大数据发展历程主要分为以下几个阶段。

第一个阶段为20世纪60年代至80年代早期，这个时期的一些企业开始利用载体在大型机上进行财务部署和资源开发工作，这便形成了大数据最原始的状态。

第二个阶段为20世纪80年代后期至90年代中期，在这一时期，PC开始出现并不断普及，并且Word、Excel等软件在办公领域被广泛应用，数据录入与收集变得更加容易，数据在这一阶段得到了较大规模的扩张。

第三个阶段为20世纪90年代中期到21世纪初，这一时期，互联网的存在进一步促进数据量在全球范围内的大规模扩张。研究发现，在互联网时代，不仅企业组织、社会机构会产生数据，公民个体也成为数据产生的重要主体，并且随着多媒体、自媒体的应用，数据存在的形式也越来越多元化。

第四个阶段为21世纪初期至今，这个阶段的主要特点是数据开始呈现指数级增长，并走向"质"的多样化，数据处理速度大幅提高。云计算、

[①] 陈颖：《大数据发展历程综述》，《当代经济》2015年第8期。

分布式计算、Hadoop（海杜普）等技术的出现，为大数据的存储和处理提供了基础设施和技术支持。同时，大数据可以解构虚拟世界与现实世界间的复杂关系，并适时做出判断和分析，进而为各类机构的决策分析提供重要依据，开始被广泛应用于金融、医疗、教育、交通等各个领域，一跃成为当今社会的重要资源和产业。

目前，大数据主要有数据量大、数据类型多、价值密度低和速度快四个主要特点。

数据量大即数据体量庞大。采集、存储和计算的数据量都非常大。众所周知，迈入数字信息时代，各种各样的网页浏览记录以及银行、商场、电信运营商等机构记载的信息轨迹都会被汇集，因此产生大量的数据。

数据类型多即数据类型繁多。数据来自多种数据源，数据种类和格式日渐丰富，已冲破以前所限定的结构化数据范畴，囊括结构化数据、非结构化数据、半结构化数据三个类型。其中，结构化数据是指具有固定格式和字段的数据，如关系型数据库中的数据；半结构化数据是指具有一定结构但不具有固定格式和字段的数据，如XML、JSON等数据格式；非结构化数据是指没有固定格式和字段的数据，如文本、图像、音频、视频等数据。

价值密度低即数据价值的密度大大降低。由于产生的数据量巨大且速度非常快，必然形成各种有效数据和无效数据错杂的状态，而有用信息的比例相对较低。例如，社交媒体上的大量评论和帖子，其中只有少数是有用的信息，大部分是垃圾信息。

速度快即处理速度快。从各种类型的数据中快速获得高价值的信息，这一点也和传统的数据挖掘技术有着本质的不同。[①] 速度快的特点使大数据的应用范围更加广泛和深入。例如，在金融领域，高速交易系统可以在毫秒级别内处理大量的交易数据，为投资者提供更快速、更准确的交易服务。

未来，随着人工智能、机器学习、深度学习等技术的持续发展，大数据的分析和挖掘将更加智能化和自动化，并呈现出数据智能化、数据安全化、数据共享化和数据可视化等新趋势。

（二）大数据与文化产业的融合创新

大数据作为新一轮科技革命和产业变革的核心驱动力，既是一种海量

[①] 杨家琳：《浅析大数据技术的发展与应用》，《通信世界》2019年第4期。

多源异构数据资源，也是一种数字技术，正深刻地影响着文化产业的创新、生产、传播、消费等各个环节。大数据与文化产业的融合创新发展有两层含义：一是大数据以数字资源要素作为生产资料投入文化产业中，生产出具有更高附加值的文化产品和服务；二是大数据以技术要素作为生产资料投入文化产业，通过优化资源配置和生产流程，使文化产业从内容素材收集到产品消费等系列经济活动无缝衔接、紧密交织，形成产供销一体化网络，提高文化产业生产效率和供给质量，促进文化产业转型升级，其本质是科技与产业融合的过程。[①] 目前，大数据与文化产业的融合创新发展主要体现在以下三个方面。

1. 内容创新：大数据以资源要素嵌入，有效促进文化产业链延伸

随着大数据技术的不断发展和应用，大数据资源如同工业时代的石油一样，已经成为一种重要的资源要素，可以嵌入各个领域和行业中，为行业发展和创新创意提供强有力的支撑。其中，文化产业作为一个重要的产业领域，其数据资源具有易复制、无限反复使用、低边际成本等特性，将文化数据资源作为生产要素投入文化产业生产中，可以有效促进文化产业链的延伸和创新发展。众所周知，文化产业本身也是一个基于数据和内容的产业，其涵盖了创意设计、影视动漫、游戏音乐、图书出版等多个领域，这些领域积累了大量的优秀文化内容，将文化产业的内容进行数据化，将有效降低文化企业生产成本，提高生产要素边际收益，促进文化产业的创新发展。例如，纸质版书籍经过数字化后，可以转化成为电子图书数据资源，这些电子图书数据作为产业链发展的重要新环节，将有助于图书市场"线上"产业的布局，有效促进图书产业链的延伸和产业结构的转型升级，加快图书出版产业数字化、可视化、智能化进程。

2. 运营创新：大数据以技术要素嵌入，有效提升文化资源配置效率

大数据技术嵌入并贯穿于文化产业全产业链，可以高效配置文化产业生产要素，革新组织管理和商业模式，改变供求关系和价值生成逻辑。众所周知，大数据体现的消费者的需求与体验是文化生产极其重要的参考指标。例如，读者通过手机等智能终端观看图书的记录、痕迹等数据将成为分析用户消费习惯和行业发展新趋势的重要"数据库"，这些数据也是提升文化产业配置效率必不可少的核心要素。企业可以通过对这些高价值数据进行分析和挖掘，从结构、情感、价值等多维度精准刻画用户消费行为，

---

① 许安明：《大数据与文化产业融合发展：内涵、机理与路径》，《求索》2022年第4期。

在对用户需求和市场趋势进行大量数据研判基础上,深入挖掘文化产业的隐藏规律和创新点,使内容和技术的融合恰到好处,有效降低创新的搜索边际成本,拓宽和开掘文化创新的广度和深度。同时,大数据技术的嵌入,可以使文化供需双方更精准地对接,文化企业可以通过对创新全过程相关数据进行分析与管理,精准把脉市场新动态、新需求,以便快速调整产能,有效提升企业产能利用率,避免产品积压和产能过剩,从而优化文化产业供应链,提高资源配置与运转效率。①

3. 传播创新:大数据以技术要素嵌入,有效提升文化传播流通效率

大数据以技术要素投入文化产业链的传播环节,有效提升文化产业营销投放精准度和文化传播流通率,打开文化智能传播的新境界。数字信息时代,大数据分析成为当下文化产业精准营销和智能传播最重要也是最基础的环节。企业通过对海量数据进行分析,可以从传播强度、评价热度、受关注度、生活关联度等多维度全面测算文化商品影响力或社会价值,更好地了解消费者的需求和偏好,并据此进行精准营销。众所周知,传统的文化产品营销主要依靠在广撒网式的媒介渠道投放广告等方式来宣传,以此增强文化产品的传播力和影响力,但该方式投放精准度较低,不能有效地触达目标客户,容易导致产品宣传不到位、产品消费转化率低,给文化企业带来较大的成本负担。②而进入大数据时代,文化企业对用户数据的挖掘,利用有效的算法定制用户画像,可以最大限度地锁定目标客户群体,找到文化产品潜在消费者,进行精准的定向广告投放,从而降低广告投放成本,提高文化产品营销效率,使得消费转化率进一步提升。

同时,大数据的嵌入,可以更好地为消费者精准推介需要的文化产品和服务,使文化传播更有针对性和系统性,有效实现精准智能传播。例如,企业通过数据分析技术对用户的兴趣、偏好、历史行为等信息进行分析,依靠目标受众的知识图谱、用户画像和个性标签实现信息内容与不同用户的精准匹配。同时,在算法加持下的智能传播,使用户不仅可以智能地搜索到自己想要的信息,还可以接收到算法根据用户差异需求推荐的内容,有效降低信息噪声,从而实现从"人找信息"到"信息找人"的本质性转变,实现了文化传播的个性化和精准化,大幅提升了文化传播流通效率。

---

① 许安明:《大数据与文化产业融合发展:内涵、机理与路径》,《求索》2022年第4期。
② 解学芳、陈思函:《5G+AI技术群驱动的文化产业新业态创新及其机理研究》,《东南学术》2021年第4期。

第五章
新技术新媒体下文化产业呈现的业态

一 人工智能赋能下的智能媒体产业

(一)智能媒体产业的概念

顾名思义,"智能媒体产业"是指人工智能与媒体产业深度融合形成的新经济、新业态。目前,学界对"智能媒体"并没有统一称谓与界定,"智媒体""智媒""智能化媒体"均可指代智能媒体。区别于新媒体、社交媒体等概念,智能媒体核心在于"智能",是集智慧、智能与智力于一体的媒体新形态。根据现有学术文献分析,学界对"智能媒体"的表述大致可分为以下两类:第一类与"媒介"有关,如智媒介、智能媒介、智慧媒介、智能化媒介,比如以手机为代表的移动智能终端,包括智能音频,智能家居,以及 MR 眼镜、AR 头盔等智能可穿戴设备,等等;第二类与"媒体"有关,如智媒体、智能媒体、智慧媒体以及智能化媒体等,例如"媒体大脑""写稿机器人""AI 合成主播"等。虽各有侧重,但内涵基本一致,即描述了一种在人工智能技术介入下,人类信息传播活动中出现的新模式与新形态。[1] 中国人民大学的彭兰教授认为,媒体随着发展将以场景为核心要素,智能化会为信息生产领域带来四大可能性:用户分析与匹配的场景化、智能化与精准化,新闻生产的机器化、智能化与分布式,新闻传播的泛在化、智能化与体验临场化以及互动反馈的传感化和智能化。所以,具有"万物皆媒、人机合一"和"自我进化"等特征的智媒体重构了信息终端与生态,正重新定义媒体的内涵与外延。当然,媒体智能化所

---

[1] 卿清:《智能媒体:一个媒介社会学的概念》,《青年记者》2021年第4期。

能达到的程度，主要取决于人工智能水平发展到何种高度。正如马歇尔·麦克卢汉所描绘的那样，人类社会离万物皆媒的愿景越来越近，如今一切接入网络和具备传播能力的事物都应被视作形态与功能各异的媒体。

总而言之，智能媒体是媒体融合发展的高级阶段，并不断带来媒体边界的拓展和媒体融合的深度变化。智能媒体不仅有思想、有感知、会判断，同时，它以互联网为基础，依托智能终端、云计算、云存储等新智能技术，在思考、感知、识别的基础上能主动寻找目标受众。例如，智能媒体能主动分析受众的行为习惯，进行识别搜索，感知位置、方向、人的温度以及动作、表情等，具备自我繁殖和快速传播的能力，并可以自主实现高效智能运算、综合、存储和分发。①

近年来，为顺应人工智能发展新趋势，国内媒体开始内嵌 AI 基因，从传感器信息采集、机器人内容生产、临场化产品呈现，到个性化内容分发，再到智能终端的匹配建设，人工智能正全面重塑媒体生态，相关产品也层出不穷。在智能终端方面，可穿戴设备、智能家居等产业发展迅猛，家居、车载、移动应用中搭载的虚拟助手、机器人等也相继落地，国内智能媒体或媒体智能化产品的实例见表 5-1。②

表 5-1 国内智能媒体举例

业务流程	类别	类别说明	实例
内容生产	传感器新闻	基于传感器进行信息采集、以数据处理技术为支撑的新的新闻生产模式	央视特别节目《据说春运》
	机器人写作	处于初级阶段，以事实性信息生产为主	新华社"快笔小新"、《广州日报》的"阿同"、《南方都市报》的"小南"、今日头条"Xiaomingbot"
	机器人记者	这种实体机器人不仅可以作为记者进行采访活动，还能参与广播电视节目的录制等	新华社"i思"、《深圳特区报》的"读特"、浙江卫视"小聪"、香港大公文汇传媒集团"小宝"
产品呈现	VR/AR 新闻	通过 VR 和 AR 技术塑造新闻现场，打造临场化体验	《南方日报》的 VR 报道《不能忘却的纪念——汶川大地震九周年》

---

① 吴纯勇：《改革中的中国广电行业如何突围——把握智能媒体蓝海》，《中国数字电视》2011 年第 5 期。
② 阳美燕等：《2017 年中国智能媒体发展报告》，《中国新媒体发展报告（2018）》，社会科学文献出版社，2018，第 16 页。

续表

业务流程	类别	类别说明	实例
内容分发	智能推送	通过算法技术匹配用户与内容，从而实现内容的个性化分发	今日头条、一点资讯

资料来源：《2017年中国智能媒体发展报告》。

（二）人工智能赋能下智能媒体产业的创新业态

目前，业界将2016年定为"智媒元年"。根据新浪AI媒体研究院联合中国传媒大学发布的《中国智能媒体发展报告（2019—2020）》，智能媒体产业链包含了三层，即基础层、技术层和应用层。目前已落地的应用分别是信息采集、内容生产、内容分发、媒体经营、舆情监测等。[1] 同时，随着大数据、云计算、VR/AR/MR/XR、区块链以及智能语音识别等智能新技术在媒体融合中的深度应用，特别是在以ChatGPT为代表的强人工智能与类脑计算研究的推进下，人工智能已经逐渐成为媒体产业创新发展和转型升级的重要引擎，全方位推动着媒体行业的智能化转型发展。

近年来，国内媒体开始将人工智能技术广泛应用于传媒领域，不仅使媒体行业出现了颠覆性的发展，也实现了媒体融合疆界的延伸和拓展，并快速颠覆着新闻信息采集、内容编写、内容分发、内容审核等方式，从更深层面对媒体产业链条进行着革新和重塑，催化出许多媒体产业新业态。例如，人工智能赋能下的AI主播、机器学习技术下的机器人写作、算法推荐下的个性新闻以及人工智能大脑等新业态、新模式层出不穷，[2] 不仅丰富了媒体产业的应用场景，同时也进一步助推了媒体产业的内容形态升级，赋能媒体产业发展。

1. AI合成主播——"情商主播"

"AI合成主播"是AI技术运用于新闻生产环节的重要实践。"AI合成主播"运用人工智能技术，通过提取真人主播的声音、唇形、表情动作等特征，运用多项机器深度学习和合成技术，"克隆"出与真人主播拥有同

---

[1] 《新浪王巍：人工智能与传媒产业深度融合 造就全新信息生态》，财经头条，https://t.cj.sina.com.cn/articles/view/2286037382/8842298602000u0u3?from=tech，最后访问日期：2021年6月10日。

[2] 孙海荣、周燕：《智能升维与跨界融合：我国智能媒体研究述评与趋势展望》，《宁夏社会科学》2023年第3期。

样播报能力的"分身",呈现出与真人相同的播报效果。AI技术的升级让主播可坐可站,并且表情和肢体动作更加逼真,新闻播报更加声情并茂,整体展现更加真实形象,带给受众"真人化"的人工智能新闻播报感受,展现与真人主播无异的信息传达效果。例如东方卫视《看东方》节目中的"微软小冰"、NHK新闻节目中的"Yomiko"、新华社"新小浩"和"新小萌"、央视财经AI主播"姚小松"、钱江台AI主播"小范儿"等;2018年11月7日第五届世界互联网大会上,搜狗与新华社联合发布全仿真智能AI主持人,更是通过语音合成、唇形合成、表情合成以及深度学习等技术,克隆出具备和真人主播一样播报能力的"AI合成主播";等等。

2. 媒体人工智能平台——"媒体大脑"

媒体人工智能平台是人工智能技术与新闻产品和信息传播平台的结合体。2017年,新华社云科技创新研发的"媒体大脑"是我国第一个媒体人工智能平台,该平台可以提供基于云计算、物联网、大数据、人工智能(AI)等技术的八大功能,具备智能分析视频内容的能力,能使用传感器智能识别、检测构成新闻事件的诸要素并获取相关数据。同时,该平台还可以选取报道角度,调配地理位置、气象等多维数据,实时生产"数据新闻",给媒体机构提供极速的、富媒体式的新闻报道,从而完成程序化信息生产从数据采集到多种格式文本生成的一体化生产[①],打通了在线新闻生产"最后一公里"的战略目标。

此外,智能媒体平台的出现,给媒体生态格局也带来了颠覆性变化,并为媒体产业的纵深发展带来更多空间。据悉,2019年9月,《人民日报》联合百度公司共同开发了"人工智能媒体实验室",辅助《人民日报》自主生成媒体新闻,大大提升了新闻内容编辑的质量和效率;同年12月,中央广播电视总台央视网"人工智能编辑部"也正式启用,发布了系列创新产品,进一步提高了编辑部的智能化工作水平。这些智能平台的出现在很大程度上促进了人工智能技术与媒体内容各个环节的深度融合,为智媒体背景下的媒体融合发展提供了有利的前提条件。

3. 写稿机器人——"全能编辑"

在当前媒体行业发展中,人工智能技术的应用已经在新闻信息采编中取得了不错的工作成绩。例如,腾讯的"Dreamwriter"、今日头条的"Xi-

---

[①] 宋建武、黄淼:《媒体智能化应用:现状、趋势及路径构建》,《新闻与写作》2018年第4期。

aomingbot"以及"DT稿王"等,都可以以秒计算生成新闻稿件。由新华社和阿里巴巴集团共同成立投资的新华智云科技,其旨在通过利用人工智能技术赋能媒体内容行业,帮助内容生产者更快更好地采集和处理新闻资源内容。同时,新华智云成功推出了 8 款先进的辅助新闻采集机器人,能够在文字自动识别、人脸追踪以及突发识别等方面有效提高对新闻信息采集的智能化水平。同时,从其编辑的新闻质量上看也并不亚于传统记者所完成的稿件。

除此之外,媒体市场上越来越多的智能化硬件设备也在被大力普及使用,极大地方便了新闻信息采集。像具有录音和转写功能的搜狗录音笔、具有同步翻译能力的讯飞"晓译翻译机"、航拍无人机等智能硬件设备都帮助人们加快了对新闻信息的采集速度。可以说,从新闻采集到编辑,从新闻分发到报道,人工智能的身影无处不在,并重构着媒体产业生态系统。目前,国外一些社交媒体开始以人工智能系统来进行热门新闻的编辑和推送。西方一份研究报告显示,人工智能必然会改变人类现有媒体的商业模式和生产模式。据保守估计,将有 700 万个岗位被人工智能取代,而人工智能和 5G 的融合将加速这一过程。

二 流媒体赋能下的数字影视产业

(一)流媒体的相关概念

流媒体(Streaming Media)技术是指将一连串的媒体数据压缩后,以声音流、视频流、文本流、图像流、动画流等方式在网络中分段传送,实现在网络上实时传输影音以供观赏的一种技术。[①] 流媒体或流媒体平台,顾名思义,就是基于流媒体技术构建的新型媒体,也是一种基于互联网为观众提供视听作品的流媒体服务的新媒介平台,即用户无须下载,直接以视频点播(video-on-demand)的形式在线观看电影、剧集、综艺等视听作品的服务平台。[②] 目前,按照平台的内容来源来划分,流媒体主要涉及两大类:一类是以 Netflix(奈飞)、HBO 等为代表的自产自播平台,即专业生产内容平台(Professionally-generated Content,PGC);一类是以 YouTube 为典

[①] 吴兴勇:《实用网络技术》,中国农业大学出版社,2015,第 261 页。
[②] 王伟:《美国流媒体平台的产业变局、"数字经济"与"算法分发"研究》,《当代电影》2020 年 5 期。

型的用户自发制作、上传的平台，即用户生产内容平台（User-generated Content，UGC）。

目前，美国初步形成了 Disney +、Netflix、AT&T、Prime Video、Comcast、Apple TV 以及 YouTube 等"流媒体"平台；而国内流媒体平台的发展模式从最早的用户创造内容（即 UGC 模式）逐步向高品质自制内容模式转型，经过近十年的多轮洗牌，国内基本形成了爱奇艺、优酷土豆、腾讯视频三足鼎立的竞争格局，特别是随着 BAT 入股三大流媒体平台，不仅为其发展提供了巨额的资本补充，更在计算机算法、平台架构优化等方面提供了无可比拟的技术支持，加速助推了国内流媒体内容差异化和品牌化的道路扩张。从市场份额看，美国目前的流媒体平台 Netflix 和 YouTube 仍占据市场主要份额。互联网信息服务提供商 ComScore 的数据显示，在美国流媒体视频服务使用时长占比中，Netflix 占据 40% 的份额，远高于 YouTube（18%）、Hulu（14%）、Prime Video（7%）等竞争对手。[①] 当然，这与其长期深耕在流媒体行业的资历、资质有关，也与迪士尼、苹果、NBC 环球、华纳传媒等刚刚建立自身流媒体平台有关。但从迪士尼新布局的"Disney +"来看，其上线短短 5 个月就获得了 5000 万的付费用户，而当初为达到这一订阅规模，全球头部流媒体平台 Netflix 用了 7 年的努力才实现。可见，流媒体平台这个行业已从星星之火，迅速形成了燎原之势，未来可期。投资管理公司 ARK 发布的 2020 年 11 大科技趋势报告"BIG IDEA"指出，预计未来 5 年流媒体的收入将增长 3 倍多，从 2019 年的 860 亿美元增长到 2024 年的 3900 亿美元，前景广阔。

此外，从市场集中度上看，中美两国都处于少数企业寡占的形态，即中美主要的流媒体平台都有强大的品牌背书。换言之，无论是美国还是中国有影响力的流媒体平台都已隶属大公司，如电商巨头亚马逊旗下的 Prime Video，苹果旗下的 Apple TV，迪士尼旗下的 Disney +、Hulu，以及分别隶属于国内的互联网巨头百度、阿里巴巴和腾讯的爱奇艺、优酷和腾讯视频等（见表 5-2 和表 5-3）。目前，我国许多互联网媒体与传统影视公司都纷纷布局并全力打造流媒体平台，以抢占数字经济时代发展的新赛道、新机遇。

---

① 金文恺：《撬动好莱坞：Netflix 与美国传统影视产业的话语权博弈》，《传媒》2019 年第 15 期。

表 5-2　美国主要流媒体平台

上线年份	平台名称	所属集团	主要业务	备注
2005	YouTube	Alphabet	用户创造内容；兼营网络电视、原创影视节目生产等	Alphabet 亦为谷歌（Google）母公司
2006	Amazon PrimeVideo	亚马逊（Amazon）	片库影视节目流媒体发行、原创影视节目生产	前身为 Amazon Unbox 等视频服务，于 2011 年整合为 Amazon Prime Video 品牌，由 2013 年起通过亚马逊影视公司（Amazon Studios）出品原创节目
2007	Apple TV	苹果（Apple）	网络电视、片库影视节目流媒体发行、原创影视节目生产	Apple TV 最初为一款电视机顶盒设备，后推出 Apple TV App 可在移动设备上使用；2019 年推出 Apple TV + 出品原创影视节目
2007	Netflix	奈飞（Netflix）	片库影视节目流媒体发行、原创影视节目生产	公司成立于 1997 年，2007 年从 DVD 租售转型流媒体服务，2013 年起出品原创影视节目
2008	Hulu（Disney）	迪士尼	网络电视、片库影视节目流媒体发行	由多家传统影视公司于 2007 年合资创立，迪士尼在 2019 年通过并购获得了 Hulu 的控制权
2019	Disney +	迪士尼	片库影视节目流媒体发行、原创影视节目生产	迪士尼旗下有 Disney +、Hulu、ESPN + 三大流媒体品牌，12.99 美元/月即可购得三个平台的全部捆绑套餐
2020	Peacock	NBC 环球（NBC Universal）	网络电视、片库影视节目流媒体发行、原创影视节目生产	NBC 环球为美国电视及网络服务巨头 Comcast 下属公司
2020	HBO Max	华纳传媒（Warner Media）	片库影视节目流媒体发行、原创影视节目生产	华纳传媒为美国电信服务巨头 AT&T 下属公司
2020	Quibi	Quibi	原创精品短视频内容生产与发行	Quibi 股东包括迪士尼、华纳传媒、Comcast、阿里巴巴等

表 5-3　中国主要流媒体平台

上线年份	平台名称	所属集团	主要业务
2010	爱奇艺	百度	原创影视节目生产发行、授权购买版权
2006	优酷	阿里巴巴	原创影视节目生产发行、授权购买版权
2011	腾讯视频	腾讯	原创影视节目生产发行、授权购买版权

（二）流媒体赋能下的数字影视产业的创新业态

目前，业界普遍认为，未来全球流媒体发展仍将保持向好态势。根据统计门户网站 Statista 发布的最新数据，2022～2026 年订阅型视频流媒体每年收入增长率预计将达到 8.9%；到 2026 年，该领域的全球订阅用户数有望增至 14.9 亿，用户渗透率达到 18.9%。同时，据印度一家市场调研企业统计，2028 年的全球视频流媒体市场规模有望达到约 9300 亿美元，① 全球流媒体行业正迎来爆发式增长。与此同时，流媒体已经冲击了整个影视产业链，并从版权、制作发行、营销推广到票务销售等环节进行了优化与创新，有效推动了影视产业生态格局迎来新变化。

近年来，随着国内互联网巨头不断进行各种投资布局，如企鹅影业、腾讯影业、爱奇艺影业、百度影业等互联网影业公司纷纷成立，阿里巴巴也收购文化中国 60% 的股权，并更名为阿里影业，互联网巨头与影视产业的深度结合已经成为一大亮点，并不断创新着国内数字影视产业的业态。同时，流媒体视频的崛起也对传统院线电影行业带来了前所未有的新挑战，尤其是在院线和观众之间出现的第三方流媒体平台正全方位对电影的表现形式、传播渠道进行着颠覆性创新，流媒体电影应运而生。

流媒体电影主要是指一批具备原创的内容属性，定向为 PGC/OTT（专业内容生产/互联网云端）流媒体平台创作的电影体裁作品。这一媒介创作形式兼具网络媒介与电影两种属性特征，并以流媒体平台作为影视内容传播的主要渠道。目前，业界主要将流媒体电影分为两类：一类是通过流媒体平台播映已经在院线上映过的电影；一类是专门针对流媒体制作，并在流媒体平台上映的电影。

近年来，很多流媒体电影不再以全局性、全景式时空演进来展开叙事，为了顺应碎片化消费新趋势，YouTube、Netflix、抖音（TikTok）等流媒体平台发布了大量短视频作品，同时还催生了章节电影、互动电影以及沉浸式电影等一系列数字电影新形态。章节电影即在长篇影视作品叙事中设定时间、空间的切割点，将时空叙事碎片化并切分为多个短片。例如，Quibi 就集中打造了《最危险游戏》（*Most Dangerous Game*）、《求生》（*Survive*）等章节电影，将 2 个小时左右的电影划分为多个 8～10 分钟短片，每个短片各自独立同时又能合成叙事完整的长篇，充分体现了 Quibi 宣传语中

---

① Statista 全球统计数据库，https://www.statista.com，最后访问日期：2023 年 3 月 13 日。

"Quick Bite. Big Stories."的理念。同时，Quibi 平台还通过拍摄运用前后置镜头和 Turnstyle 技术，实现了用户旋转手机时横竖屏随时切换功能，而且横竖屏切换流畅自如，丝毫不影响画面质量，进一步增强了受众移动手机端收看的场景化和沉浸感。

互动电影主要是指参与者能够成为电影中的角色，介入电影的环境，并持续产生交互作用，影响剧情的创作与走向。例如，以 Netflix 为首的流媒体创新推出了首部互动电影《黑镜：潘达斯奈基》以及《你的荒野求生》(*You vs. Wild*, 2019)，观众在观影中可以左右剧情走向，让观众从受众变成了影视作品的参与者和构建者，颠覆了以往人们被动式的观影方式。

目前，许多影片在影院上映的同时提供在线付费观看服务。随着互联网公司、流媒体平台越来越多地参与到电影的投资和制作中，电影的传播渠道也正"流向"互联网，不仅改变了院线固定时间、固定地点的观影方式，出现了以流媒体平台为主的新观影方式，还依托互联网的即时性、多元性，使观众可以在任何时间、地点自由观影，大大增加了人们观影的自由度。① 近年来，随着流媒体平台的日益壮大，流媒体电影开始试图挑战电影行业的传统规定，并向"窗口期"提出了挑战，一些商业大片"院转网"发行，"窗口期"被一再压缩，许多影视大公司甚至取消了院线的窗口期，直接上线各自刚刚推出的 PVOD 流媒体平台，"院网同步"一时成为许多大片的首选发行模式。当然，这种趋势也是全球性的，无论是北美国家还是中国，部分影片已经直接越过了院线在网络上发行，并对电影发行窗口周期产生冲击。长远来看，数字时代下流媒体影视行业将继续高歌猛进，传统院线与流媒体的融合共生将是发展的必然趋势。

三 5G 技术赋能下的游戏电竞产业

（一）游戏电竞产业的相关概念

我国游戏产业市场空间广阔。Newzoo 数据显示，2020 年中国游戏市场实际销售收入 2786.87 亿元，比 2019 年增加了 478.1 亿元，同比增长 20.71%，经济效益十分显著。目前，游戏按产品类型划分，主要分为 PC 游戏、移动终端游戏和专用设备游戏。其中，PC 游戏分为单机游戏和网络

---

① 邓晋澍：《喧宾夺主：流媒体与院线的影视地位之争》，《新闻传播》2021 年第 5 期。

游戏，网络游戏又分为客户端游戏、网页游戏和社交游戏。随着全球互联网的发展以及电脑、智能手机、平板电脑等电子设备载体的更新换代，网络游戏载体、类型不断丰富，游戏品质不断提高，游戏行业重心开始从PC端向移动端演进，并竞相踊现出云游戏、电竞等游戏新业态。

电子竞技（Electronic Sports）是电子游戏比赛达到"竞技"层面的体育项目，简单来说就是电子游戏（Video Game）的竞技化。它是科技和时代的一个新兴产业，也是随着数字游戏行业兴起而发展的一个重要新兴领域。国家体育总局将电子竞技定义为"利用高科技软硬件设备作为运动器械进行的、人与人之间的智力对抗运动"。这项运动离不开以电视游戏、电脑游戏和智能手机游戏等信息技术为核心的软硬件设备，所有电竞赛事都基于游戏展开。

我国电子竞技行业产业链涉及领域广泛。电子竞技产业链的上游主要为电子竞技游戏产业，包括游戏研发和游戏运营等，代表企业主要有腾讯游戏、网易游戏、巨人网络、完美世界等。电子竞技产业链中游主要为赛事运营、俱乐部与选手、电子竞技内容制作，其中电子竞技赛事运营是中国电子竞技产业链的核心环节，国内量子体育VSPN、香蕉游戏传媒、IMBA TV等成为近年发展较快的电子竞技赛事运营执行公司。此外，我国电子竞技代表性赛事主要有KPL、LPL、PCL等，主要电子竞技俱乐部有EDG、AG、IG、eStar等。电子竞技产业链下游以电子竞技直播、电子竞技媒体及其他衍生产品的内容传播为主，是电子竞技运动推广和产业运营的重要组成部分，代表性企业有虎牙直播、斗鱼直播、抖音、快手等。[①]

目前，电子竞技在我国已有20余年发展历史，电子竞技"文化属性""科技属性"突出，"体育属性"也日趋显著。电子竞技从最初单纯的电子游戏到后来正式成为一项高智力的体育运动，并逐步迈向职业体育和竞技体育，成为新生代热衷的一项时尚体育运动。2003年，国家体育总局将电子竞技列入了正式体育运动，成为这一项目发展的一个重要分水岭，电子竞技从过去大众认为的普通休闲电子游戏而正式成为一项体育运动赛事。2013年，国家体育总局组建电竞国家队。2017年4月17日，电子竞技被纳入2022年杭州亚运会正式比赛项目。至此，我国各地方政府开始加快对

---

① 《预见2023：〈2023年中国电子竞技行业全景图谱〉（附市场现状、竞争格局和发展趋势等）》，前瞻网，https://www.qianzhan.com/analyst/detail/220/230612-a07f165.html，最后访问日期：2023年7月5日。

电子竞技产业的规划与布局，我国电子竞技迎来新的发展阶段。2019年3月13日，国家体育总局印发《体育产业统计分类（2019）》，将电子竞技归纳为体育竞赛表演活动这一大类，使其地位上升，与其他传统运动项目属同类型。2021年6月，文旅部发布《"十四五"文化产业发展规划》，提出促进电子竞技与游戏游艺行业融合发展，使蒸蒸日上的电竞行业开始逐步走上规范化运营的道路。

与此同时，随着全国各地政府相关部门对电竞产业关注度的不断上升，各大城市相继展开了对电竞产业的布局，并纷纷提出建设电竞之都的口号并给予政策和资金支持。自2017年上海率先提出打造"全球电竞之都"之后，北京、广州、杭州、成都等地相继提出打造"电竞之都"的口号，致力于将此作为城市的"新名片"。2022年7月，深圳市也印发了《深圳市关于建设国际电竞之都的若干措施》，提出"建设国际电竞之都"的目标，并从加强电竞内容创作、培育电竞市场主体、打造电竞赛事和活动体系、完善电竞产业发展载体、推动电竞产业融合发展、优化电竞产业发展环境六个方面提出深入推进深圳电竞产业发展、建设国际电竞之都的举措，最高给予1000万元的资助，对电竞产业展开了全方位、多维度的支持，资助扶持力度之大前所未有。

此外，国内各地政府、企业、高校等组织承办电竞赛事的热情也日益高涨。目前，从电子竞技线下赛事举办的城市分布情况来看，上海是举办电子竞技赛事最多的城市，其举办的电子竞技赛事数量占全国的22.39%。杭州、成都、深圳举办的电子竞技赛事数量占比均超过了5%，成为2022年中国线下电子竞技赛事的重要举办城市。[1] 显然，各地政府已充分认识到电竞产业对于未来城市发展的重要性，打造代表城市的电竞赛事IP正成为我国各地政府增加城市活力、魅力和影响力的重要举措。相信未来随着多个电竞头部IP打造衍生宇宙，电竞产业将进一步融入泛娱乐生态建设，形成更广泛的示范效应，成为下一代年轻人主流的文化生活方式和新一轮城市竞争焦点。

（二）5G赋能下游戏电竞产业的创新业态

5G具有高速度、低时延、高可靠的特点，是新一代信息技术发展方

---

[1] 《预见2023：〈2023年中国电子竞技行业全景图谱〉（附市场现状、竞争格局和发展趋势等）》，前瞻网，https://www.qianzhan.com/analyst/detail/220/230612-/a07f165.html，最后访问日期：2023年7月5日。

向，也是游戏电竞产业的重要基础设施。目前，随着5G技术的落地、投入力度的加大，5G"大带宽、广连接、低时延"的特性正创新着网络技术应用模式，大幅降低了游戏时延，为游戏相关产业提供了更快捷、更优质、更广阔的应用空间，加速推动了云游戏、电子竞技等游戏新业态的发展。

1. 5G+云游戏

目前，随着5G逐渐成熟并投入商用，云游戏正有望成为5G应用中最早脱颖而出的行业应用，其有效解决了传统大型游戏硬件、场景的局限以及手机游戏操作体验、内容丰富度不足等问题，受到了全球游戏领域公司的广泛关注。云游戏（Cloud Gaming），顾名思义就是以云计算为基础的游戏方式。业界也将云游戏理解为"游戏点播"（gaming on demand），其本质为交互性的在线视频流。在云游戏模式下，游戏不需要高端处理器、显卡等高配置硬件，就可以轻松实现直接在云端服务器上的运行。即在云游戏模式下，游戏用户只要拥有具备流媒体播放能力的设备便可以实现随时随地的游戏畅玩，[①] 大大提升了玩家的便利性，重塑了游戏产业链，并对整体游戏市场经济收入增长具有积极的带动作用。中国信息通信研究院日前发布的《全球云游戏产业深度观察及趋势研判研究报告》显示，2022年，全球云游戏市场收入达23.98亿美元（约合164.98亿元人民币），同比增长72.8%，增长速度超出行业预期。中国云游戏市场收入的增长将随市场规模的扩大趋于稳定。2022年，中国云游戏市场收入达到63.5亿元，同比增长56.4%，至2025年拟将增长至205.1亿元。[②]

近年来，国内外云游戏行业已经是百花齐放，谷歌、微软、腾讯、网易以及阿里巴巴等都相继落子云游戏，网易游戏、完美世界、游族网络等游戏厂商也纷纷入局，开始抢滩布局云游戏领域。一时间，云游戏进入"黄金时代"的呼声四起，线上云游戏平台、云游戏产品及扶持计划等相继发布，云游戏新的机会点和竞争点相继浮出水面。据悉，谷歌早在2019年就发布了旗下云游戏平台Stadia；微软也正式发布了旗下云游戏Project xCloud的公开预览版，并正式推出了云游戏xCloud。当下，国内众多互联网巨头和游戏厂商也相继落子云游戏赛道。腾讯已经推出了旗下云游戏平

[①] 李梦莹、胡玉婷：《云游戏产业前景可期》，《中国电信业》2022年第4期。
[②] 《中国信通院：2022年中国云游戏市场收入已达63.5亿元 同比增长56.4%》，百度，https://baijiahao.baidu.com/s?id=1765485358511892168&wfr=spider&for=pc，最后访问日期：2023年6月18日。

台"START"的预约内测,并与英特尔联手推出云游戏平台"腾讯即玩";网易与华为已经合作成立5G云游戏联合创新实验室,加大对5G云游戏应用的探索力度;世纪华通、完美世界、三七互娱等公司也相继展开对云游戏的战略布局。①

此外,"5G+VR+云游戏""5G+直播+云游戏"等新业态也正成为5G时代游戏的重要演进方向。随着游戏用户对游戏品质的持续升级和体验要求的不断提升,视觉、触觉、听觉等全方位的沉浸感体验也将成为游戏行业发展的必备要素。据悉,完美世界等公司正携手国内5G、VR头部公司,抢先布局"5G+VR+云游戏"这一游戏新赛道。5G带来的多端协同和无缝流转也将重新赋能VR/AR头盔、智能手柄、智能眼罩等交互设备在游戏中的应用,并进一步推进了整个游戏行业在终端呈现和沉浸感知新应用等层面发生革命性的变革。与此同时,虎牙直播、斗鱼直播等直播平台都纷纷重点攻坚"5G+直播+云游戏"这一蓝海领域。未来,5G赋能下的游戏直播行业也将迎来新一轮爆发式增长,并成为促进游戏行业创新发展的新变量。

2. 5G+VR电竞

近年来,在5G的赋能和推动下,电子竞技产业的发展势头十分强劲,正迈入移动电竞、虚拟电竞的新时代。艾媒咨询数据显示,至2020年国内移动电竞市场规模已达889.7亿元,用户则增长至3.83亿人。2022年,在中国电子竞技游戏产品中,50.7%的游戏产品为移动游戏,34.8%的游戏产品为客户端游戏,10.1%的游戏产品同时具有移动和客户端两种版本。可见,无论是移动电竞的用户规模还是市场规模在行业中都遥遥领先,电竞产业移动化趋势也日渐明朗,移动电竞已经成为电子竞技行业发展的最新风向标。

目前,在我国电子竞技游戏产品的玩法类型中,射击类电子竞技游戏产品数量占比达到25.7%,多人在线战术竞技类占比为17.1%,体育竞技类占比为10.0%,属于这三种玩法类型的产品数量最多。② 在5G的赋能下,主流电竞项目MOBA类、RTS类、FPS类以及TPS类等也带来一些新的变革。

---

① 祖爽:《5G"点燃"云游戏 千亿市场下有哪些新机遇》,百度,https://baijiahao.baidu.com/s?id=1661311863030639975&wfr=spider&for=pc,最后访问日期:2023年7月8日。
② 《2023—2028年全球及中国电子竞技行业发展分析》,百度,https://baijiahao.baidu.com/s?id=1765654259621390461&wfr=spider&for=pc,最后访问日期:2023年9月1日。

（1）MOBA 类（Multiplayer Online Battle Arena）是多人在线战术竞技游戏。英雄联盟、DOTA2、王者荣耀、虚荣都是 MOBA 类电竞项目。这类项目通常 10 名选手会分为两队，每人选择 1 名英雄，选手在分散的地图中通过击杀小怪、大怪和敌方英雄获取金钱，然后用金钱购买装备，在游戏地图中互相竞争最终分出胜负。5G 将进一步改善 MOBA 的快节奏、均衡性游戏体验，高画质成为基本配置，掉线和卡顿基本消失，游戏元素可以进一步增加和内置，进一步释放消费潜力。[①]

（2）RTS 类（Real-Time Strategy）是即时战略游戏。星际争霸 1 和 2、魔兽争霸 3 都是 RTS 类电竞项目。这类项目需要选手在游戏中控制工兵采集资源，用采集的资源修建建筑、进行科技研发，制造出战斗单位和对手作战，最终摧毁、消灭敌人。5G 网络下终端接入时间缩短，大幅降低了网络传输延时，对 RTS 等延迟敏感型游戏体验有较大提升。5G 终端接入时延为 3～5 ms，远低于 4G 终端接入时延 60～80 ms，接入时延得到了基本控制，玩家的游戏体验时延基本上可以控制在可接受的范围内。5G 在控制时延方面取得了明显进展。

（3）FPS 类（First-Personal Shooting）是第一人称射击类游戏。CS：GO、守望先锋、穿越火线都是 FPS 电竞项目。这类项目顾名思义就是以选手的主观视角来进行射击游戏，游戏地图往往会模拟实战演习，选手通过选择不同的人物、武器，采取各种手段击杀对手，最后完成任务方获胜。5G 可以全面支持 FPS 的环境渲染能力提升，对复杂网络环境中的多人协同、多人对战起到重要保障作用，使线上线下结合的 VR/AR 沉浸式配套外设终端协同成为可能，有效避免画面卡顿、抖动与撕裂，让游戏操作格外流畅顺滑。

（4）TPS 类（Third-Personal Shooting）是第三人称射击游戏。绝地求生、堡垒之夜都是 TPS 电竞项目。这类游戏和 FPS 相比，最大的不同是增加了选手与选手、选手与环境的互动，选手之间可以互相救助，也可以寻找道具保护自己或者提升战斗力。玩家互相攻击，如果时延明显造成抽搐或"倒地"无法立刻实现，会造成游戏体验断崖式下降。目前，5G 也成为关键变量，能更好地解决 TPS 电竞项目中所面临的网络通信带宽与网络通信延迟等问题，有效提升了游戏的"顺畅感"。

近年来，随着"虚拟现实和增强现实"产业被确定为国家未来五年数

---

① 王丽丽等：《"5G + 游戏"发展现状与展望》，《技术与市场》2022 年第 7 期。

字经济的重点产业，我国电子竞技数字化、虚拟化发展已经成为大势所趋。在国际层面上，已有众多国家和城市相继举办多届VR电子竞技大赛，旨在探索"5G+VR+电竞"发展新模式。索尼等国际科技公司也正积极探索VR电子竞技赛事参与、赛事观看等一系列专利。据悉，索尼公司未来还将依托更高阶的数字孪生、Avatar（化身）等技术打造完全沉浸的电子竞技场景，加速推动虚拟化电子竞技产品的落地与应用。而国内电竞产品的虚拟化、数字化发展也备受业界关注。目前，由网易影核与中国电信天翼云VR联合举办的"节奏空间"电竞挑战赛全国总决赛开启了"VR游戏+电竞"系统性发展的先河。整场赛事自启动以来，覆盖全国28个省区市、100余座城市、千余家线下VR门店，吸引了3000多名选手参赛。与其他探索性VR游戏电竞不同，该赛事结构完整，包含了全国多阶段选拔、营销宣传、线下线上直播、多个亚文化元素的融入，为VR电竞进入大众传播视野打造了较好的样板。相信在未来，随着虚实交互关键技术突破和各类终端设备的落地与应用，尤其是VR、AR以及更高阶XR、脑机接口等虚实交互技术设备的深入推进，电子竞技产业链条有望迎来全新升级，完全沉浸的电子竞技参赛与观赛场景将有望成为现实，并为观众带来近乎真实的环境、人物、动作交互竞技新体验。[1]

此外，在5G的深度赋能、电竞行业的助推下，直播行业也得到了较快速的发展，用户规模在不断增长，由此直接带来了电竞游戏直播市场的迅猛发展。目前，电竞直播平台经历了退役选手成为主播、长尾内容使用户数量增加和移动端带动流量二次爆发等三个发展阶段。国内游戏直播平台和海外直播平台相比，最大的特点在于直播中的弹幕文化，用户可以通过弹幕与主播及其他用户实时互动，极大地提高了用户的参与感与真实度，这也是粉丝经济能够与电竞产业实现深度融合的重要基础。同时，在整个电竞直播产业链形成过程中，科技、文化、传媒及制造等产业为电子竞技产业的发展提供了新动力、新源泉，并逐步形成以游戏研发商、硬件制造商、赛事策划公司、广告赞助商及周边产品售卖为主体的电子竞技产业链。未来，中国电竞直播产业将在5G、VR/AR、人工智能等新技术的赋能下迎来更大的发展空间。

---

[1] 曾梓铭、张文静、魏德样：《拥抱元宇宙：电子竞技未来图景探赜》，《体育教育学刊》2023年第3期。

四 虚拟技术赋能下的智慧文旅产业

(一) 智慧文旅产业的相关概念

"智慧文旅"这一概念早在2010年就被提出，2014年，国家旅游局将该年中国旅游主题确定为"智慧旅游年"，充分表明了我国智慧旅游时代的到来。智慧文旅，顾名思义，就是以现代科技为主要手段，通过5G、大数据、物联网、人工智能等新一代信息技术实现"文化+旅游+科技"融合，围绕旅游管理、旅游服务、旅游营销、旅游信息传播、旅游体验等智慧化应用形成的数字化文化旅游新业态。它以文旅数字化、沉浸式消费新需求为核心，以互联网为载体，将数字技术和信息通信技术应用于文旅产业各个环节的新产业形态，其本质是通过科技赋能、技术创新，打造旅游结合共性技术的再造场景应用，实现新一代沉浸式、体验型文化旅游消费新场景。国外也将"智慧文旅"称为"智能旅游"（Intelligent Tourism），包括了各种文化内涵丰富、技术含量高、新颖独特的体验式文化旅游新业态、新产品和服务新模式。

2015年，国家旅游局印发《关于促进智慧旅游发展的指导意见》，进一步明确了智慧旅游建设任务的重点内容，提出要"夯实智慧旅游信息化基础、建立旅游信息基础数据平台以及构建智慧旅游管理体系、营销体系"。2021年，《"十四五"旅游业发展规划》（以下简称《规划》）首次把"智慧文旅"写进政府文件。《规划》对智慧文旅的发展做出系统部署，要求"推动景区、博物馆等发展线上数字化体验产品，建设景区检测设施与大数据平台，积极发展沉浸式体验、虚拟展厅、高清直播等新型文旅"。至此，智慧文旅成为当前旅游业发展中的一个崭新的业态。以"文化+旅游+科技"为核心的智慧文旅概念与技术框架逐渐形成，以文化为内涵、以旅游为载体、以科技为动力的联动发展模式逐渐形成，不断提升游客的文化和旅游体验。

梳理国家发布的政策文件不难窥见，早期"智慧文旅"主要涉及相关服务平台智慧建设以及景区硬件配套系统的"互联网化"建设这一初级阶段。而近年来，随着文化产业和旅游产业融合不断深入，5G、人工智能以及虚拟技术等智能技术已经全方位渗透旅游行业，"无人服务""虚拟现实""智能导览""数据监测"成为各大旅游企业和景区智慧旅游建设的基本要求，其"智慧化"主要集中体现在旅游服务智慧化、旅游管理智慧化、旅游消费智慧化和旅游产品智慧化四个方面。[①]

目前，国内智慧文旅发展经历了四个阶段。

第一阶段为信息化阶段（1997~2009年），各种互联网旅游信息服务平台纷纷成立，提供宣传介绍、攻略导游、社区交流、机酒预订、路线查询等服务，初步实现文旅的信息化。

第二阶段为移动化阶段（2009~2012年），手机App取代网站成为消费者使用的主要入口和游客获取信息与消费的主要方式。

第三阶段为智慧化阶段（2012~2019年），智慧文旅的概念逐渐形成，更多融入5G、云计算、物联网、大数据、人工智能等信息技术，根据顾客需求把感知信息进行加工，建立智慧系统实现智慧化应用，通过场景创新打造文化科技融合的文化体验服务与产品，强化个性化服务，提升服务体验满意度。

第四阶段是智能化阶段（2019年至今），云计算、5G、人工智能及大数据等新科技、新业态及新模式改变着旅游行业的既有发展方式与产业格局，文旅业将进入万物智联的高智慧期，智慧技术可以使旅游的各个环节无缝连接，给游客带来更舒适、更连续的体验。[②]

随着5G、大数据、虚拟技术等新一代新息技术的嵌入，智慧文旅正在进入一个以网络化、数字化、智能化为核心特征的万物互联、人机智联的数字时代。在新技术的推动下，智慧文旅建设也取得了新的进展，主要体现在以下三个方面。

一是面向消费者的创新文旅体验和消费服务的智慧化，即TOC业务。推动文化旅游资源与多样化、个性化市场需求的高效对接，实现精准的线上线下无缝服务和深度文化体验等实时、互动、个性化服务，大大提升了用户体验，推动传统的旅游观光消费方式向现代文化旅游体验消费方式转变。

二是面向企业的文旅服务和产品的智慧化，即TOB业务，包括智慧移动出行、智慧住宿、智慧导游、智慧景区、智慧游乐、智慧文娱、智慧文博、虚拟旅游、OTA（在线旅游）个性化在线定制、大数据精准营销等全方位的服务。

---

① 小军哥：《重磅解读：文旅部首批24个国家级智慧旅游沉浸式体验新空间》，《文化产业评论》2023年第8期。

② 《智慧文旅详解 怎样推动智慧文旅的发展？》，搜狐网，https://www.sohu.com/a/592123070_121067984，最后访问日期：2022年11月23日。

三是面向政府和行业管理的智慧化，即 TOG 业务，包括景区动态监测、信息监管、大数据统计分析、景区人流引导、安全预警等内容。全面了解行业和游客需求、旅游目的地动态、投诉建议等，推动传统旅游管理方式向现代管理方式转变，实现政府的科学决策和管理。

未来，在数字化技术的深入推动下，智慧文旅将朝着更加个性化、定制化、智能化的方向发展。同时，随着全域旅游作为新时期国家文化旅游发展战略被扶持，智慧文旅开始向区域资源整合、产业融合、共建共享的全域旅游发展模式加速转变，给旅游行业带来全新的机遇和模式。

（二）虚拟技术赋能下智慧文旅产业的创新业态

近年来，随着我国文旅产业从传统的观光经济向文化消费体验经济转型，创新驱动和数字驱动正成为智慧文旅产业发展的核心动力。以虚拟现实、增强现实、数字孪生为代表的视觉沉浸技术不断从资源获取、管理组织和系统平台等方面重塑文旅行业。尤其是 5G 网络以其"高速率、低时延、大连接"的优势迅速与人工智能、工业物联网、虚拟技术、云计算等技术融合应用，正不断夯实文旅产业数字底座，推动云旅游、云展览等沉浸式、智慧化文旅消费新场景的快速发展，极具爆发力的新一代沉浸式体验型文旅项目频频涌现。

1. 云游览

随着 VR 技术的快速发展，VR/AR 与人工智能等数字技术与线上参观游览相结合，有效实现了文旅行业各类现实场景和虚拟数字内容的线上连接和交互应用，形成了以数字技术为依托的线上旅游，即"云游览"等新业态，不仅打破了物理空间的束缚，营造了全新的多维度、立体式景观体验，更是对传统线下文旅行业结构调整产生了重大的影响，掀起线上文旅消费新热潮。"云游览"就是以云平台为载体，以沉浸式体验为核心，借助虚拟技术、增强现实技术以及数字孪生等新技术将现实旅游景区内的一草一木高精度复刻，以虚拟和现实深度融合的方式推进游客在线上平台实现"线上云游"。例如，北京首家线上博物馆就是基于 AR 技术创新旅游方式和体验，让游客足不出户就可以沉浸式欣赏馆内的风景和馆藏的珍品；我国很多省市各大景区相继推出的"5G＋VR"云旅游服务和 720 度全景导航服务，都纷纷向游客"全景"立体化呈现旅游景区特色，通过 VR 虚拟技术赋能，将景区内的大小景点全部真实地展示在游客眼前，让用户可以在各个场景中自由穿梭，720 度视角随意浏览。

与此同时，虚拟数字人、元宇宙等新产品、新场景也不断在云游览中展开相关应用，引发了文旅服务和消费场景的重大创新。2023年1月，在由新华社新媒体中心和天下秀联合发起的"云游中国"平台的线上游览中，游客不但可以自定义符合自己喜好的虚拟数字人形象，还可以将购买到的文旅IP数字周边穿戴在数字人形象身上，完成数字藏品的收藏与场景应用，在彰显用户的文旅"个性"的同时，体验到新的社交文化。"云游中国"还构建了元宇宙场景体验，游客不仅可以摆脱时间与空间的限制，还可以以全新视角解锁真实世界里不常见、不可见的文化现象[1]，强化了线上游览的社交互动属性，拓展了旅游消费新空间，有效丰富了数字虚拟经济下的文旅生活新方式。

2. 云展馆

近年来，基于虚拟技术与展览馆融合创新的应用层出不穷，智慧展馆、智慧体验馆、智慧博物馆等云展馆新业态相继涌现。目前，业界认为"云展馆"就是利用全息投影、AI人工智能、AR增强现实等现代声光电先进技术，以科技艺术化的手法展现整个展馆的文化精神内核，打造数字化个性主题展馆。作为一种新的线上展馆、虚拟展馆形式，云展馆可以满足观众随时随地参观展览的新诉求，大大增强了观众参观的便利性，并为观众带来了全新的展览体验。

近年来，一批优质的"云游博物馆"项目相继涌现，如"云端国博""数字故宫""云游敦煌"等项目备受游客好评。与此同时，虚拟现实技术在博物馆云展示中的应用研究也越来越成熟，在2023年"5·18国际博物馆日"南京博物院最新推出的"云上博物"体验中，观众不仅可以使用不同手势动作与虚拟人动画同步，还可以以虚拟人身份在"云上博物"各数字展厅间穿梭逛展。线上观展已经成为文博行业数字化发展的新亮点、新潮流，近两年博物馆的线上展览活动明显增加，国家文物局统计数据显示，继2020年各地博物馆推出2000余项网上展览之后，2021年度博物馆线上展览的数量增加到3000多个，[2] 采用线上直播和使用社交媒体的博物馆数量

---

[1]《天下秀李檬：一切皆文旅，文旅赋能一切的时代正在到来》，新浪网，http://sd.sina.com.cn/dezhou/news/2023-01-13/detail-imxzzrzp1463871.shtml，最后访问日期：2023年3月29日。

[2]《谭平解读2022年文博数字化报告：文博行业正走向深度数字化》，百度，https://baijiahao.baidu.com/s?id=17403383183656l6885&wfr=spider&for=pc，最后访问日期：2023年6月3日。

也在不断攀升。国际博物馆协会报告显示，2020年全球采用线上直播的博物馆比例是19.1%，2021年这一比例提升至28.1%；2020年全球使用社交媒体的博物馆比例是47.5%，而2021年这一占比高达53.4%。①

与此同时，虚拟技术赋能下的云展厅、云展台等新产品、新应用也正全方位冲击着我们的文化旅游产业，并为会展经济带来全新的视角和机遇。例如目前正加速推进的云端广交会、云上文博会等。众所周知，2020年11月举办的第十六届文博会首次全部在线上举办，此届文博会也被称为"云上文博会"。深圳举办的"云上文博会"通过"五朵云"（即云开幕、云展厅、云招商、云签约、云大数据）建设，对线上展会模式进行全新的结构和流程设计，为我国文化和旅游产业的发展带来新突破，也标志着线上文博会的开启。类似的线上会展还有"2020云上·亚洲乐园及景点博览会"（简称"云上AAA"）以及2020年3月中国客家博物馆首先推出的"云观展"等，都为我们构筑了一幅幅智慧文旅的新图景。未来，随着虚拟技术、人工智能技术不断的发展和普及，相信将有更多、更深层次的交互式"云展馆"产品被研发出来，为观众提供更加丰富、生动、沉浸式的展览体验。

---

① 《云端到线下、创新到传承，博物馆"数字+"打通文化传播新通路》，百度，https://baijiahao.baidu.com/s? id=1766190409678167420&wfr=spider&for=pc，最后访问日期：2023年6月3日。

第六章
新技术新媒体下文化产业
新业态的发展趋势

随着数字经济在全球范围的崛起，未来是我国文化产业新业态步入高速增长的黄金时期。在政策、市场以及数字化、智能化的新技术新媒体的加速推动下，这些文化产业新业态在线化、智能化、交互化和跨界融合趋势进一步增强，并迎来新一轮的变化，呈现出新的生态格局，主要发展趋势研判如下。

一 影游音多元联动，二次元文化特征凸显

随着人们精神需求的不断提高，以数字视听资讯类为主的文化消费潜力将进一步得到释放。与此同时，文化产业新业态层出不穷，更新迭代速度加快，文化生产实践跨领域、跨界融合发展趋势显著，已形成以优质内容 IP 为核心的产业链条，以游戏、动漫、影视、音乐等为主的文化领域之间的深度融合和联动发展新态势。特别是近年来，在百度、阿里巴巴、腾讯、字节跳动等互联网龙头企业强有力的推动下，文化产业新业态间的"泛娱乐化"融合趋势进一步凸显。其中，影视、游戏和音乐作为最热门的文化形态，由于其受众基础好、被接受速度较快，加上影、游、音三种业态具备传播能力强、市场张力强等天然优势，其业态间联动发展趋势尤为显著，经济效应也最为强劲。数据显示，2019 年我国影视剧、游戏、动漫音乐产业总产值达 6.64 亿元。其中影视剧音乐产业总值约为 2.82 亿元；游戏音乐收入约为 1.83 亿元，同比增长 8.28%；动漫音乐收入约 1.99 亿元，同比增长 11.17%。① 同时，游戏内容影视化成为行业主要发展趋势之

---

① 《〈2020 中国音乐产业发展总报告〉重磅发布》，腾讯，https://new.qq.com/rain/a/20201211A01OJM00，最后访问日期：2022 年 3 月 4 日。

一，腾讯、网易、巨人网络等拥有成功游戏产品的厂商先后推出了游戏影视化改编战略。影游融合类电影《生化危机》《古墓丽影》《黑镜：潘达斯奈基》，模拟游戏电影《头号玩家》等更是吸引了无数游戏玩家与经典影视IP粉，获得了市场的一致认可。同时，进入数字消费时代，在线音乐增长态势得到激发，"音乐+"跨界融合特点更为突出，音乐+影视、音乐+游戏、音乐+综艺、音乐+直播等系列"音乐+"形式成为音乐产品获取价值的重要途径。据悉，腾讯音乐娱乐集团以影视剧和有声书为重点，推出长音频新产品"酷我畅听"，逐步加大在长音频内容体系的布局，并通过关注影视、游戏等年轻人喜闻乐见的内容输出方式，打通音乐资源，搭起融合桥梁，跨媒体整合与赋能。据悉，截至2019年第二季度，腾讯音乐"影音+"已为20多部影视剧发行了百余首歌曲，其中《陈情令国风音乐专辑》在腾讯音乐娱乐三大音乐平台的销售额突破了2000万元。在"音乐+游戏"方面，2019年5月腾讯音乐与《王者荣耀》进行了跨界合作，推出了Wake Me Up等游戏音乐作品。① 可见，"游戏+影视+音乐"在多领域已实现同频共振，随着游戏、影视、动漫、网络文学、媒体、电竞和教育等边界壁垒的逐步消解，大文化产业结构将迎来深度调整，更广阔的数字文化生态体系正在构建，"跨边界""无边界"的行业融合正成为文化发展新常态、新趋势。

同时，伴随以"95后""00后"为代表的"Z世代"年轻核心消费群体对数字文化消费取向和审美趣味的转变，新技术新媒体下的数字影视、数字游戏等文化产业新业态的二次元文化特征十分显著。众所周知，二次元文化是在动漫内容基础上顺势发展起来的一种新兴消费文化，后伴随国内动漫游戏业的崛起，逐步在我国形成以"90后""00后"为核心的文化消费群体热烈追捧的独特消费文化。如近来备受好评的国产动漫剧《大圣归来》，掀起影院弹幕文化的电影——《滚蛋吧！肿瘤君》，系列作品播放量破20亿场次的电影《十万个冷笑话》、《熊出没》以及《新神榜：哪吒重生》等，都是近年来以二次元为文化特征的现象级数字影视动漫作品，获得了巨大的市场认可和"Z世代"消费群体的热烈追捧。据艾瑞咨询发布的《2021年中国二次元产业研究报告》统计，2020年，中国的二次元整

---

① 《腾讯音乐副总裁潘才俊："音乐+"游戏和影视，1+1可以大于2》，百度，https://baijiahao.baidu.com/s? id=1645006592347508385&wfr=spider&for=pc，最后访问日期：2022年9月2日。

体市场规模达到1000亿元，泛二次元用户规模为4亿，并有望在2023年达到5亿。① 未来，以二次元为特征的文化产业新业态将进入爆发期，以二次元文化为主的AcFun、Bilibili（简称"A站""B站"）等平台也将成为文化产业新业态的重要集散地，迎来更广阔的发展空间。

二 付费意愿提升，流媒体平台快速发展

在工业互联网、智能手机以及线下VR娱乐渠道空间等新承载媒体的迅速普及下，"Z世代""银发e族"等新消费群体在微信等社交媒体，以及腾讯、爱奇艺等流媒体聚合平台的时间越来越长，有力促进了在线数字音频、视频以及动漫等数字视听行业的快速发展。《2021年中国网络视听发展研究报告》数据显示，截至2020年12月，我国网络视听用户规模达9.44亿，2020年泛网络视听产业市场规模达6009.1亿元，同比增长32.3%。在网络电影方面，上线数量由2019年的638部增至2020年的659部，现实题材网络电影生产创作势头活跃。在网络动画方面，2020年全年共上线396部，较2019年288部上涨38%，"中国风"成为2020年网络动画片的亮丽主题，国风作品"破圈"常有发生。在短视频方面，广播电视进军该领域力度空前，新闻联播、央视新闻、央视频在短视频领域一路高歌猛进。② 其中，2020年短视频领域市场规模实现同比增长57.5%，高达2051.3亿元，数字视听行业发展潜力巨大。

伴随移动智能媒体终端在全国的迅速普及，以流媒体平台为主的新兴媒体对消费者的文化消费习惯、消费地点、消费时间乃至消费模式产生了全方位的影响。在新消费习惯和模式的重塑下，文化用户付费意愿有效提升，推动了在线数字影视、数字音乐、动漫游戏以及网络文学等行业领域的商业运营模式和收费模式的逐渐成熟，并陆续进入平台收费模式阶段。《2021年中国网络视听发展研究报告》显示，中国网络视听用户规模从2015年的4.61亿增长到2020年的9.44亿，付费用户比例从17%增长到45.5%。用户付费意愿上升趋势显著。可见，未来无论是视频、音频还是

---

① 《2021年中国二次元产业研究报告》，搜狐网，https://www.sohu.com/a/498998535_445326，最后访问日期：2022年9月14日。
② 《互联网影视三大重磅报告齐发 "十三五"网络视听产业迎来大发展》，百度，https://baijiahao.baidu.com/s?id=1702010233484609555&wfr=spider&for=pc，最后访问日期：2022年4月3日。

文字图片，我们都将陆续进入为优质的内容"买单"的时代，互联网以往"免费"的宗旨将一去不复返。

与此同时，近年来用户无须下载，以视频点播的形式直接在线观看电影、剧集、综艺等视听作品的流媒体平台已从星星之火，迅速形成了燎原之势，发展迅猛，经济效益凸显。美国提供影视付费收看服务的 Netflix 流媒体平台已经迅速崛起为在全球范围内汇集各国影视作品最大的播放平台，其市值突破 2200 亿美元，一度超过了成立了半个多世纪的娱乐巨头沃尔特·迪士尼公司。[①] 而国内流媒体视频平台经过近十年间的多轮洗牌，基本形成了爱奇艺、优酷、腾讯视频三足鼎立的竞争格局，随着 BAT 入股三大流媒体平台，巨额的资本补充和计算机算法、平台架构优化等方面的技术支持，正加速助推国内流媒体平台品牌化的道路扩张。据悉，以腾讯视频、优酷、爱奇艺等为主的流媒体聚合平台为维护良好的用户群体数量与用户体验，正全方位、多维度探索多元化内容变现渠道，并通过加大版权保护内容资源层面的差异化开发与经营，有效提高用户转化率。未来，以优质文化内容为核心的知识付费将是大势所趋，这些拥有"物有所值"优质内容的流媒体平台也将迎来爆发式增长。

三 文化科技融合，新业态新模式不断涌现

技术进步一直是全球文化产业发展的内生增长引擎。从文化产业新业态诞生伊始，高新技术就是文化新业态的基本"原材料"。众所周知，我国文化企业大多数由 IT 产业起步，然后逐步从硬件生产转向软件和以文化、艺术或设计等领域为主的内容生产，是 IT 业主动联姻文化的结果，如享誉全国的高新技术文化企业腾讯、华强、阿里巴巴以及优酷、爱奇艺各大门户网站等，比比皆是。但随着经济的快速发展，高科技已成为各大文化企业的齐备要素，在以数字生活为主的文化消费模式强力助推下，围绕优质内容的市场竞争成为企业瞄准的下一片蓝海领域。

据了解，爱奇艺、腾讯以及阿里巴巴等高科技文化企业巨头纷纷斥巨资布局文化新业态的内容研发领域。早在 2016 年，阿里巴巴就整合成立了文化娱乐集团，展开了对文化娱乐领域的战略布局，并在上游内容领域和

[①] 花建：《在线新经济与中国文化产业新业态：主要特点、国际借鉴和重点任务》，《同济大学学报（社会科学版）》2021 年第 3 期。

浙江日报报业集团合办文化产业项目，以62.44亿港币获得文化中国60%的股份，获取文化中国的一些视频及牌照资源；百度则以自带的搜索引擎产品为流量导入口，在影视、文学、图片等多个领域深耕垂直型媒体；最早宣布从"泛娱乐"向"新文创"发展的腾讯正全力布局以IP构建为核心的新文化生产领域，特别是在电竞、云游戏等新兴领域已颇有成效。2020年，腾讯新文创总部落户成都，其依托腾讯王者荣耀IP、腾讯电竞等方面的平台流量优势，开始全面布局和深耕IP运营、游戏动漫、电竞赛事、直转播等文化产业新业态。[1]

不难预见，随着腾讯、字节跳动等越来越多的文化科技企业在文化产业新业态内容方面的开拓与探索，在高科技的赋能下，我国文化产业新业态将不断涌现，早期"科技强文化弱"的生态格局也将进一步得到再平衡。以"互联网""数字化"为特征的数字出版产业、数字影视产业、数字媒体产业、数字文旅产业以及最新兴起的直播电竞产业、云游戏、短视频、剧本杀和智能穿戴文化装备等都将不断为文化产业发展开辟新的机遇。

四　国际协作加强，数字文化生态圈显现

在全球数字化消费新趋势下，随着以工业互联网、物联网、卫星互联网为代表的通信网络在全球的持续渗透，全球的文化产品的生产分工以及流动秩序体系正在持续解构和重组。进入新发展阶段，新型文化企业的竞争不再是单一的技术竞争和简单的国内市场的竞争，而是形成了以数字内容构建为核心，以个性化、移动化、国际化为目标的多元协同竞争格局。我国很多新型文化企业及互联网巨头都已充分认识到以数字技术为基础的文化产业各要素在国际流动和增值方面的重要性，纷纷通过投资、并购及协作分工等方式加强了对国外数字文化领域的战略布局。据了解，拥有国内第一大院线和第一大电影发行公司美誉的万达集团，目前已通过资本途径将业务触角延伸到国外影视内容制作、营销及院线的各个环节，其在成为好莱坞最大中国金主后，又斥26亿美元的巨资收购美国第二大院线AMC，35亿美元买下最大的中型制片公司传奇影业，[2] 随后，万达集团旗

---

[1] 张伟、吴晶琦：《数字文化产业新业态及发展趋势》，《深圳大学学报（人文社会科学版）》2022年第1期。

[2] 《万达进入影视行业"深水区"》，投中网，http://www.chinaventure.com.cn/cmsmodel/news/detail/306649.shtml，最后访问日期：2022年1月3日。

下美国AMC院线并购了欧洲第一大院线Odeon&UCI院线①，并通过欧盟批准，成功完成交割。截至目前，万达集团拥有了全球14%左右的影院份额，旨在全球展开电影的布局趋势十分明显。此外，以视频起家的乐视已将乐视"平台+内容+终端+应用"的生态模式正式输出到美国市场，建立了"内容超级市场"，又拉开了与美国电信巨头AT&T结成战略合作伙伴的帷幕。目前，双方就内容、终端等领域正展开全面合作。不难窥见，在这一轮新基建培育的新文化消费趋势带动下，我国文化科技企业正在以前所未有的姿态深度参与全球文化产业协作与分工，跨国域打造数字文化生态圈。

五 传播壁垒突破，国潮促跨国文化传播

互联网打破文化传播的时空和国界壁垒，改变了文化原有的传播方式与竞争格局，在5G以及新一代移动社交媒体的广泛应用下，全球文化的传播速度和扩散速度正全面提升，并在全球范围内形成了以流媒体网络平台为支撑、以数字视听内容为关键核心的跨文化传播新格局。对标美国的影视流行文化、日本的"二次元"动漫文化以及韩国掀起的韩星、韩剧、韩妆等"韩流"，我国近年来也全力以赴推进科技赋能"国潮"文化创新发展，打造了颇具中国文化代表性的新"出海"模式，有效提升了我国文化传播力和国际影响力。

目前，"新文创""新国潮"发展如火如荼，成为彰显中国文化特色和自信的新潮流、新风尚。"一墩难求"、集奥林匹克精神与中国文化元素于一体的冬奥会吉祥物"冰墩墩"以及充分展示我国优秀传统文化深厚底蕴和震撼魅力的冬奥会开幕式中"黄河之水天上来""冰雪五环破冰而出"等震撼场景，都彰显了我国"国潮+科技"的文化魅力及市场经济潜力。同时，越来越多兼具文化和美学价值的"国潮""中国风"类动漫影视、游戏电竞也在国际市场收获好评，成为中华文化出海新兴载体，频频在海外开辟"国潮赛道"。例如，腾讯用故宫博物院授权的IP制作的表情包、游戏、条漫作品以及以"清代皇后冬朝服"、"十二美人图"和养心殿文物

---

① Odeon&UCI院线是欧洲最大电影院线，拥有242家影院2236块银幕，绝大多数影城位于欧洲各大城市黄金地段，占据欧洲约20%的市场份额，在欧洲主要大国电影市场份额排名第一。

第六章　新技术新媒体下文化产业新业态的发展趋势

为主题进行还原与再创作的《奇迹暖暖》游戏等，备受国内外用户追捧和喜爱[1]；游戏《永劫无间》更是在全世界的年轻人之中掀起了东方文化热潮，玩家遍布全球160个国家和地区[2]。可见，将我国五千多年孕育的传统文化资源，通过数字影视、游戏电竞等新兴形态载体进行现代化表达和创新性发展，顺应了数字时代文化消费新潮流。艾媒咨询认为，"国潮经济发展符合时代前沿审美和技术趋势，具有中国特色、世界视野。随着国潮文化竞争力的提升，我国国潮品牌将逐步在全球建立竞争优势，帮助中国品牌商家更多走向海外市场，为民族品牌和国货带来全球化发展新契机"。

未来，随着AR/VR等全新科技的应用，故宫、敦煌等传统文化IP将通过全新的技术和新兴的文化业态不断推陈出新，通过"云端国博""数字故宫""云游敦煌"等项目进一步焕发生机。打造具有差异化、特色化和高科技代入感的"国潮"文化内容产品，讲好中国故事、传递中国精神，将成为构建全方位、多层次、宽领域文化输出新模式、新格局的重要路径和发展新趋势。

六　数字赋能管理，版权保护迈入新阶段

随着数字文化新业态进程的加速，未来是我国迎接数字化转型挑战、做好文化管理的关键发展时期。在"云数据"的精准"算法"与社会资本的持续赋能下，一批低俗、媚俗的"博眼球"之作层出不穷，报刊发行量造假、电影票房数据造假、网络视频点击率造假、明星势力榜刷榜等乱象丛生。部分文化企业在短期商业利益逻辑的主导下，通过各种炒作造势运作"头部流量明星"，不断制造市场上的"流量收割机"，导致直播等文化新业态由"吸粉"沦为"流量为王"的无序竞技场[3]。据悉，仅2021年一年，以"直播"为关键词的投诉量超7万条，产品质量、虚假宣传、价格误导等问题突出。最突出的问题就是针对直播、短视频这些新业态的法律

---

[1] 《新科技唤醒传统IP　超级IP+商业模式成就美好商业》，百度，https://baijiahao.baidu.com/s?id=1595290666859382014&wfr=spider&for=pc，最后访问日期：2022年8月23日。

[2] 《海外开辟"国潮赛道"，游戏成文化出海强载体》，百度，https://baijiahao.baidu.com/s?id=1737200365413683439&wfr=spider&for=pc，最后访问日期：2022年7月24日。

[3] 魏鹏举：《数字经济与中国文化产业高质量发展的辨析》，《福建论坛（人文社会科学版）》2021年第11期。

法规体系尚不健全；平台、商家、自由媒体人、主播之间的责任尚不清晰、不明确。同时，这些新兴行业具有虚拟性、隐蔽性等新的技术特征，靠传统的法律法规难以规制。新的法律法规建设具有一定滞后性，而且行政监管资源有限，对这些平台的监管责任有限。

同时，互联网平台巨头的寡头垄断趋势加剧，数字影视、数字游戏、数字音乐以及网络文学等平台垄断已经成为文化典型现象，引发了一系列伦理、数据隐私等方面的社会问题。未来，随着数字影视动漫、游戏、电竞以及视频直播、剧本杀等文化新业态的全面爆发，鼓励发展和加强监管将长期并存，怎样做好文化内容的文化监管，以及在这些数字文化内容输出方面涉及的文化松紧尺度的把握问题将在这一个时期得到重新审视与落实，而我国对高度数字化、信息化的数字文化内容细分市场监管机制的探讨也将进入深层次的研究与实施阶段。

此外，随着数字化战略的持续深入，在区块链等新技术赋能下，我国正迎来版权保护新阶段。版权作为知识产权的重要组成部分，不仅是文化领域的核心竞争力，也是文化发展的基础性资源和战略性资源。按照世界知识产权组织的划分原则和标准，目前，版权产业对于我国国民经济贡献率已达到 7.27%[1]，产业经济效益十分可观。数据显示，2020 年，我国数字出版产业整体收入达到 1.1 万亿元。其中，互联网期刊、电子图书、数字报纸的总收入为 94.03 亿元，移动阅读等收入为 2448.36 亿元[2]，所以，对于知识产权的保护已经达成行业共识。据了解，2021 年 4 月，爱奇艺、腾讯视频、优酷、芒果 TV、咪咕视频 5 家长视频流媒体平台，以及 53 家影视公司已共同发布《联合声明》，呼吁"短视频平台和公共账号生产运营者尊重原创、保护版权，未经授权不得对相关影视作品实施剪辑、切条、搬运、传播等侵权行为"。

然而，在现实文化实践中，由于数字化逐步"液化"了原有文化内容产品的承载实体，模糊了版权法意义上有形载体的概念，加上数字内容便于低廉复制、无限传播以及可随意性篡改，"打擦边球"的侵权行为常有发生、盗版泛滥。所以，2021 年 10 月，中央网信办会同中央宣传部、国

---

[1] 阎晓宏：《第九届中国版权年会召开》，中国新闻出版广电网，http://www.chinaxwcb.com/2016 - 11/28/content_348528.htm，最后访问日期：2022 年 1 月 5 日。

[2] 《2020 年中国数字出版产业整体收入超 1 万亿元 呈逆势上扬态势》，百度，https://baijiahao.baidu.com/s? id = 1714848436458406432&wfr = spider&for = pc，最后访问日期：2022 年 9 月 30 日。

务院办公厅等18个部门和单位组织发布的《关于组织申报区块链创新应用试点的通知》明确指出："要鼓励相关行业主管部门共同制定版权信息接入标准，并以公信力节点接入等形式深度参与版权区块链建设，探索运用技术手段固定权属信息，完成版权认证、登记、转让等流程操作，加快溯源取证流程。降低版权质押融资认证难度。"

可预见，未来版权保护将在政府相关部门的积极推动下得到切实有效的实现，而针对以数字经济为主的细分行业的相关版权保护机制将得到进一步研究与落实，围绕移动互联网时代的数字文化版权机制建设正成为文化产业新业态重点关注与探讨领域。此外，随着传统文化资源创造性开发与创新性转化实践的持续深入，基于博物馆等公共文化资源的数字版权问题将进一步得到厘清和探索。

下篇 实践篇

第七章
新技术新媒体下深圳文化产业
新业态战略背景和发展历程

一 新技术新媒体下深圳发展文化产业
新业态的战略背景

（一）新时代：全球数字文化产业发展必然趋势

随着数字技术的发展，全球正快速进入工业互联网时代，并适时改变着全球数字文化相关产业发展格局。人工智能、云计算、大数据、5G 等新一代信息技术与文化领域的结合，催生了数字游戏、数字影视、数字动漫、数字新媒体以及直播电竞等数字文化产业新业态，世界范围内的文化产业进入数字化转型升级的发展新阶段。

目前，全球许多国家分别从数字创意产业、数字内容产业和数字经济产业的角度演绎未来文化相关产业及新业态发展的大趋势。2020 年，全球数字经济规模达到 32.61 万亿美元，同比增长 3.0%，占 GDP 比重为 43.7%，产业数字化成为数字经济发展的主引擎，占数字经济比重为 84.4%。[1] 全球数字内容服务平台市场预计将从 2018 年的 226 亿美元增长到 2023 年的 603 亿美元，预测期间的复合年增长率为 21.7%。[2] 在全球主要发达国家的数字内容产业市场规模中，美国位居第一，中国与印度、南美和南亚地区是成长最快的国家和地区。其中，数字游戏一直是全球数字内容市场的主

---

[1] 陈新光：《全方位打造具有全球竞争力的数字经济高地》，百度，https://baijiahao.baidu.com/s?id=1738319816519021571&wfr=spider&for=pc，最后访问日期：2022 年 9 月 7 日。

[2] 《2019 年全球内容服务平台市场报告》，DUBLIN，May 14，2019 /PRNewswire/。

力，年复合增长率达2.7%；美国及日本、中国是数字游戏产业的大国，家用游戏设备与手持设备用户市场始终可观；电子竞技也从个人娱乐变成一种可观赏式的现代运动，全球市场规模持续扩大。2021年，全球电子竞技市场规模为12.2亿美元，与2019年相比，2020年全球电子竞技市场规模平均增长15.4%[①]，中国、韩国、欧洲与美洲等国家和地区，均已把电竞比赛列为正式体育赛事。

与此同时，全球主要城市纷纷就数字文化产业等新业态制定了相关产业扶持政策。美国是全球最早布局数字文化产业新业态的国家，其多年来持续关注新一代信息技术对文化产业的发展及影响。近年来，美国政府密集出台了《21世纪信息技术计划》、《数字政府战略》以及专门针对产业领域的《美国全球数字经济大战略》等政策，通过鼓励科学技术创新、营造良好创意环境、构建创新生态系统等举措，不断巩固、提升其在世界数字产业版图的竞争力。同时，硅谷在美国数字战略大框架下，已经成为数字文化产业（包括新型企业、新型业态、新型模式）最为集中的诞生之地，相继催生了皮克斯、谷歌、脸书、奈飞、YouTube等世界领先的数字文化企业。而全球最早提出"创意产业"的英国也敏锐地捕捉到数字经济带来的产业转型冲击和新机遇。早在2015年，英国政府就出台了《数字经济战略（2015—2018）》；2017年3月，英国文化、媒体和体育部发布《数字战略》，旨在确保英国是启动和发展数字业务和试验新技术的最佳场所；2022年6月，英国数字化、文化、媒体和体育部又紧锣密鼓地颁布了最新版《英国数字战略》（*UK Digital Strategy*），重点推进数字经济的六个关键领域的发展，并将"创意与知识产权（IP）"列为六大关键领域之一，全力加速推进英国在科技与创意内容深度融合领域的数字文化产业新业态的发展。

作为日本经济、科技和文化的中心，东京从2001年到2015年开始执行日本国家"e-Japan""u-Japan"到"i-Japan"系列信息化战略。2020年，东京颁布了《"智慧东京"实施战略》，制定了"互联东京""城市数字化"等任务目标，并出台了一系列促进政策，加速对智能化、数字化新产品、新业态的布局。与此同时，从2008年起，东京通过每年举办东京数字内容博览会等手段对数字文化产业进行扶持；东京大学也通过"内容创

---

① 梦竞未来电竞学校：《电子竞技在全球的发展情况》，百度，https://baijiahao.baidu.com/s?id=1762773598510530105&wfr=spider&for=pc，最后访问日期：2023年5月9日。

作科学协作教育计划",培养既懂文化艺术又精通技术、管理的复合型人才,为数字文化产业发展提供源源不断的支撑力。而韩国也于 2016 年启动了全球首个由政府设立的 VR/AR/MR 基金,以政府之力全面推动 VR/AR/MR 技术与文化产业的融合发展,重点支持 AR、VR 在动漫、游戏、教育以及建筑等领域的推动应用。据悉,韩国科学、信息通信技术与未来规划部提供 500 万美元支持,研发智能型手机 3D 视讯技术,以解决 3D 拍摄高成本的问题。同时,韩国首尔数字媒体城(DMC)通过吸引一大批数字文化、文化科技与创意科技领军企业进驻,充分利用冬季奥运会推动数字科技与内容融合创新实践等方式,有效引导了首尔数字文化科技产业率先发展。目前,首尔已出台战略规划,面向未来建立"VR 沉浸 + 全息投影 + Screen"三大路径的纵横向产业创新应用。未来,随着 5G、人工智能、虚拟技术等全球科技在文化领域应用的扩大,向网络化、智能化、数字化转型的文化新业态将进一步解构并重塑全球文化产业发展新格局。

(二)新语境:国家战略性新兴产业发展必然选择

战略性新兴产业代表新一轮科技革命和产业变革的方向,是培育发展新动能、获取未来竞争新优势的关键领域。发展战略性新兴产业,是我国构建现代产业体系,推动经济社会持续健康发展的重要举措,对我国形成新的竞争优势和实现跨越式发展至关重要。

在新科技革命和产业变革的大背景下,加快培育和壮大战略性新兴产业已经成为推动经济高质量发展的重要引擎。推动互联网、大数据、人工智能等同文化产业的深度融合,利用新一代信息技术对文化产业进行全方位、全角度、全链条改造,促进新兴文化产业之间、新兴文化产业与传统文化产业之间以及技术与社会的跨界融合发展,培育文化新业态、新模式是释放数字化叠加倍增效应、加快战略性新兴文化产业发展、构筑综合竞争优势的必然选择。

我国充分认识到战略性新兴产业对经济社会全局和长远发展的重大引领带动作用,相继出台了一系列政策,加速推进互联网、大数据、人工智能、云计算等同各文化产业深度融合兴起的战略新兴文化产业的发展。2010 年 10 月《国务院关于加快培育和发展战略性新兴产业的决定》提出将培育和发展战略性新兴产业作为我国推进产业结构升级、加快经济发展方式转变的重大举措,积极构建"新一代信息技术产业","大力发展数字虚拟等技术,促进文化创意产业发展"。2016 年 3 月发布的《中华人民共

第七章　新技术新媒体下深圳文化产业新业态战略背景和发展历程

和国国民经济和社会发展第十三个五年规划纲要》首次明确提出将"数字创意产业"作为战略性新兴产业发展。2016年12月国务院印发《"十三五"国家战略性新兴产业发展规划》明确描述：促进数字创意产业蓬勃发展，创造引领新消费。以数字技术和先进理念推动文化创意与创新设计等产业加快发展，促进文化科技深度融合、相关产业相互渗透。创新数字文化创意技术和装备。丰富数字文化创意内容和形式，提升创新设计水平，推进相关产业融合发展。[①] 数字创意产业首次被纳入国家战略性新兴产业发展规划。为贯彻落实《"十三五"国家战略性新兴产业发展规划》，2017年1月，国家发展改革委会同科技部、工业和信息化部、财政部等有关部门根据战略性新兴产业发展新变化，对《战略性新兴产业重点产品和服务指导目录》（2013版）进行修订完善，明确了数字文化创意技术装备、数字文化创意软件、数字文化创意内容制作、新型媒体服务等8个数字创意产业重点领域。2018年11月，国家统计局公布《战略性新兴产业分类（2018）》，并首次将"数字创意产业"纳入九大战略性新兴产业统计范畴，新增数字创意技术设备制造、数字文化创意软件开发、数字文化创意内容制作服务、数字文化创意广播电视服务、其他数字文化创意活动等统计内容。至此，国家层面正式圈定了数字创意产业作为我国战略性新兴产业的重点发展方向。

随后，2020年11月，《中共中央关于制定国民经济和社会发展第十四个五年规划和二〇三五年远景目标的建议》提出，将"发展战略性新兴产业"作为加快发展现代产业体系、推动经济体系优化升级的一项重要内容，明确提出推动互联网、大数据、人工智能等同各产业深度融合，培育新技术、新产品、新业态、新模式。同年出台的《文化和旅游部关于推动数字文化产业高质量发展的意见》再次提出"实施文化产业数字化战略，推动数字文化产业高质量发展"的发展目标。特别强调要"加快发展新型文化企业、文化业态、文化消费模式，改造提升传统业态，提高质量效益和核心竞争力，健全现代文化产业体系"，要继续"夯实数字文化产业发展基础"，加强内容建设。"深刻把握数字文化内容属性，加强原创能力建设，创造更多既能满足人民文化需求、又能增强人民精神力量的数字文化产品。培育和塑造一批具有鲜明中国文化特色的原创IP，加强IP开发和转

---

① 《国务院印发〈"十三五"国家战略性新兴产业发展规划〉》，中国政府网，https://www.gov.cn/xinwen/2016-12/19/content_5150197.htm，最后访问日期：2023年10月7日。

化，充分运用动漫游戏、网络文学、网络音乐、网络表演、网络视频、数字艺术、创意设计等产业形态，推动中华优秀传统文化创造性转化、创新性发展。"这是在新的历史起点上，加快建设现代产业体系，推动经济高质量发展，开启全面建设社会主义现代化国家新征程的重大战略部署，同时也为深圳文化产业新业态发展进一步指明了重点发展方向。

（三）新引擎：广东省数字创意产业发展必然要求

广东省在战略性新兴产业中首次提出"数字文化创意产业"，并强调"促进文化科技融合发展"，于"十三五"时期开始关注"文化领域核心技术研发""数字内容原创作品和精品IP"。

2019年，广东省数字创意产业营业收入约4200亿元，其中，游戏产业约1898亿元，占全国76.9%；动漫产业约610亿元，占全国32.8%。广东省拥有网易游戏、三七互娱等游戏龙头企业和华强方特、奥飞娱乐等动漫领军企业，孵化培育了YY、虎牙、网易CC等知名直播平台，酷狗、QQ音乐等5家数字音乐平台入选全国前十。① 2017年9月，《广东省人民政府办公厅关于印发广东省战略性新兴产业发展"十三五"规划的通知》（粤府办〔2017〕56号）发布，提出大力发展数字文化创意产业，提升创新设计水平，推进相关产业融合发展。随着广东省进入高端制造业和现代服务业并驾齐驱的创新发展阶段，2019年12月，中共广东省委宣传部、广东省文化和旅游厅印发《广东省关于加快文化产业发展的若干政策意见》，首次提出促进文化科技融合发展，强调将文化科技纳入广东省相关科技发展规划和计划，培育发展文化科技类企业，引导支持符合条件的文化科技企业积极申报高新技术企业，按照高新技术企业树标提质行动计划等有关政策予以支持；要求进一步加强文化领域核心技术研发运用，大力发展文化新型业态，加强文化科技融合示范基地建设。2020年10月，广东省工业和信息化厅等单位发布《广东省培育数字创意战略性新兴产业集群行动计划（2021—2025年）》（以下简称《行动计划》），《行动计划》是广东省首个推动数字创意产业发展的政策文件，提出了四项具体发展目标：一是在产业规模上，提出到2025年数字创意产业营业收入突破6000亿元；二是在产业链建设上，提出有效补强内容原创、IP运营等薄弱环节；三是在

---

① 《广东首个推动数字创意产业发展政策文件出台》，百度，https://baijiahao.baidu.com/s?id=1680142947954563196&wfr=spider&for=pc，最后访问日期：2022年9月7日。

第七章 新技术新媒体下深圳文化产业新业态战略背景和发展历程

内容原创上,提出培育一批优质数字内容原创作品和精品IP,打造50个以上知名数字创意品牌;四是在产业平台建设上,提出高标准建设15个以上省级数字创意产业园,打造1~2个国际知名游戏动漫展会,培育或引进1~2个国际顶级电竞赛事等。同时,《行动计划》强调将支持金融机构建立多层次知识产权融资机制,创新完善中小企业融资平台数字创意产业特色专板和金融服务模式。对符合条件的创意与设计费用,落实税前加计扣除政策。加强数字创意内容价值导向管理,加快内容出版审批发行,持续推动企业社会首次提出"数字文化创意产业"责任建设;健全完善数字创意人才评价机制,将数字创意人才纳入各类高层次、高技术人才引进计划。2022年5月,广东省第十三次党代会报告对未来五年文化产业发展做出部署,要求"推进现代文化产业体系建设,培育新型文化业态、文化企业和文化消费模式,打造数字文化引领地、文化创意新高地、文旅融合示范地"。

(四)新示范:深圳文化产业高质量发展必然诉求

建设粤港澳大湾区、支持深圳建设中国特色社会主义先行示范区,是习近平总书记亲自谋划、亲自部署、亲自推动的重大国家战略。在中共中央、国务院印发的《粤港澳大湾区发展规划纲要》(以下简称《纲要》)中,提出把"构建具有国际竞争力的现代产业体系"作为推进大湾区建设的一项重要工作,指出要深化供给侧结构性改革,着力培育发展新产业、新业态、新模式,支持传统产业改造升级,加快发展先进制造业和现代服务业,瞄准国际先进标准提高产业发展水平,促进产业优势互补、紧密协作、联动发展,培育若干世界级产业集群。《纲要》的正式发布为深圳进一步深化改革、扩大开放,建立与国际接轨的开放型经济新体制带来了重大机遇,也为深圳文化产业发展提供了更高水平参与国际合作和竞争的新平台。同时,《中共中央 国务院关于支持深圳建设中国特色社会主义先行示范区的意见》也强调,深圳"要构建高水平的现代文化产业体系,发展更具竞争力的文化产业和旅游业","支持深圳大力发展数字文化产业和创意文化产业,加强粤港澳数字创意产业合作"。

随着"双区"建设的全面铺开和纵深推进,深圳正迎来文化产业转型升级和以质量型内涵式发展为特征的现代文化产业体系构建的重要历史机遇期。大胆先行示范,打造文化产业新业态高地,加快推进文化产业高质量发展是深圳构建以质量型内涵式发展为特征的高水平现代文化产业体系、促进数字文化产业高质量发展的应有之义。2021年6月发布的《深圳市国民经济和社会发展第十四个五年规划和二〇三五年远景目标纲要》，把"数字化发展"作为深圳"十四五"时期的重大战略和重要抓手，新增"数字经济核心产业增加值占GDP比重"为22个核心调控指标之一，同时旗帜鲜明地提出"打造全球数字先锋城市"的目标，目的是抢抓数字技术产业变革机遇，率先推进城市数字化整体转型，通过构建以质量型内涵式发展为特征的高水平现代文化产业体系，跑出深圳文化产业转型升级发展"加速度"。

目前，深圳率先探索新路，凭借"文化+科技"后发优势，数字文化产业、创意文化产业等文化新业态逐渐成为引领深圳文化产业快速发展的新兴力量，成为推动深圳经济快速健康发展的重要抓手。与此同时，深圳在深度挖掘、整合、联动文化产业相关产业资源基础上，不断加快对文化产业新业态的政策创新，相继出台《关于加快文化产业创新发展的实施意见》《深圳市文体旅游发展"十四五"规划》《深圳市文化产业高质量发展规划（2021—2025）（征求意见稿）》《深圳市培育数字创意产业集群行动计划（2022—2025年）》等一系列政策规划，强调深圳文化产业发展要强化科技支撑，发挥深圳高新技术发展优势，支持大数据、云计算、增强现实、虚拟现实、人工智能、物联网和5G、4K/8K等先进技术研发和在数字文化产业中的应用；不断推动文化创意与相关产业融合，激发"互联网+""科技+""创意+"等路径要素活力，把"文化+科技""文化+旅游""文化+金融""文化+创意"等产业新业态耕深做强，以加快推进深圳文化产业新业态向规模化、特色化和品牌化发展，助力深圳文化产业实现高质量发展。

总而言之，在"双区"机遇效应、乘数效应下，深圳势必要谋划好全局，发挥好资金、科技和人才等自身优势，培育发展好以数字技术为底层逻辑的文化新业态、新模式，打造具有国际竞争力的文化产业集聚高地。这既是落实"双区"战略的必然要求，也是推进深圳文化产业实现高质量发展、成为文化产业先锋引领者和经验示范者的必然选择。

二 新技术新媒体下深圳文化产业新业态的发展历程

目前，深圳文化产业新型业态发展快速，已成为构建现代经济体系和提升城市软实力的重要突破口。纵观各时期深圳文化产业政策，不难看出，

第七章　新技术新媒体下深圳文化产业新业态战略背景和发展历程

深圳产业政策保持着很好的连续性，且每一次修订，对新型文化业态的支持力度都会加大，充分体现了深圳市委、市政府对文化建设的高度重视和在发展文化产业新业态上深远的战略眼光。迄今为止，根据产业扶持政策和产业实践情况，主要将深圳文化产业新业态的发展过程大致分为以下三个阶段。

（一）正式起步期（2003～2010年）

众所周知，2003年深圳推出了建市以来第一个城市文化发展战略——"文化立市"战略，自此到"十一五"结束这一段时期，是深圳市现代文化产业正式起步阶段，也是深圳市文化产业政策密集出台期。2005年12月《中共深圳市委深圳市人民政府关于大力发展文化产业的决定》提出"推动文化创意企业的快速成长"，"要充分发挥深圳高新技术产业和技术创新方面的优势，引导和推动文化企业提高自主创新能力，推动文化与高科技的紧密结合"。随后，2007年12月《深圳市文化产业发展"十一五"规划（2006—2010）》（以下简称《规划》）认为，虽然"印刷、文化用品和设备的生产与销售、文化旅游等优势产业对全市文化产业贡献率持续保持领先地位"，但"新兴文化产业门类显示出强劲的发展潜力和良好的发展前景。依托高新技术和设计人才聚集的优势，深圳的创意设计、动漫游戏、数字内容等新兴文化产业门类发展迅速"。《规划》对当时的文化产业主要行业进行分类，并实施各有侧重的发展策略。《规划》将现代印刷、文化旅游、工艺美术列为强势行业，主要策略是"优化巩固"；将传媒出版、演艺娱乐、艺术培训列为优势行业，主要策略是"提升壮大"；将创意设计、动漫游戏、数字内容认定为上游和新兴行业，主要策略是"重点扶持"。同时，为与《规划》相衔接，深圳市随即出台《深圳市文化产业发展规划纲要（2007—2020）》，把"促进新兴的具有良好前景的产业门类的发展"列为此阶段重点发展目标，并在谋划未来十五年文化产业发展思路时明确提出，要"坚持以数字内容产业的发展为主攻方向，大力发展高端文化产业。以深圳具有比较优势、市场前景良好的数字内容产业为突破口，带动相关行业发展，不断提高数字内容产业的比重和地位"。通过创新引领、集群发展、品牌提升、人才高地、外拓合作、"走出去"等六大策略，以及"文化产业与高新技术产业紧密结合"等途径，重点发展创意设计业、动漫游戏业、数字视听业、新媒体产业、现代印刷业、文化旅游业、演艺娱乐业、高端工艺美术业等八大重点领域。随后，2009年1月生效的《深圳市文化产业促进条例》进一步明确，"市、区政府应当在土地、资金、人才等方面，优先支持发展新兴和原创文化产业"，"文化产业发展专项资金重点扶持发展新兴文化产业和特色品牌文化企业以及文化企业的文化创意、成果转化、重大文化项目和文化人才的培养"，并以立法的形式进一步巩固新兴文化产业业态的优先发展地位。

在这一发展阶段，深圳文化产业发展目标主要涉及两个方面：一是夯实深圳文化产业发展基础优势，继续扩大现代印刷业、文化旅游业、高端工艺美术以及文化设备制造等传统文化产业总体规模；二是调整优化文化产业结构，积极发展新兴文化产业业态。这一时期，深圳市文化产业相关管理部门充分认识到新兴文化产业市场潜力大、发展前景好，所以"十一五"阶段出台的一系列规划政策中不断强调"文化和科技融合""创新创意引领"等重要发展思路，明确重点支持领域，并积极推进重大项目、产业集聚区等建设，基本搭建了后续文化产业新业态发展支持政策的大框架。与此同时，创意设计、动漫游戏、数字内容等获得重点扶持的最具代表性的新兴业态发展迅猛，占深圳文化产业的比重不断攀升，有力推动了深圳文化产业结构的调整和数字化转型升级。

（二）快速成长期（2011~2019年）

进入"十二五""十三五"时期，深圳市文化产业迎来了快速的发展。特别是2012年党的十八大召开，标志着我国文化建设迈入发展新时代。2011年，《深圳文化创意产业振兴发展规划（2011—2015年）》（以下简称《规划》）出台，提出"将文化创意产业定位为重点和优先发展的战略性新兴产业"，这也是指导深圳产业这一阶段发展的一个纲领性文件。这一时期，文化创意产业被正式纳入战略性新兴产业整体发展规划，迎来了繁荣发展。同时《规划》配套的《深圳文化创意产业振兴发展政策》在具体操作层面将促进产业发展的规划一一细化，这一政策也一直沿用到2020年初文化产业振兴新政策的出台。按《规划》和《深圳文化创意产业振兴发展政策》所下的定义，"文化创意产业是指以创作、创造、创新为根本手段，以文化内容、创意成果和知识产权为核心价值，以高新技术为重要支撑，为社会公众提供文化产品和服务，引领文化产业发展和文化消费潮流的新兴产业"。《规划》在全面剖析产业发展面临的国际国内形势和现实发展基础上，提出"使文化创意产业成为深圳重要的战略性新兴产业和国民经济支柱性产业"的发展目标。"国民经济支柱性产业"是前一发展阶段即已

第七章　新技术新媒体下深圳文化产业新业态战略背景和发展历程

确立的目标,此阶段继续沿用。"重要的战略性新兴产业"定位则对文化创意产业的发展提出更高标准和要求。通过政策相关"定义"的表述和"定位"的确立不难发现,此阶段深圳市对文化产业的发展政策开始逐步降低对传统产业的侧重,更加强调文化创意和科技创新对深圳文化产业转型升级的支撑作用,产业政策对文化产业新业态的支持力度逐步加强。

同时,为推动文化产业快速发展,全面构建以"高、新、软、优"为特征的现代产业体系,深圳在《深圳文化创意产业振兴发展政策》中重点梳理了发展特色优势领域行业,提出重点发展创意设计、文化软件、动漫游戏、新媒体及文化信息服务、数字出版、影视演艺、文化旅游、非物质文化遗产开发、高端印刷、高端工艺美术等十大领域,进一步强调要推进文化与科技融合,提升文化产品内涵和质量。这一阶段重点引导、发展的十大文化产业领域,除影视演艺属于核心文化层的传统文化产业以外,创意设计、文化软件、动漫游戏、新媒体及文化信息服务、数字出版、文化旅游、非物质文化遗产开发等七大领域都属于新兴文化产业,高端印刷、高端工艺美术则是传统文化产业转型升级业态。由此可见,这一时期"文化+科技""文化+"等文化产业新业态得到了政策的重点关注和扶持。同时,深圳自2012年起,每年评定10家优秀新兴业态文化创意企业,专项资金给予每家最高不超过50万元创新奖励。2012年11月,市政府办公厅印发《关于促进文化与科技融合的若干措施》,实施文化科技新业态培育等十大工程,进一步强化文化与科技融合发展模式,"文化+"成为深圳培育新型文化产业业态的重要途径。

迈入"十三五"时期,深圳市文化产业创新发展水平更是迈上了新台阶。2016年1月,深圳宣传文化系统出台发布的《深圳文化创新发展2020(实施方案)》提出"培育新型文化业态,推动产业结构优化升级","创新产业发展模式,构建以质量型、内涵式发展为特征的现代文化产业体系"的发展要求,并提出"内容产业和创意设计、文化信息服务等新型业态占比超过60%"的发展量化指标。同年12月,深圳制定实施《深圳市战略性新兴产业发展"十三五"规划》(以下简称"十三五"规划),"十三五"规划提出深圳"到'十三五'末,战略性新兴产业发展水平全面提升,优势行业形成全球发展引领能力……努力建成具有全球影响力的新兴产业创新发展策源"的发展目标,强调要"继续秉承创意引领、科技支撑的发展特色,培育'文化+'新型业态,以数字技术推动文化创意与设计服务等融合发展";要深化拓展数字创意内容、巩固创意设计优势、培育壮大时尚产业、推动"文化+"等新文化业态发展。其中，大力拓展数字创意内容是亮点，"十三五"规划要求深圳市"充分利用数字化资源、智能化处理、网络化传播等技术，全面激发创新创意创作创业，生产优质数字创意内容精品"，预示着这一时期深圳在大力发展文化新业态方面与时俱进，创新没有止境。

（三）高质量发展期（2020年至今）

2020年1月，深圳出台《关于加快文化产业创新发展的实施意见》（以下简称《意见》）和《深圳市文化产业发展专项资金资助办法》（以下简称《办法》）。《意见》确立了"构建以质量型内涵式发展为特征的高水平现代文化产业体系，推动深圳成为创新创意引领潮流、文化科技特色鲜明、文化形象开放时尚、文化产业充满活力的国际文化创新创意先锋城市"的发展目标，将"促进文化产业高质量发展"作为当前文化产业发展首要基本任务，明确要求"大力发展数字文化产业和创意文化产业等'文化+''互联网+'新型业态"，并将创意设计、影视和动漫、演艺和音乐、新媒体和网络文化、文化软件及游戏、数字出版、文化旅游、高端工艺美术、高端印制、高端文化装备等十大门类列为"加快发展重点产业领域"。与上一发展阶段深圳大力推进的文化产业十大重点发展领域相比，这一时期"高端文化装备"取代"非物质文化遗产开发"门类，新纳入文化产业十大重点发展领域中，另有个别门类在文字表述和组合方式上略有调整，其他基本没变。新政策重申了到"2025年，新型文化业态占文化产业的比重超过60%的量化目标，进一步巩固提升文化产业的国民经济支柱产业地位"。为确保实现发展目标，《意见》提出市场主体培育、内容创作扶持、产业发展集聚、文化贸易拓展、文化金融合作和文化消费升级等六项针对性的主要措施，以及加强统筹协调、强化财税支持、保障发展空间、优化市场环境和构建人才队伍等五大保障支撑，构建了全方位的产业发展扶持体系。《意见》的出台为深圳文化产业新业态高质量发展指明了方向，确立了发展新目标，提供了强有力的保障。

同时，《办法》作为《意见》的配套文件，主要通过财政专项资金资助等举措进一步促进产业发展，《办法》中涉及九大资助类别，其中，促进自主创新和加强创意引领排在前两位。自主创新和创意引领正是新型文化业态的重要特征，也是催生文化产业新业态的主要方式与方法。与此同时，为进一步鼓励文化产业新业态发展，《办法》第五条提出，"经认定为

第七章 新技术新媒体下深圳文化产业新业态战略背景和发展历程

优秀新型文化业态企业的，给予最高 100 万元奖励"，新型文化业态企业都有同等机会享受深圳文化企业所能享受的普适性政策，如原创研发项目资助、贷款贴息、保险费资助、入园企业房租补贴等，扶持力度空前，扶持手段更加全面、立体化。2022 年，深圳市委宣传部等三部门联合发布《深圳市培育数字创意产业集群行动计划（2022—2025 年）》，进一步提出要发挥深圳信息技术和智能技术优势，扩大 5G+4K/8K 超高清、大数据、云计算、人工智能、虚拟现实、增强现实、区块链等数字技术在文化领域的应用，支持开发更多数字创意应用场景，拓展数字创意产业发展新空间，加速推进数字电影、数字电视、数字出版、数字印刷等文化新业态创新发展。

深圳这一时期新出台的政策文件，参照党和国家有关重要文件的权威表述，用"新型文化业态"的表述取代了此前政策文件中的"新兴文化业态""文化新业态"等表述。此举既是对文化实践中文化产业新业态发展成熟、成型现状的充分肯定，也是对文化产业新业态进行概念上的统一和规范。同时，这一时期深圳文化政策文件多数侧重以"文化+科技"为主要特征来概括文化产业扶持、发展对象，但不再局限于某几种类型业态的樊篱设定，强调科技赋能和文化创新，主要发展重点落在大数据、云计算、人工智能、虚拟现实、增强现实、区块链等数字技术赋能下的文化产业新兴领域。这不仅充分体现了深圳文化管理者对于数字化、网络化、智能化文化产业新业态规划的前瞻性，同时也充分彰显了深圳文化管理者在政策制定中秉承以科技、创意为支撑的文化发展理念以及加快发展壮大文化产业新业态，实现文化产业高质量发展的决心。

第八章
新技术新媒体下深圳文化产业新业态发展基础

一 新技术新媒体下深圳文化产业新业态的基本情况

经过多年的发展,深圳市文化市场体系及运行机制进一步完善,文化产业综合实力不断增强,文化产业升级态势明显。尤其是近年来,随着5G和人工智能、工业互联网、物联网等新型基础设施建设在深圳经济社会建设中的不断深入推进,新型企业、新型业态、新型模式和新型消费不断涌现,以数字技术为底层逻辑支撑的数字影视、数字游戏、数字新媒体、数字出版、数字创意设备以及直播、电竞等文化新业态已成为深圳经济发展新常态的重要引擎和助推器,文化产业增加值增速显著高于同期全市GDP增速,在经济发展中占据了重要的位置。截至2020年,深圳文化产业增加值从2015年的1021亿元增长到2020年的2200亿元,占全市GDP的比重从5.8%上升到8%,年均增速远高于全市GDP增速。[①]

(一)文化产业体量不断扩大

2020年深圳拥有境内外上市文化企业135家,文化及相关产业法人单位超10万家,资产总计1.37万亿元,从业人员超100万人,其中规模以上企业3155家。[②] 深圳拥有游戏企业数量超过4000家,上市游戏企业27

---

① 《深圳文化产业从业者超百万 文化产业增加值占全市GDP比重8%》,深圳新闻网,http://www.sznews.com/content/mb/2022-01/19/content_24889110.htm,最后访问日期:2022年9月6日。

② 《数字赋能深圳文化产业》,百度,https://baijiahao.baidu.com/s?id=1711643187903686733&wfr=spider&for=pc,最后访问日期:2022年8月9日。

家（广东省45家），全球游戏企业20强中深圳有3家企业名列其中，腾讯、中手游、创梦天地分别排第1名、第14名和第15名。数据显示，2020年深圳市游戏营收规模高达1445.56亿元，占全省的67.8%，占全国比例超过50%，[1] 游戏产业占据全国一半以上市场份额，行业实力位居全国前列。

同时，深圳作为国内第一个被联合国教科文组织授予"设计之都"称号的城市，集聚了一大批专业设计人才。统计数据显示，深圳拥有1.2万家设计机构和近20万名专业设计人员，设计产业年产值超过1000亿元。[2] 其中，深圳在平面设计、建筑设计、工业设计、室内设计等设计领域占据国内较大市场份额，以近年来上市的杰恩设计、奥雅设计等企业为代表，其设计资质高，公司主营业务规模在室内设计、景观园林设计领域处于全国第一梯队。在数字音乐、数字出版领域，深圳腾讯音乐仅在2020年就实现营收300亿元，深圳数字出版营收更是迈入千亿元量级。[3] 此外，深圳数字文化装备和消费终端制造等行业实力也位居全国前列，绘王数位屏、影石VR相机等产品远销国外，在国际上拥有较高的市场占有率。

（二）产业政策保障体系不断完善

产业政策对产业结构的优化、调整以及"加速"发展具有重要影响，这已成为社会共识，并被世界许多国家的成功实践证明。经过多年的发展，深圳已构建了涵盖组织保障、政策支持、资金扶持等较为完备的文化产业支持保障体系。既有《深圳市关于加快文化产业创新发展的实施意见》《深圳市培育数字创意产业集群行动计划（2022—2025年）》等在全市层面示范引领、统筹兼顾的产业政策，也有各区结合辖区实际量身定制、独具特色的政策举措；既有《深圳市文化产业发展专项资金资助办法》等聚焦文化产业的专属性政策，也有《关于推进文化与金融深度融合发展的意见》等深化文化与相关重点领域融合发展的综合性政策，为文化产业高质

---

[1] 《深圳市南山区发布支持电竞产业发展的若干措施》，百度，https://baijiahao.baidu.com/s? id=1687404651701557236&wfr=spider&for=pc，最后访问日期：2022年9月1日。

[2] 《深圳文创产业GDP占比超10%》，深圳新闻网，http://www.sznews.com/news/content/2019-02/23/content_21427539.htm，最后访问日期：2023年5月1日。

[3] 资料来源：深圳市文化广电旅游体育局。

量发展夯基筑本、聚势谋远。① 2021年，深圳编制了《深圳市文化产业高质量发展规划（2021—2025）》，提出加快发展动漫、游戏、电子竞技、网络信息、新一代文化装备、数字展示等产业新形态，鼓励创作数字内容精品，拓展数字文化消费新领域。

与此同时，深圳市多个区为加快推进数字技术在文化生产、传播、消费等环节全面赋能，促进产业升级和新业态创新发展，出台了涵盖金融扶持、税收优惠、产业空间以及细分行业领域的相关专项扶持政策，高起点布局了游戏动漫、电竞直播、数字音乐、网络视听、智能文化装备制造等前瞻性文化领域。南山区已瞄准产业前沿趋势，发布了电竞产业专项支持政策——《深圳市南山区关于支持电竞产业发展的实施意见》《深圳市南山区关于支持电竞产业发展的若干措施》等文件；龙岗区也于2020年2月新出台《深圳市龙岗区经济与科技发展专项资金支持文化产业发展实施细则》，量身定制了"数字创意产业50条""龙岗电竞产业9条""龙岗影视产业30条"等相关扶持政策，全方位谋划文化产业新业态发展蓝图；宝安区的"影视十条"，即影视产业专项政策——《宝安区关于促进影视产业发展的若干措施》，也从影视企业引进、影视精品打造等多个维度加强了对数字影视产业的扶持力度。这些专项政策文件的出台，将有效引导深圳文化产业加速数字化转型，高起点布局游戏电竞、影视动漫、智能文化装备制造等文化产业新业态前瞻领域，但部分区域的文化产业扶持政策还未能及时根据新发展、新问题进行有效的修订和完善，发展势能有待增强。

（三）科技创新赋能动力不断增强

科技是推动传统文化产业转型升级、锻造现代文化产业体系的重要抓手，是构筑现代文化产业核心竞争力的关键所在。由中国工程院和清华大学联合成立的中国工程科技发展战略研究院发布的《2019中国战略性新兴产业发展报告》，把深圳作为数字产业新业态发展典型案例进行研究，充分肯定了深圳已发展成为驾驭数字技术的创意制造业城市典范。多年来，深圳在"文化+科技"发展战略的指引下，涌现出一批以高新技术为依

---

① 《深圳聚焦高质量发展 努力塑造文化产业新优势》，广东省文化和旅游厅网站，http://wh-ly.gd.gov.cn/gkmlpt/content/4/4027/mpost_4027406.html#2628，最后访问日期：2022年11月1日。

托、以数字内容为主体、以自主知识产权为核心的高成长型文化科技企业，文化科技特色不断增强。在互联网游戏领域，深圳拥有腾讯、创梦天地、雷霆信息、冰川网络等一批龙头科技文化企业。在动漫数字内容服务领域，深圳的华强方特、腾讯动漫、环球数码等一批专注数字内容生产的企业在全国遥遥领先，其中，华强方特原创 IP"熊出没"的系列动画和特种数字电影已发行至俄罗斯、美国、加拿大等 100 多个国家和地区，在迪士尼、索尼、Netflix 等全球知名平台持续热播。在其他数字视听领域，深圳拥有以腾讯音乐、A8 数字音乐为代表的网络音乐生产领军企业，以及以懒人听书、博阅科技为代表的网络音频领军企业。在 MCN 机构、网络红人孵化等领域，深圳的蜂群文化、小象互娱等行业知名企业相继涌现。在影视演艺领域，深圳汇集了中汇影视、深圳大盛国际等头部影视企业，且近年来数字赋能深圳影视产业发展屡传捷报。据悉，深圳市定军山科技有限公司开创了电影播映新模式，并参与了点播影院放映国家技术标准的制定；深圳市环球数码科技有限公司研发的数字影院临境音系统和 GDC 自动化数字影院系统两项技术已广泛应用于数字影院服务器，其服务器安装量位居中国及亚太地区第一、全球第二。深圳科技赋能文化特色发展优势十分突出。

（四）产业集群效应不断凸显

目前，深圳采取集中式的空间发展模式，紧密结合"三旧"改造，形成了一批各具特色的文化产业集聚区，园区业态门类涉及众多领域，包括创意设计、影视传媒、动漫游戏、珠宝首饰、工艺美术、新媒体及文化信息服务、文化软件、文化旅游等，基本涵盖了深圳市重点发展的文化产业门类。截至 2021 年，深圳全市经认定公布的市级以上（含市级）文化产业园区达 71 家，其中国家级文化产业示范园区 1 家，省级文化产业示范园区 7 家，省文化和旅游融合示范区 2 家，另有 1 家园区入选国家级文化产业示范园区创建名录，4 家园区入选省文化产业示范园区创建名录。据统计，71 家深圳市市级文化产业园区入驻企业超过 1.5 万家，就业人数超过 20 万人，合计营业收入超过 2000 亿元，实现税收超过 200 亿元[1]，文化产业园

---

[1] 《深圳拥有市级文化产业园区 71 家，超过 1.5 万家企业》，深科信_科创企业一站式服务平台，http://fs.skx.getmind.cn/news/info-news-7428.html，最后访问日期：2022 年 8 月 3 日。

区已经成为推动深圳市文化领域创新创业的综合载体和重要引擎。同时，2021年深圳市最新认定的15家市级以上（含市级）文化产业园区中，南山区的天健创智中心、珠光文化科技产业服务基地以及宝安区的新桥影视产业基地、大视界国际影视文体产业园、定军山电影科技产业园等新型数字创意产业园区的入选，也集中反映了深圳市"十四五"期间以"数字+"为主的产业新业态已经成为文化产业重点发力的方向，同时也标志着随着5G、人工智能、工业互联网、物联网等新型基础设施建设的推进，深圳文化产业园区正迈入数字化、智能化发展新阶段。与此同时，深圳还与苏格兰首府爱丁堡、美国加州帝国郡和澳大利亚布里斯班等城市成功地互建国际数字创意产业孵化中心，在深化与国际发达城市在数字创意产业领域的交流合作方面取得了良好的成效。

此外，深圳正加速推进华强方特数字动漫影视基地总部、腾讯数字音乐文化产业总部、新桥影视产业基地、福田创意设计总部大厦、西乡数字生态园（腾讯村）、"虚拟"广告产业园等重点项目建设。其中，华强方特数字动漫影视基地总部将建设文化科技展示馆，推动华强方特集团数字创意产业创新发展，构建集文化创意、技术研发、项目拓展、品牌运营等功能于一体的总部基地；腾讯数字音乐文化产业总部建成后将通过整合数字音乐优势资源，吸引一大批产业链上下游生态伙伴企业在周边聚集，有效提升深圳在数字音乐领域的国际影响力；新桥影视产业基地由清平古墟影视小镇、高科技数字化专业电影拍摄棚园区、影视产业配套综合体等三大区域组成，将建成集数字创意、科技体验、文旅休闲于一体的影视产业基地；梧桐视效创意产业园依托中央生态区大望梧桐片区项目建设和宝视达、稻兴集团的深度参与，加大数字技术研发力度，构建顶尖的视效创意内容生态链；宝实创意大楼建成后将依托深圳F518创意园的天使投资平台和文化产业公共服务平台，打造国内外中小文化创意企业总部；紫荆文化集团总部项目已完成土地使用权转让，建成后将充分发挥深港双总部文化央企优势。这些总部基地的重点项目建设，将进一步有效推进深圳数字文化产业集聚化发展，助力深圳文化产业新业态高质量发展。[①]

---

① 资料来源：深圳市文化广电旅游体育局。

二 新技术新媒体下深圳文化产业新业态的空间布局

目前，深圳文化产业已经形成了以外围层为主体、核心层和相关层为新兴增长点的产业结构体系。随着人工智能、5G、大数据等高新技术的持续赋能，深圳文化产业结构不断优化、转型升级态势明显，已经实现了产业业态从低端到高端、形态从单一到多元、发展模式从分散到集聚的跨越式发展，特别是以数字技术为底层运行逻辑的文化产业新业态已成为深圳市经济发展新常态的重要引擎和助推器。同时，深圳市各区也在适度交叉、突出自身优势产业基础上，不断加大对以数字技术为底层运行逻辑的文化产业新业态领域的布局力度，各区已经在文化产业空间布局上形成了颇具鲜明特色的功能区域，数字文化类产业新业态相关领域集聚效应凸显。

深圳下辖9个行政区和2个功能区，分别是福田区、罗湖区、南山区、宝安区、龙岗区、盐田区、龙华区、光明区、坪山区和大鹏新区、深汕特别合作区（缺乏数据支撑，暂未纳入统计分析）。这些区域依托自身产业优势和产业链发展情况，基本形成了协同并进发展新优势，深圳文化产业新业态空间布局已基本呈现（见表8-1、图8-1）。

（一）福田区

作为深圳重要的"创意策源地"，福田区创意设计优势突出，其装饰设计、数字新媒体、动漫影视等文化新业态领域发展迅猛，经济效益凸显。目前，福田区正深入实施文化产业数字化战略，出台了一系列强有力的产业扶持政策和措施，着力构建了以数字融合为主导的数字创意生态圈。2021年，福田区新出台《深圳市福田区支持文化旅游体育产业发展若干政策》（以下简称《政策》），强调要重点夯实福田区在创意设计、影视和动漫、演艺和音乐、新媒体和网络文化、文化软件及游戏、数字出版等优势文化产业领域的发展。《政策》强调"要加速推进福田区在数字创意产业领域的发展，进一步加强对数字文化行业、直播行业、影视动漫演艺行业发展的支持力度，重点扶持奖励MCN机构经营、直播空间建设、头部主播引进、网络视听建设和影视作品播出，全力推动福田区在文化创意、游戏动漫、影视演艺以及MCN等"新兴行业的发展。同时，为加速催生更多的文化产业新兴业态，福田区于2022年6月又紧锣密鼓地出台《深圳市福田区支持战略性新兴产业和未来产业集群发展若干措施》（以下简称《措施》），进一步强调要加快推进福田区在数字文化、直播、影视动漫演艺等行业领域的发展，《措施》中也首次提出福田区将要加强对区块链、元宇宙产业等未来产业的战略布局。可预见，在"十四五"时期及今后更长时期，福田区将全力围绕以"数字+创意"为主的高端产业服务价值链的构建与完善，全方位谋划、布局数字创意设计（装饰设计）、新媒体、数字影视以及直播+、区块链、元宇宙等新兴文化领域，力争将该区打造成为数字文化创新发展新高地。

目前，福田区已集聚了天威视讯、丝路视觉、中手游网络等龙头企业，以及中汇影视、越众影视、亚太传媒、大鱼文化影视、杰尔斯展示、骄阳视觉、拉瓦动漫、乾派文化、腾信百纳等一批骨干企业；拥有中国（深圳）新媒体广告产业园、T8旅游创意（保税）园、T-PARK深港影视创意园、中芬设计园、深圳青苹果直播电商产业园、新荟369直播创意园等数字创意文化产业园区。

（二）罗湖区

珠宝黄金、高端工艺美术、创意设计等一直是罗湖区优势特色文化产业。目前，罗湖区正全力推进工艺美术、黄金珠宝等行业的数字化发展，并重点发展数字内容制作、艺术品拍卖、版权产业等领域。2022年4月，罗湖区出台《深圳市罗湖区支持数字创意及文化产业发展工作措施（征求意见稿）》，强调"要继续夯实罗湖区在数字创意产业、工艺美术产业、黄金珠宝产业、创意设计产业、艺术品拍卖产业、'版权+'产业，共六大板块的传统文化优势"，并全力谋划、积极推动影视动漫、网络视听、电竞游戏以及数字化装备文化消费终端等新兴文化领域的快速发展；鼓励支持融合业态发展和数字化项目开发，鼓励版权登记、保护、交易，加速推进罗湖区文化数字化和数字文化产业发展。

目前，罗湖区已成功培育扶持了点石数码、柏星龙等优秀文化新业态企业；拥有深圳唯一的国家级动漫画产业基地——深圳国家动漫画产业基地，全国知名度最高、规模最大的笋岗工艺美术集聚区，以及全国最大、产业链条最完善的水贝万山珠宝集聚区等重点文化产业园区。该区正全力推进中洲坊创意中心、国际艺术博览交易总部、梧桐视效创意平台等重点项目建设，全方位打造"数字创意产业文化圈"。

（三）南山区

作为深圳文化科技的标杆区，南山区高新技术实力强劲，腾讯、创梦天地、华强方特、华侨城文旅科技、环球数码、A8数字音乐、迅雷、雅图等数字文化龙头企业居多，文化科技品牌效应凸显，已初步形成"一核一带三中心"[①]的文化产业集聚发展空间。目前，经过多年政策引导和精心布局，南山区"文化+科技"向"文化×科技"发展模式转型升级态势明显。同时，南山区也是深圳市各区之中数字文化产业要素最完整的区域，该区已在数字游戏动漫、创意设计、影视演艺和音乐、新媒体和网络文化、文化旅游和高端数字文化装备等重点领域形成了独特的发展优势，"尤其在数字游戏、网络视听等领域的优势格外突出，体量和规模都超过全市一半"，[②]并高起点布局了电子竞技、数字音乐、IP产业以及文体与科技融合发展等新兴文化产业领域，有效推动文化产业迈入数字化高质量发展的新阶段。2020年12月，南山区为重点支持电子竞技产业的快速发展，在全市率先发布了《深圳市南山区关于支持电竞产业发展的实施意见》《深圳市南山区关于支持电竞产业发展的若干措施》；2022年9月，南山区出台电竞产业专项扶持政策——《南山区促进电竞产业发展专项扶持措施（征求意见稿）》（以下简称《措施》），重点对电竞游戏研发、电竞俱乐部、电竞赛事、电竞场馆等领域给予政策引导和资金扶持。其中，《措施》对职业电竞赛事给予最高可达1000万元的资金扶持，资助力度之大，前所未有。可见，南山区依托"科技强区"的优势，高度重视新兴文化产业业态，特别是电竞产业等新兴文化产业领域。同时，近年来，南山数字音乐产业发展较为迅猛，随着国家音乐产业基地A8音乐大厦落户南山，2022年腾讯数字音乐文化产业总部大楼也正式落户深圳南山

[①] "一核"，即科技园文化产业核心区，重点支持科技园片区的文化科技产业发展，包括动漫影视、文化软件及游戏、新媒体和网络文化等。"一带"，即深圳湾文化创意带，重点支持深圳湾超级总部基地、后海、深圳湾口岸、东角头、海上世界、太子湾、赤湾、前海等海岸带文化产业发展，包括文化企业总部、文化旅游、演艺展览、国际艺术品交易等。"三中心"：华侨城文化创意中心，重点支持华侨城创意园、雅昌艺术中心等片区的创意设计和艺术产业；南头创意产业中心，重点支持南头古城、南山数字文化产业基地、马家龙片区的创意设计和数字文化产业；留仙洞文化科技中心，重点支持留仙洞片区的高端文化装备产业。

[②] 《"文化×科技"裂变三大新业态，探秘南山文化产业再升级》，腾讯网，https://new.qq.com/rain/a/20230112A08X4W00，最后访问日期：2023年1月13日。

区。随着腾讯数字音乐基地的建立，南山区数字音乐产业的集聚效应将进一步凸显、数字音乐产业生态圈将进一步完善，南山数字音乐产值规模也将迎来指数级爆发式增长，成为引领深圳数字音乐产业发展的标杆区。

据悉，目前南山区正紧锣密鼓地研究制定《2022年南山区促进文化旅游体育产业发展专项扶持措施（征求意见稿）》（以下简称《措施》），明确要求南山区在以往重点打造的文化产业领域基础上，进一步加强对IP引进、运营等新兴文化产业领域的扶持力度。同时，《措施》强调要"加速推进文化、体育与科技的融合发展"，"对获得国家文化科技融合示范基地（集聚类）认定的单位一次性奖300万元"，给予资金配套支持。可见，在数字经济新发展格局下，IP产业、文体科技的融合发展新业态也正成为南山区文化产业创新发展重点领域。随着南山区在诸多数字文化新兴业态领域进行的高起点布局与谋划，不难窥见，南山区正在文化科技融合的文化产业新业态领域全面发力，并积极构建创意引领、技术先进、链条完整、融合发展的数字创意产业核心集聚区和引领区。

目前，南山区拥有OCT-LOFT华侨城创意文化园、深圳动漫园、深圳（南山）互联网产业园、蛇口网谷、南海意库等文化创意产业园区。截至目前，科技部和中宣部共认定四批国家文化和科技融合示范基地。深圳共有深圳国家级文化和科技融合示范基地、深圳南山国家文化和科技融合示范基地、华强方特文化科技集团股份有限公司国家文化和科技融合示范基地、雅昌文化（集团）有限公司国家文化和科技融合示范基地（已公示）4家国家级文化科技融合示范基地获得认定，全部位于南山区。2022年，深圳南山国家文化和科技融合示范基地获国家级殊荣，《科技部办公厅 中央宣传部办公厅关于国家文化和科技融合示范基地绩效评价结果的通知》发布，深圳南山国家文化和科技融合示范基地获评优秀，为本次39家集聚类基地中获评优秀的4家基地之一，也是深圳唯一一家。

（四）宝安区

作为深圳文化制造业强区，随着前海扩容，以及腾讯科技岛、海洋新城、深中通道建设加速，宝安区文化"智造"产业正迎来更大的发展空间。近年来，宝安区在高端印刷、电视音响设备、影视录放设备、照相机及器材制造等领域的"智化"升级态势明显，VR摄影机、艺术数位屏、骨传感耳机等文化"智造"领域亮点频出。目前，宝安区在文化设备制造（数字游艺设备制造、数字媒体设备制造、智能服务终端制造等）以及高端印刷等领域的"智造"转型升级效果明显，优势突出，细分行业"新龙头"层出不穷，涌现出腾讯文化传媒、神牛摄影、三诺数字科技、易尚展示、维海德、韶音科技、影石创新等特色明星企业，创维-RGB、三诺电子、先歌国际等一批老牌龙头企业也正全力加速数字化、智慧化转型。与此同时，为加快推进数字文化产业新业态布局，优化文化产业发展结构，宝安区新修订出台《宝安区关于促进文化产业发展的实施办法》《宝安区关于促进影视产业发展的若干措施》等系列产业政策，强调要"重点推进数字影视、高端印刷、高端文化设备、新媒体和文化信息服务、文化遗产开发、文化软件等文化领域发展"，"加大直播、游戏电竞等新兴文化产业探索力度"，"加速推进宝安区在高端印刷与工艺美术数字化转型和数字影视集聚区建设"，逐步夯实数字文化创意产业"一轴一廊两中心"[①]发展新格局。该区正力争打造成为影视内容创作中心和数字创意装备制造中心。

目前，宝安拥有新桥影视产业基地、松岗琥珀文化产业园、大视界国际影视文体产业园、定军山电影科技产业园等深圳市市级产业园区，以及新近涌现的以"5G+科技+直播"全新产业生态为主的智美·汇志等新型园区。据悉，宝安新桥影视产业基地2号摄影棚、中国（宝安）黄金珠宝文创中心等重大项目建设也在加速推进中。

（五）龙岗区

作为工业大区，龙岗区文化制造业发达，其在数字装备、创意设计、珠宝制造、高端印刷等领域优势突出。目前，龙岗区正全力打造"龙岗数字创意走廊"，加速推进数字硬件、数字内容、数字服务等全产业要素聚集和新兴文化业态的"落地开花"。据悉，"龙岗数字创意走廊"全长46千米，其依托城市干道，串联天安云谷、万科星火ONLINE、天安数码城

[①] "一轴"：以107国道为发展主轴，打造广深港澳文化科技创新走廊，重点发展数字创意设备智能制造业态。"一廊"：以滨海沿线为纵向发展廊道，打造滨海科技文化走廊，重点推动数字文旅、游戏电竞、直播、短视频等业态发展，打造文化产业与旅游产业融合发展示范区。"两中心"：以宝安中心区、会展海洋城为核心，打造两大数字创意产业中心，重点推动数字创意总部基地建设，创新发展文化会展、数字展览展示、云演艺、网络视听、XR内容创作、数字博物馆等数字创意业态。

等29家文化科技类园区和155家规模以上文化企业，产业带动作用显著，并在行业布局上初步形成工艺美术产业集群、文化装备产业集群、创意设计产业集群、影视动漫产业集群、数字印刷产业集群和演艺娱乐产业集群，共六大产业集群。同时，为加速推动文化产业转型升级，龙岗区于2020年再次对原有文化产业扶持政策进行了大规模修订，相继推出了"1+3"文化产业新政①。其中，《深圳市龙岗区经济与科技发展专项资金支持文化创意产业发展实施细则》创新性地提出了"数字创意产业专用扶持条款"、"影视产业30条"、"影视后期制作7条"和"电竞产业9条"等"量身定制"扶持政策，并对影视动漫、游戏电竞、网络视听、数字设计以及其他类型等文化产业新业态领域给予重点扶持。2022年3月，龙岗区又新出台《深圳市龙岗区文化广电旅游体育财政专项资金支持龙岗数字创意产业走廊发展实施细则》，进一步强调要重点推进影视动漫、游戏电竞、网络视听、数字设计和数字硬件五大新兴文化领域的快速发展，并从产业布局、投资推广、品牌建设等角度提出具体扶持政策和发展思路，全面助推龙岗文化产业实现新发展、新突破。

目前，龙岗已成功培育扶持了华为终端、华侨城文化、兆驰股份、洛克特视效、大地动画等龙头文化企业，拥有华为基地、中丝园、天安云谷数字创意产业园、DCC展览展示文化创意园、2013文化创客园以及深港国际中心等多个文化产业园区。2020年12月，龙岗数字创意产业走廊成为广东省文化产业高质量发展重点项目和广东省唯一入选文化和旅游部第二批国家级文化产业示范园区创建名单的项目，该区数字创意产业集聚效应逐步凸显。

（六）盐田区

作为深圳山海资源丰富的区域，盐田区"旅游+"融合产业发展态势迅猛，周大福、百泰、粤豪等黄金珠宝龙头企业均在此集聚。目前，盐田区围绕"文旅融合 产业兴盐"立根基，重点推进文旅融合、数字创意产业以及黄金珠宝、工艺美术品加工制造的数字化、智慧化转型升级。2019年，盐田区出台《盐田区全域旅游产业发展扶持办法》，强调要大

---

① "1"指修订后的《深圳市龙岗区经济与科技发展资金支持文化产业发展实施细则》，"3"指3个修订后的配套文件，即《龙岗区文化产业集聚空间认定与管理办法》《龙岗区重点文化企业认定与管理办法》《龙岗区文化产业公共服务平台认定与管理办法》。

力扶持"旅游+"融合产业,鼓励发展"旅游+文体业态""旅游+影视动漫""旅游+文体空间"等新型文旅空间建设,并积极推进创意设计、影视动漫、演艺音乐、文化软件及游戏、艺术服务、体育服务等领域的快速发展。同时,为积极融入"20+8"战略性新兴产业集群体系构建,全面提升数字创意产业综合竞争力,盐田区于2022年8月率先在全市出台了《盐田区培育发展现代时尚、数字创意产业集群行动计划(2022—2025年)》,勾勒出新愿景,到2025年,盐田区现代时尚、数字创意产业规模超千亿元,明确要继续夯实盐田区黄金珠宝时尚制造和文旅融合发展优势,全力构建以黄金珠宝、数字文旅为主体,时尚产业、内容制作为新增长点的现代时尚、数字创意产业体系,形成适应新技术新业态新消费发展、产业链上下游和跨行业融合的数字化生产、流通、消费生态体系,努力建成全球知名、湾区一流的现代时尚、数字创意产业高地。

目前,盐田区拥有深圳市市级园区——盐田国际创意港以及国家音乐产业基地、梅沙原创音乐前沿基地和国家珠宝文化创意产业基地等。其中,国家珠宝文化创意产业基地于2022年6月被认定为盐田区"现代时尚与数字创意投资服务重点园区"。

(七)龙华区

创意设计、高端工艺美术、高端文化装备、文化休闲旅游等行业一直是龙华区重点发展的文化产业领域。目前,围绕"构建数字文化产业创新高地"的发展目标,龙华区正加速布局数字文化旅游、数字装备生产和数字内容服务等数字文化产业领域。2021年12月,龙华区出台深圳首个数字文化产业专项扶持政策——《深圳市龙华区促进数字文化产业发展的若干措施》(以下简称《措施》),强调要围绕"文化产业数字化"和"数字文化产业化",重点推动龙华区在影视动漫、数字出版、实体书店、文化资源数字化、数字文化软件、数字文化装备以及短视频、直播等数字文化领域的发展。同时,《措施》要求龙华区进一步"加强对短视频、直播行业发展的扶持力度","支持打造数字文化技术线下体验馆",并对"通过AR、VR、CG(三维影像)、MR(混合现实)等数字技术,打造具有龙华元素的线下体验馆,且其衍生内容实现产业化"给予重点资助。下一步,龙华区将继续围绕"数字龙华、都市核心"发展战略,不断聚集数字文化"新资源",培育文化新业态、新动能,加快推进该区数字文化产业高质量发展。

目前，龙华区已成功培育扶持了华阳国际工程设计、大漠大智控、启迪数字科技、小海洋视觉科技、星火互娱数字科技、萌想文化等优秀文化企业，拥有观澜版画原创产业基地、永丰源瓷文化创意产业园、1980油松漫城产业园、INPARK文化创意园、上围文化艺术产业园、智慧谷创新园、热点艺术文化创意产业园等重点文化创意园区。

（八）光明区

近年来，光明区主要凭借新区产业及新城科技发展优势，以数字科技注入类文化创意产业发展为核心，积极打造了"文化+科技""文化+时尚""文化+旅游"等"文化+"产业发展新模式、新业态，重点推动了文化设备制造，钟表、服饰设计与模具设计等领域的智慧化发展。2021年，光明区出台《深圳市光明区关于支持文化及旅游产业发展的若干措施》，强调要"推动文化产业集聚发展、支持市场拓展，重点发展特色旅游产业，积极推进媒体融合基地建设"。目前，随着光明小镇生态农业旅游区、时间谷工业旅游区、西柚小镇文化创意街区等相继落成并投入使用，光明区文旅产业融合格局初显、特色鲜明。同时，依托科学城丰富的科技资源和中国国际新媒体短片节等平台，光明区在新媒体网络视听产业的发展优势已逐步显现，产业影响力和辐射力显著增强。据悉，光明区正携手深圳广电集团打造新媒体视听产业基地，而该区唯一一家市级文化产业园区——雪仙丽文化创意产业园也已经打造成为新媒体重要的集聚区，初步在光明新区形成了巨大的产业集聚效应，产业带动作用显著。

目前，光明区培育、扶持了毅丰显示科技、美盈森、佳创视讯、深德彩科技（深圳）等一批蕴含科技、文化元素的特色文化企业，拥有雪仙丽文化创意产业园、华强科技生态园、光明时间谷等文化产业园区。

（九）坪山区

目前，坪山区主要发展创意设计、数字影视产业、数字文化展览展示以及数字文化装备等文化新兴领域。2020年6月，坪山区出台《深圳市坪山区加快文化产业创新发展的若干措施（征求意见稿）》（以下简称《措施》），鼓励坪山区积极发展"文化+"新型业态，重点支持创意与设计、影视和演艺、动漫游戏、数字文化产业（网络视听、电竞）以及文化旅游等领域的发展。据悉，坪山区目前正致力于打造成为深圳乃至全国影视文化产业的新标杆，正酝酿出台《深圳市坪山区关于促进影视文化产业发展实施办法》等实施细则，进一步支持和鼓励影视文化产业在坪山实现高质量发展。在已出台的《措施》中，坪山区对高标准影视摄制基地建设以及电影、电视剧、精品演艺剧目在坪山区取景、摄制和后期制作都给予了强有力的资金扶持。未来，坪山将依托国际影视城和粤港澳发展新优势，形成以影视文化产业为核心，集影视、娱乐、旅游于一体的大型影视产业集群，并通过积极培育动漫影视、数字创意设计等新兴文化业态，全面提升该区的文化产业竞争力。

目前，坪山区成功扶持培育了齐心集团、漫拼纸艺、玛贝尔动漫等代表性文化企业，拥有坪山雕塑艺术创意园、坪山国际影视文化城等文化产业园区。

（十）大鹏新区

作为深圳市的"旅游大区"，近年来大鹏新区以山海资源为依托，在婚庆婚博文化产业、影视产业、智慧文化旅游产业以及文化终端制造等领域已初步形成自身特有的文化产业新优势，特别是以婚纱照摄制、旅拍为主的婚庆特色文化产业体系初成，已颇具规模。目前，大鹏新区拥有以旅拍、婚庆为主题的"玫瑰小镇"国际婚博园、"玫瑰海岸"文化旅游度假区以及旅游网红打卡地汉辰婚庆、土洋等众多拍摄基地，产业集聚效益显著，婚庆文化产业链较为完善。数据显示，大鹏半岛海岸沿线分布了超过40家婚纱摄影基地，主题影楼超过1200家，每年吸引超过30万对新人前来拍摄，在全国率先创下了拍摄量和拍摄基地体量"双第一"的婚庆界纪录。[①] 同时，依托丰富的生态资源和独特的山海风貌，大鹏新区影视产业、文化旅游产业发展前景广阔、发展势头强劲。《美人鱼1》《美人鱼2》《辛亥革命》《羞羞的铁拳》等热门影视剧均在大鹏新区取景拍摄，初步形成了以葵涌中南片区为主的影视集聚区。而随着佳兆业国际乐园开园、深圳乐高乐园的开工建设，大鹏新区文化旅游产业结构持续得到优化，旅游经济效益显著提升，文旅融合新业态正迎来更

---

① 张宇婷、杨柳：《关注"甜蜜"产业，大鹏首个人大代表产业园区联系点揭牌》，百度，https：//baijiahao.baidu.com/s?id=1748489199722553990&wfr=spider&for=pc，最后访问日期：2022年12月13日。

大的发展空间。

目前，大鹏新区已成功扶持培育了绘游科技、福来宝电子等优秀文化企业；拥有以创意设计、国际艺术交流等复合功能为特色的市级园区满京华·艺象 iD TOWN 国际艺术区，深圳首个婚庆主题的文化产业园区——玫瑰小镇国际婚博园等文化产业园区。

表8-1 深圳市各区文化产业新业态重点领域与重点企业、园区

地区	特色	重点企业或园区（基地）
福田区	重点推动创意设计、影视和动漫、演艺和音乐、新媒体和网络文化、文化软件及游戏、数字出版等文化领域；全面谋划数字创意设计（装饰设计）、数字新媒体、数字影视以及直播+、元宇宙等新兴文化领域	天威视讯、丝路视觉、中手游网络、中汇影视、越众影视、亚太传媒、杰尔斯展示、拉瓦动漫、乾派文化、腾信百纳等企业；拥有中国（深圳）新媒体广告产业园、T-PARK 深港影视创意园、中芬设计园以及深圳青苹果直播电商产业园、新荟369直播创意园等园区
罗湖区	重点推动数字创意产业、工艺美术产业、黄金珠宝产业、创意设计产业、艺术品拍卖产业、"版权+"六大领域发展；全力谋划、推动影视动漫、网络视听、电竞游戏以及数字化装备文化消费终端等领域发展	点石数码、柏星龙等企业；深圳国家动漫画产业基地、水贝万山珠宝产业园等重点园区，正推进中洲坊创意中心、国际艺术博览交易总部、梧桐视效创意平台等重点项目建设
南山区	重点推动数字游戏动漫、创意设计、影视演艺和音乐、新媒体和网络文化、文化旅游和高端数字文化装备等领域发展；高起点布局电子竞技、数字音乐、IP产业以及文体与科技融合发展等新兴文化业态领域	腾讯、创梦天地、华强方特、华侨城文旅科技、环球数码、A8数字音乐、迅雷、雅图等龙头企业；拥有OCT-LOFT 华侨城创意文化园、深圳动漫园、深圳（南山）互联网产业园、蛇口网谷、南海意库等园区
宝安区	重点推动数字影视、高端印刷、高端文化设备、新媒体和文化信息服务、文化遗产开发、文化软件等文化领域发展；加快推进高端数字文化装备制造（数字游艺设备制造、数字媒体设备制造、智能服务终端制造等）以及高端印刷"智造"转型；推进直播、游戏电竞等新兴文化产业领域发展	腾讯文化传媒、神牛摄影、三诺数字科技、韶音科技、影石创新、易尚展示、维海德等龙头企业；拥有新桥影视产业基地、松岗琥珀文化产业园、大视界国际影视文体产业园、定军山电影科技产业园以及智美·汇志文化产业园区（"5G+科技+直播"产业园）等园区

130

第八章 新技术新媒体下深圳文化产业新业态发展基础

续表

地区	特色	重点企业或园区（基地）
龙岗区	重点推进"龙岗数字创意走廊"建设；大力发展影视动漫、游戏电竞、网络视听、数字设计和数字硬件五大新业态；通过数字赋能赋智，推进高端印刷、珠宝制造等原有优势文化产业数字化、智慧化转型升级	华为终端、华侨城文化、兆驰股份、洛克特视效、大地动画等龙头企业；拥有华为基地、中丝园、天安云谷数字创意产业园、DCC展览展示文化创意园、2013文创园以及深港国际合作中心等多个文化产业园区
盐田区	重点推动"旅游+"融合产业发展，鼓励"旅游+文体业态""旅游+影视动漫""旅游+文体空间"等新业态新模式发展；积极推进创意设计、影视动漫、演艺音乐、文化软件及游戏、艺术服务、体育服务等领域发展；继续夯实、巩固黄金珠宝时尚"智造"和文旅产业融合发展优势	周大福、百泰、粤豪等龙头企业；拥有盐田国际创意港、国家音乐产业基地、梅沙原创音乐前沿基地和国家珠宝文化创意产业基地等基地
龙华区	重点推动影视动漫、数字出版、实体书店、文化资源数字化、数字文化软件、数字文化装备以及短视频、直播等数字文化领域发展	华阳国际工程设计、大漠大智控、启迪数字科技、小海洋视觉科技、星火互娱数字科技、萌想文化等优秀文化企业；拥有观澜版画原创产业基地、永丰源瓷文化创意产业园、1980油松漫城产业园、INPARK文化创意园、上围文化艺术产业园、智慧谷创新园、热点艺术文化创意产业园等重点文化创意园区
光明区	重点推动文化设备制造，钟表、服饰设计与模具设计数字化转型升级；加速推进"文化+科技""文化+时尚""文化+旅游"等"文化+"新业态发展；加快发展网络视听产业，积极推进文化旅游融合等特色旅游产业发展	毅丰显示科技、美盈森、佳创视讯、深德彩科技（深圳）等企业；拥有雪仙丽文化创意产业园、华强科技生态园、光明时间谷等文化产业园区
坪山区	重点推动创意设计、数字影视产业、数字文化展览展示以及数字文化装备等领域发展；积极构建"文化+"新型业态，支持动漫游戏产业、数字文化产业（网络视听、电竞）以及文游融合产业发展	齐心集团、漫拼纸艺、玛贝尔动漫等代表性文化企业；拥有坪山雕塑艺术创意园、坪山国际影视文化城等文化产业园区
大鹏新区	重点推动婚庆婚博文化产业、影视产业、文化终端制造以及智慧文化旅游产业等发展	绘游科技、福来宝电子等优秀文化企业；拥有满京华·艺象iD TOWN国际艺术区、玫瑰小镇国际婚博园等文化产业园区

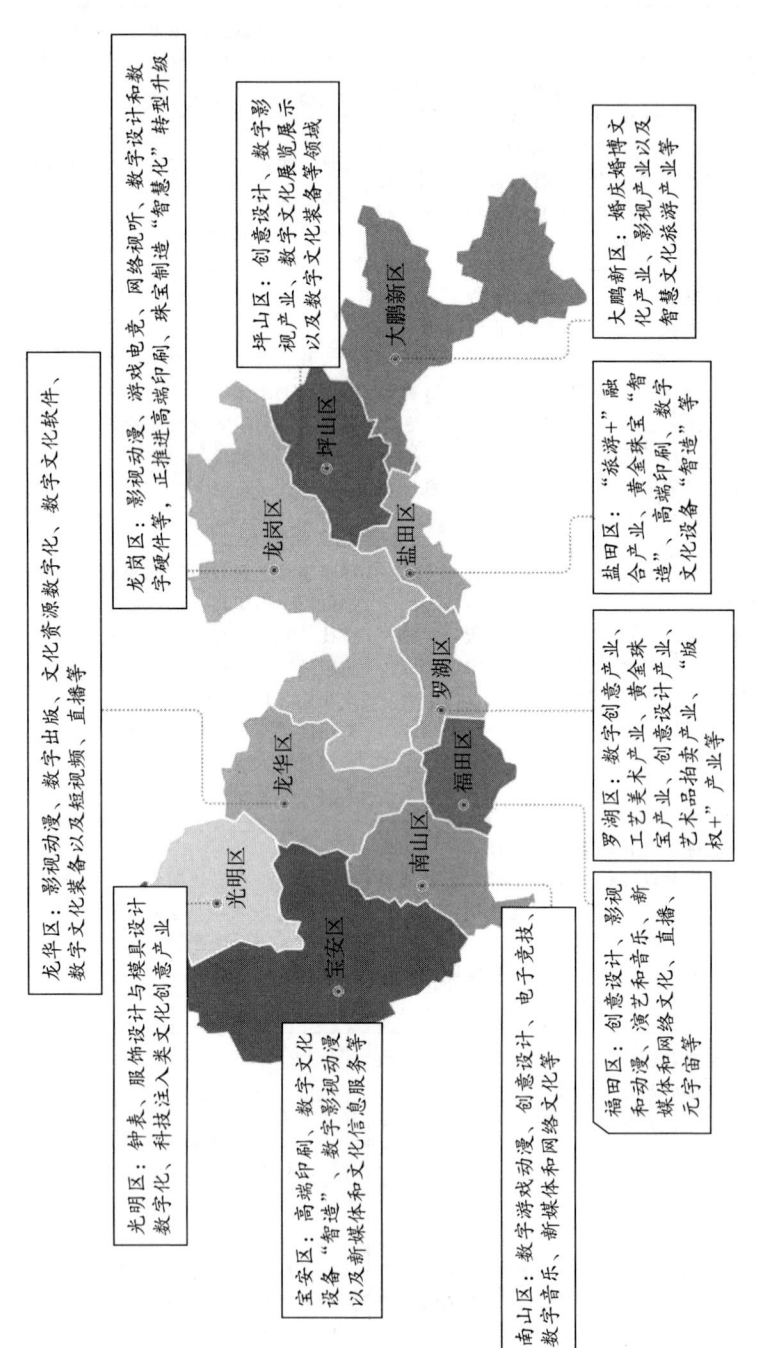

图 8-1 深圳各区文化产业新业态重点优势产业

三 新技术新媒体下深圳文化产业新业态的行业分析

经过多年培育，深圳已经形成了门类齐全的文化新业态产业体系。目前，深圳游戏、动漫、网络视听、新媒体、创意设计、数字化装备制造等细分行业产业链基础较好，在全国范围内具备一定的竞争优势。由于缺少深圳市文化产业新业态行业普查数据，本节将深圳市文化广电旅游体育局于2012~2019年连续8年评出的79家颇具代表示范效应的优秀新兴业态文化创意企业作为研究对象展开分析（见表8-2），并通过走访调研、企业座谈等形式，对深圳市文化新业态类型及相关行业做初步研判。

深圳市文化广电旅游体育局每年评选10家新业态文化创意企业，主要考量其成长性、创新性与示范性三个维度指标。成长性是指企业近三年经济效益，包括主营收入、产品销售额、主营业务利润、纳税额等各项经济指标及其增长情况；创新性是指主导产品或服务的文化创意水平，及其生产技术或营销手段的创新程度，拥有原创知识产权的产品或服务的数量及影响力等情况；示范性是指企业经营模式及主导产品对产业结构调整、转型升级和发展应用的推广价值，行业知名度以及影响力等。此外，深圳评选的优秀新兴业态文化创意企业原则上均要求注册资金不低于1000万元，上年度主营业务收入不低于1000万元，年纳税额不低于100万元，近三年主营业务收入年均增速不低于25%。

表8-2 2012~2019年深圳市优秀新兴业态文化创意企业

企业名称	业态类型	区属	评选年份
深圳亚太传媒股份有限公司	"文化+创意"	福田区	2012
深圳市风火创意管理股份有限公司	"文化+创意"	南山区	2012
深圳市柏星龙创意包装股份有限公司	"文化+创意"	罗湖区	2013
筑博设计股份有限公司	"文化+创意"	福田区	2013
深圳市中孚泰文化建筑建设股份有限公司	"文化+创意"	福田区	2013
深圳市研成创意设计有限公司	"文化+创意"	福田区	2013
深圳丝路数字视觉股份有限公司	"文化+创意"	福田区	2014
深圳报业集团地铁传媒有限公司	"文化+创意"	福田区	2014
深圳奥雅景观与建筑规划设计有限公司	"文化+创意"	南山区	2014

续表

企业名称	业态类型	区属	评选年份
深圳水晶石数字科技有限公司	"文化+创意"	南山区	2014
深圳宜和股份有限公司	"文化+创意"	龙华区	2015
深圳市华阳国际工程设计有限公司	"文化+创意"	福田区	2015
深圳东方逸尚服饰有限公司	"文化+创意"	南山区	2015
深圳顶峰时代影业有限公司	"文化+创意"	福田区	2015
深圳市汉唐韵文化投资发展股份有限公司	"文化+创意"	南山区	2016
深圳市杰尔斯展示股份有限公司	"文化+创意"	福田区	2016
深圳市杰恩创意设计股份有限公司	"文化+创意"	南山区	2016
深圳市大盘珠宝首饰有限责任公司	"文化+创意"	罗湖区	2017
深圳市欢乐动漫股份有限公司	"文化+创意"	罗湖区	2017
深圳奥雅设计股份有限公司	"文化+创意"	南山区	2018
深圳市新城市规划建筑设计股份有限公司	"文化+创意"	龙岗区	2018
深圳市萌蛋互动网络有限公司	"文化+创意"	南山区	2018
深圳市中汇影视文化传播股份有限公司	"文化+创意"	福田区	2018
深圳市小橙堡文化传播有限公司	"文化+创意"	南山区	2018
深圳市吉之礼文化股份有限公司	"文化+创意"	南山区	2019
深圳市戴瑞珠宝有限公司	"文化+创意"	南山区	2019
深圳市天华建筑设计有限公司	"文化+创意"	南山区	2019
深圳华强文化科技集团股份有限公司	"文化+科技"	南山区	2012
深圳雅昌彩色印刷有限公司	"文化+科技"	南山区	2012
深圳市易尚展示股份有限公司	"文化+科技"	福田区	2012
深圳冰川网络技术有限公司	"文化+科技"	南山区	2012
深圳雅图数字视频技术有限公司	"文化+科技"	南山区	2012
深圳市亿思达显示科技有限公司	"文化+科技"	南山区	2012
深圳市华动飞天网络技术开发有限公司	"文化+科技"	南山区	2012
深圳市迅雷网络技术有限公司	"文化+科技"	南山区	2013
深圳第七大道科技有限公司	"文化+科技"	南山区	2013
深圳市宜搜科技发展有限公司	"文化+科技"	福田区	2013
深圳市创梦天地科技有限公司	"文化+科技"	南山区	2014
深圳市利亚德光电有限公司	"文化+科技"	龙华区	2014
深圳市梦网科技股份有限公司	"文化+科技"	南山区	2014

第八章 新技术新媒体下深圳文化产业新业态发展基础

续表

企业名称	业态类型	区属	评选年份
深圳市金环天朗信息技术服务有限公司	"文化+科技"	福田区	2014
深圳市中青宝互动网络股份有限公司	"文化+科技"	南山区	2014
深圳市裕同包装科技股份有限公司	"文化+科技"	宝安区	2015
深圳市保千里电子有限公司	"文化+科技"	龙华区	2015
深圳市华宇讯科技有限公司	"文化+科技"	南山区	2015
深圳墨麟科技股份有限公司	"文化+科技"	南山区	2015
深圳市掌世界网络科技有限公司	"文化+科技"	罗湖区	2015
深圳市酷乐无限科技有限公司	"文化+科技"	南山区	2015
深圳市岚悦网络科技有限公司	"文化+科技"	福田区	2016
深圳市为爱普信息技术有限公司	"文化+科技"	南山区	2016
深圳市亿道数码技术有限公司	"文化+科技"	宝安区	2016
深圳市天朗时代科技有限公司	"文化+科技"	南山区	2016
南方银谷科技有限公司	"文化+科技"	南山区	2016
深圳市值尚互动科技有限公司	"文化+科技"	龙华区	2016
深圳市辣妈帮科技有限公司	"文化+科技"	南山区	2016
深圳市聚橙网络技术有限公司	"文化+科技"	南山区	2017
深圳市佳创视讯技术股份有限公司	"文化+科技"	光明区	2017
深圳市阿斯卡德信息技术有限公司	"文化+科技"	龙华区	2017
深圳市拇指游玩科技有限公司	"文化+科技"	南山区	2017
深圳市正易龙科技有限公司	"文化+科技"	南山区	2017
深圳泡椒思志信息技术有限公司	"文化+科技"	南山区	2017
深圳市力玛网络科技有限公司	"文化+科技"	南山区	2017
深圳市亿科思奇广告有限公司	"文化+科技"	南山区	2017
深圳市光峰光电技术有限公司	"文化+科技"	南山区	2018
深圳量子云科技有限公司	"文化+科技"	南山区	2018
深圳市豆悦网络科技有限公司	"文化+科技"	福田区	2018
深圳市懒人在线科技有限公司	"文化+科技"	南山区	2018
深圳尚米网络技术有限公司	"文化+科技"	宝安区	2018
深圳市兆驰股份有限公司	"文化+科技"	龙岗区	2019
深圳市创客工场科技有限公司	"文化+科技"	南山区	2019
深圳岚锋创视网络科技有限公司	"文化+科技"	宝安区	2019
深圳东部华侨城有限公司	"文化+旅游"	盐田区	2012

续表

企业名称	业态类型	区属	评选年份
深圳华侨城文化旅游科技有限公司	"文化+旅游"	南山区	2013
深圳市普乐方文化科技有限公司	"文化+旅游"	南山区	2014
深圳华侨城文化旅游科技股份有限公司	"文化+旅游"	南山区	2019
深圳市火元素网络技术有限公司	"文化+休闲"	南山区	2019
深圳市迷你玩科技有限公司	"文化+休闲"	南山区	2019
深圳市天华世纪传媒有限公司	其他（文化内容服务）	福田区	2014
深圳市灵狮文化产业投资有限公司	其他（文化园区运营）	福田区	2014

数据分析可知，目前深圳市10个区文化新业态发展水平大致分成三个梯队。

第一梯队以深圳市南山区和福田区为首，其优秀新业态文化创意企业数量占比最高。两个区优秀新业态文化企业数量占比高达78.48%，占深圳整个区域的大半壁江山。其中，南山区新业态文化创意企业数量占比达58.23%，福田区新业态文化企业数量占比达20.25%。同时，数据显示，两个区在文化产业新业态发展类型方面发展较为全面，不仅涵盖"文化+科技""文化+创意"两个类型领域，也涉及"文化+旅游（含休闲）"和文化内容、文化园区等其他新业态类型。

第二梯队以罗湖区、宝安区、龙岗区、龙华区四个区为主。数据显示，这四个区的文化新业态企业数量占比达20.25%。其中，罗湖区目前在"文化+创意"新业态领域优势较为稳定，该区被评选出的4家文化企业中有3家以"文化+创意"新业态为主。宝安区、龙华区则在"文化+科技"领域后发优势突出，宝安区评选的4家企业全部聚焦于"文化+科技"文化新业态领域。龙华区评选的5家企业中有4家聚焦"文化+科技"文化新业态领域。

第三梯队则以盐田区、坪山区、光明区以及大鹏新区4个东部地区为主，特别是坪山区和大鹏新区，两个区文化新业态企业数量还有待突破，文化新业态的类型和质量也还存在较大的提升空间。

综合以上数据分析可以清晰发现，高科技与创新创意赋能的文化产业新业态成为深圳文化产业新业态的主导类型，这与深圳城市经济发展、文化发展战略定位相吻合。经评审入选的79家优秀新业态文化创意企业中，

第八章　新技术新媒体下深圳文化产业新业态发展基础

"文化+科技"新业态文化企业共44家，占入选企业总数的55.70%，上榜企业数量位居第一，且"文化+科技"类型入选企业数量逐年增加趋势较为明显。其中，深圳华强文化科技集团股份有限公司、深圳市易尚展示股份有限公司、深圳冰川网络技术有限公司、深圳市创梦天地科技有限公司、深圳市迅雷网络技术有限公司、深圳市中青宝互动网络股份有限公司、深圳市聚橙网络技术有限公司、深圳量子云科技有限公司以及深圳市懒人在线科技有限公司等企业纷纷入选。企业主营业务涉及新媒体和网络文化、文化软件、动漫游戏、数字出版等深圳市重点发展行业门类，且企业无论是在经营模式创新、商业模式创新，还是在技术应用创新等方面都充分体现了数字与文化深度融合发展的最新趋势。例如，代表移动互联网与文化传播的创新型科技文化公司——懒人在线科技，其专注于有声阅读行业，目前已经成长为中国新兴数字文化经济领域的行业代表，并成功入选全国网络视听产业试点机构。创梦天地则致力于打造国内领先的数字娱乐平台，其通过与腾讯共同创立"腾讯视频好时光"，构建了一个集观影、游戏吧、网红直播间、电竞赛事、餐饮、IP等于一体的新型沉浸式数字文化消费新业态，成功入选深圳市优秀新业态文化创意企业。而2018年入选的深圳量子云科技，则侧重于新媒体内容生产这一细分领域，其成功孵化了"卡妞范儿""有品生活""亲子微时光"等百万用户级垂直类账号，旗下大众号总粉丝量高达2.5亿；同时，量子云科技这一优秀新业态文化创意企业的增长速度十分惊人，企业成立短短几年已经迅速成长为德勤"2018中国高科技高生长50强"企业，充分彰显了新型文化业态相较于传统文化业态高速发展的强劲势头和高质量发展的新特征。

经评审入选的79家优秀新业态文化创意企业中，"文化+创意"类型的文化新业态企业共27家，占入选企业总数的34.18%，上榜企业数量位居第二。其中，深圳市华阳国际工程设计有限公司、深圳市杰尔斯展示股份有限公司、深圳奥雅设计股份有限公司、深圳东方逸尚服饰有限公司、深圳市杰恩创意设计股份有限公司等纷纷上榜，企业主营业务涉及景观设计、建筑规划设计、服饰设计、展览展示等相关领域，均彰显了深圳创意设计最前沿新趋势和创新创意设计最新锐的力量，契合深圳"设计之都"城市定位。以奥雅设计为例。其作为我国景观设计行业的重点代表企业，目前正全力拓展创意设计与元宇宙、虚拟技术、数字艺术等领域的融合创新发展，其旗下打造的中国首个工业遗址数字艺术馆、元宇宙体验空间——THE SILØS大筒仓备受瞩目。深圳丝路视觉、易尚展示等企业也纷纷利用数字技术创新展览展示形式，不断拓展行业发展领域，已在全国产生了较大影响。这些都充分彰显了深圳设计已经全面启动以数字科技生态技术为支持的新战略。与此同时，数字赋能下的景观设计、建筑规划设计、服饰设计以及数字化展览展示正成为推动深圳设计高质量发展的新动能、新引擎。

此外，在深圳市优秀新业态文化创意企业中，深圳市"文化+旅游"新业态企业有4家，占企业总数的5.06%；入选企业主要是深圳东部华侨城有限公司、深圳华侨城文化旅游科技有限公司等以科技推动文旅融合的领军企业。深圳市"文化+休闲"新业态企业有2家，入选企业主要是从事研发、运营休闲益智沙盒类游戏企业；其他类型企业有2家，主要涉及文化内容、文化园区运营等模式创新，数量较少，仅占总数的2.53%（见图8-2）。

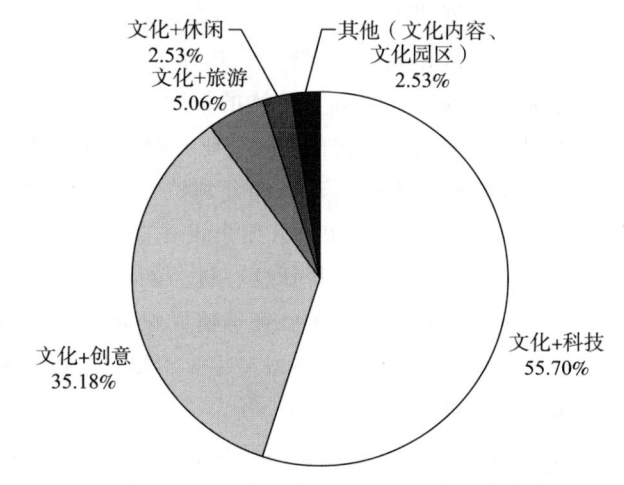

图8-2 深圳2012~2019年优秀新业态文化创意企业类型占比

四 新技术新媒体下深圳文化产业新业态的产业规模

随着深圳市各区相继完善并推出文化产业新政策，逐步加大在数字创意产业、影视动漫、电竞游戏产业等新兴业态领域的政策扶持，深圳文化产业新业态已形成规模且综合实力日益增强，总体发展水平处于国内领先地位。2021年深圳市文化产业增加值2566亿元，年均增速超过同期全市

第八章 新技术新媒体下深圳文化产业新业态发展基础

GDP增速，占全市GDP的比重提高到8.37%，[①] 文化产业规模居全国城市前列。同时，以"数字+""创意+"为依托的文化新业态不断涌现、发展迅猛。众所周知，深圳游戏产业市场份额占全国一半以上，数字创意设计、数字新媒体等行业在全国的竞争优势明显，数字信息服务、数字文化装备等行业实力位居全国前列。2022年6月，深圳市发布《深圳市培育数字创意产业集群行动计划（2022—2025年）》，提出"到2025年，数字创意产业增加值突破1000亿元，成为全国数字创意产业创新发展高地"的发展新目标。

根据国家统计局新修订的《文化及相关产业分类（2018）》，文化产业分为文化核心领域、文化相关领域两个板块，并设置三大行业和九大类别等分类标准。其中，九大类别活动按性质可以分为新闻信息服务、内容创作生产、创意设计服务、文化传播渠道、文化投资运营、文化娱乐休闲服务、文化辅助生产和中介服务、文化装备生产和文化消费终端生产。同时，在新修订的《文化及相关产业分类（2018）》中，文化行业由2012年前的120项增加到146项，调整增加了数字出版、互联网游戏服务、娱乐用智能无人飞行器制造、可穿戴智能文化设备制造等数字文化新业态特征较为明显的16个行业。从国家统计局口径看深圳市文化产业新业态产业规模呈现以下特征。

从行业类别看，2021年深圳内容创作生产营业收入3063.92亿元，占文化产业营业总收入的30.8%；文化消费终端生产营业收入1839.9亿元，占文化产业营业总收入的18.5%；新闻信息服务营业收入1645.11亿元，占文化产业营业总收入的16.5%；创意设计服务营业收入1188.73亿元，占文化产业营业总收入的11.9%；文化装备生产营业收入949.43亿元，占文化产业营业总收入的9.5%；文化传播渠道营业收入816.91亿元，占文化产业营业总收入的8.2%；文化辅助生产和中介服务营业收入415.98亿元，占文化产业营业总收入的4.2%；文化娱乐休闲服务营业收入35.94亿元，占文化产业营业总收入的0.4%；文化投资运营营业收入7.2亿元，占文化产业营业总收入的0.1%（见图8-3）。

数据分析可知，深圳市文化产业行业体量从大到小依次为内容创作生产、文化消费终端生产、新闻信息服务、创意设计服务、文化装备生产、

[①] 《深圳聚力塑造文化产业新优势 GDP占比超8% 获国务院督查激励》，广东省文化和旅游厅网站，http://whly.gd.gov.cn/news newdsxw/content/post_4043958.html，最后访问日期：2022年11月10日。

新技术、新媒体与文化产业新业态

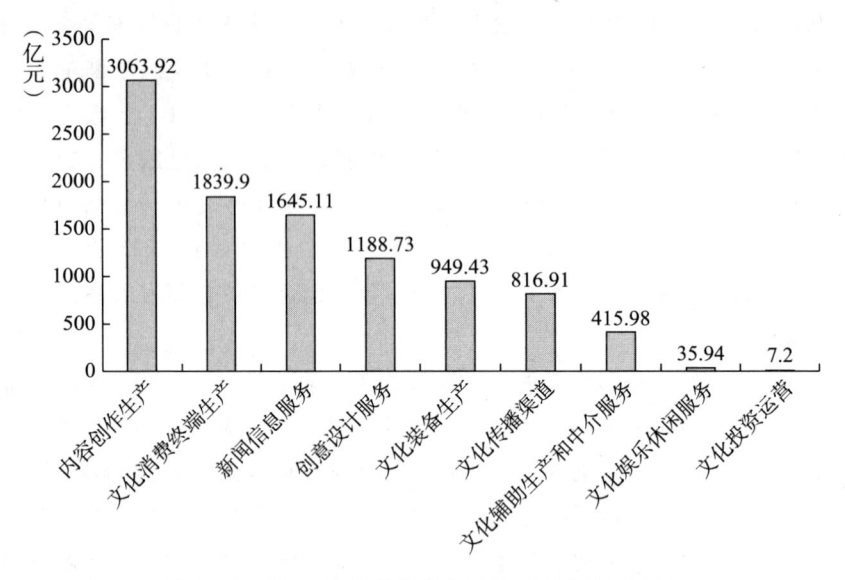

图 8-3　2021 年深圳市产业结构（按行业类别）

资料来源：深圳市统计局。

文化传播渠道、文化辅助生产和中介服务、文化娱乐休闲服务和文化投资运营。其中，国家统计口径的九大统计类别中，深圳市有四大类别的营业收入超 1000 亿元，其中内容创作生产超过 3000 亿元，主要涉及互联网游戏服务、多媒体和数字出版软件开发等，占到营业总收入的 30.8%，文化消费终端生产、新闻信息服务和创意设计服务，均超过千亿元的营业收入。综合以上文化产业行业分析可以清晰发现，深圳以内容、新闻信息、创意设计以及文化消费终端为主的发展动能较为强劲，文化产业结构持续优化态势明显。

　　从产业类型看，2021 年深圳文化服务业营业收入最高，达 4670.99 亿元，占文化产业营业总收入的 46.9%，占比最大；文化制造业营收居第二位，全年营业收入 3936.28 亿元，占文化产业营业总收入的 39.5%；文化批发和零售业营业收入 1355.85 亿元，占文化产业营业总收入的 13.6%（见图 8-4）。数据分析可知，深圳文化服务业占比最高，文化批发和零售业占比最低，深圳文化产业结构持续优化。同时，数据也充分说明深圳文化制造业仍是深圳文化的基础产业和优势产业。特别是近年来，深圳"文化制造"与"文化创意""文化科技"紧密结合，在人工智能、大数据等高科技数字技术赋能下，深圳文化制造业呈现出高质量发展态势。一些文化制造企业越来越走向智能化、精细化，并逐步成长为细分领域的专精特新企业。以专攻骨传导运动耳机生产制造的韶音科技为例，其已成为细分领域的隐形冠军企业，并上榜国家级制造业单项冠军名单，深圳文化"智造"业正有效促进深圳文化产业结构优化。

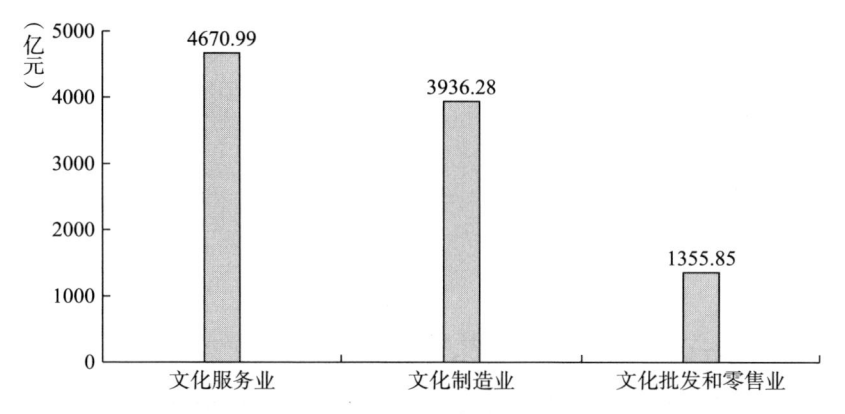

图 8-4　2021 年深圳市文化产业结构（按产业类别）

资料来源：深圳市统计局。

从领域看，深圳文化核心领域贡献较大，已经成为深圳市文化产业的主要成分。2021 年深圳文化核心领域营业收入 6757.81 亿元，占文化产业营业总收入的 67.8%，占比较大；文化相关领域营业收入 3205.31 亿元，占文化产业营业总收入的 32.2%（见图 8-5）。

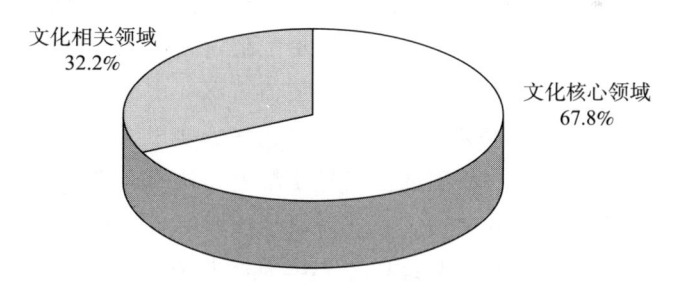

图 8-5　2021 年深圳市文化产业结构（按领域）

资料来源：深圳市统计局。

从行政区域看，2021 年深圳福田区文化及相关产业增加值为 162.16 亿元，同比增长 4.5%；罗湖区文化及相关产业增加值为 72.85 亿元，同比增长 22.1%；南山区文化及相关产业增加值为 1365.48 亿元，同比增长 8.3%；宝安区文化及相关产业增加值为 222.08 亿元，同比增长 27.8%；龙岗区文化及相关产业增加值为 95 亿元，同比下降 9.2%；龙华区文化及相关产业增加值为 17.17 亿元，同比增长 19.5%；盐田区文化及相关产业增加值为61.92亿元，同比增长71.2%；坪山区文化及相关产业增加值为19.7亿元，同比增长18.9%；光明区文化及相关产业增加值为58.96亿元，同比下降3.0%；大鹏新区文化及相关产业增加值为10.95亿元，同比下降2.8%（见图8-6）。

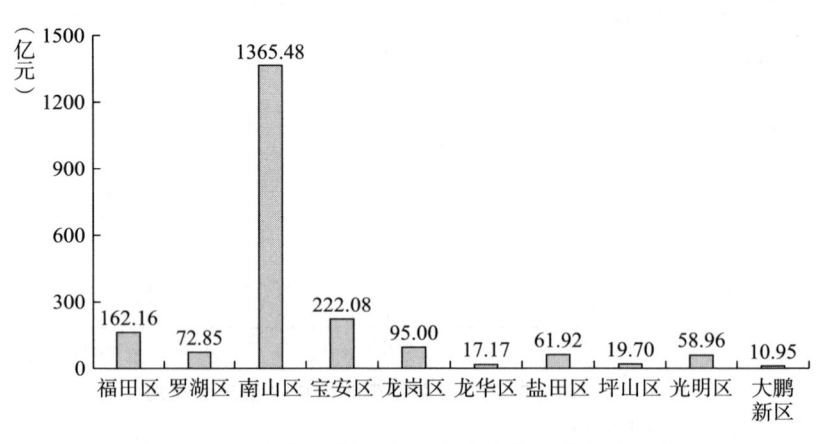

图8-6　2021年深圳市文化产业结构（按行政区域）

资料来源：深圳市统计局。

综合以上各区文化产业营业收入数据分析可见，2021年深圳文化及相关产业增加值最高的是南山区，随后按高低依次排名为宝安区、福田区、龙岗区、罗湖区、盐田区、光明区、坪山区、龙华区、大鹏新区。其中，南山区、宝安区、福田区文化产业产值增加值过百亿元，位于文化产业产值第一梯队。其中，南山区文化产业增加值占深圳市文化产业增加值半壁江山有余，占比高达65.5%。罗湖区、龙岗区、盐田区三个区位于文化产业产值第二梯队。其中，罗湖区保持稳定增速，盐田区增加值相较于罗湖区、龙岗区还有较大提升空间，其在新冠疫情影响较为严重的时期文化产业逆势上扬趋势显著，同比增长高达71.2%。龙华区、坪山区、光明区以及大鹏新区四个区位目前规模较小，位于文化产业产值第三梯队。其中，龙华区、坪山区增速保持稳定，但光明区、大鹏新区两个区受新冠疫情影响较为严重，出现不同程度的增速放缓现状。

五　新技术新媒体下深圳文化产业新业态的重大平台

目前，深圳正加强政策引导，统筹全市资源做好广东国家数字出版基地、国家版权创新发展基地（前海）、龙岗数字创意产业走廊以及南山国家文化和科技融合示范基地、国家文化与金融合作示范区等国家级文化产业平台建设，通过平台创建集聚产业发展要素资源，进一步加强对深圳文化产业新业态高质量发展的支撑作用。同时，为强化文化新业态服务支持功能，深圳打造了中国（深圳）国际文化产业博览交易会、深圳文化产权交易所、中国文化产业投资基金以及国家对外文化贸易基地（深圳）四个国家级文化产业平台。

（一）国际性的文化产业博览交易平台——中国（深圳）国际文化产业博览交易会

文博会自2004年创办以来，已成功举办18届，成为国内文化产业领域规格最高、规模最大、最具实效和影响力的展会。作为国内唯一一家国家级、综合性、国际化的文化产业盛会，文博会是中国文化产品、技术和资本的重要交易平台，也是集中展示国内外优秀文化产品和服务、汇聚文化产业新业态和投融资项目、促进中国文化产品和服务出口的重要交易平台。

近年来，为顺应数字时代发展新趋势，持续引领中国文化产业高质量发展，文博会围绕促进文化产品和项目交易的核心目标，不断打磨完善交易功能，优化交易平台，在征集交易项目、设立交易洽谈区、组织交易对接活动、举办投融资推介会、主会场和分会场深度联动等常规交易服务上，相继推出不少创新举措，取得良好成效。如文博会创新举办文化产业招商大会、创新项目及新品发布会，为国内外新产品、新技术、新业态、新服务提供"首展""首发""首秀"舞台。同时，在招商招展中，文博会逐步加大了对"文化+"新型数字化转型成果展示招展力度，数字化亮点更加突出，文化新业态成果展示也更为密集。在第十七届、第十八届文博会上，主会场陈展的最新全息透明屏、数字艺术显示屏、手势互动全息产品、中兴5G云XR（扩展现实）平台、裸眼3D"5G大运河沉浸式体验馆"、5G即时拍摄领域的最新成果以及元宇宙概念音乐作品《三星堆·神鸟》、5G智慧剧场等数字演艺领域的创新实践，都吸引了很多观众驻足体验，充分彰显了文博会对文化产业最新发展趋势的深度把握和文化产业发展"风向标"作用的发挥。同时，为顺应数字化线上办展新趋势，文博会对办展模式进行线上"升级"。2020年，第十六届文博会斥巨资打造了云上文博会平台。此后，文博会开始实行线下线上"双线"办展模式，实现了"云展示"、"云洽谈"、"云推介"和"云招商",大大拓展文博会线上数字文化产品及项目展示交易功能,真正打造了"永不落幕的文博会"。

可见,文博会已经成为集中展示科技赋能文化产业和实施文化产业数字化战略取得的重大成果的展示交易平台,成为国内外文化产业新技术、新产品、新业态、新模式等进行展示的"首选地"和全球文化消费新体验的"展示窗"。

(二)国家级文化产权交易和投融资综合服务平台——深圳文化产权交易所

众所周知,深圳文交所和大致同期设立的上海文化产权交易所是最早成立,也是仅有的两个国家级文化产权交易所。2009年11月,深圳文交所作为国家级文化产权交易平台正式挂牌成立。2017年12月,深圳市委宣传部批准成立深圳市文化金融服务中心,与深圳文交所合署办公。多年来,深圳文交所以"文化对接资本、交易创造价值"为经营理念,与中国(深圳)国际文化产业博览交易会紧密结合与深度互动,是一个面向全国及全球的文化产权交易平台、文化产业投融资平台、文化企业孵化平台与文化产权登记托管平台。

经过多年的实践积累,深圳文交所已形成了以全国文化大数据交易中心为核心引擎,数字综合业务为产业延展,文化金融为服务支撑,艺术品交易为特色产品的总体业务框架和模型,这四大板块业务之间相互联通、互相支撑、互为补充,已经形成了完整的交易流通和服务体系。同时,深圳文交所还与财政部、中银国际、中央电视台等有关方面合作,设立了第一只全国性的大型文化产业投资基金,为文化新业态企业与资本的有效对接提供了产权交易和投融资服务平台。目前,深圳文交所作为国家级文化产权交易和投融资综合服务平台、文化金融业务的中国文化产权登记托管平台,已为2000余个各类文化产权类项目及资产提供登记备案等综合服务,服务文化企业达1500余家。

此外,为构建文化产业要素统一的交易市场,扶持文化产业新业态实体企业发展,深圳文交所于2022年专门成立了文化产业创新孵化中心(以下简称"孵化中心"),通过与合作机构共同开展产业项目孵化的方式,全面助力文化数字产业、版权开发、文化要素交易、文旅演艺、文化艺术消费、文化装备生产等文化产业新业态领域的发展。

（三）全国性的大型文化产业投资基金——中国文化产业投资基金

中国文化产业投资基金是当前运营最久且最具代表性的文化产业基金，是由财政部、中银国际控股有限公司、中国国际电视总公司及深圳国际文化产业博览交易会有限公司等联合发起的政府主导型文化产业基金。该基金主要是为充分调动文化产业的投资积极性，为文化产业发展提供有力的金融支撑。[①] 文投基金重点关注新闻信息服务、内容创作生产、文化投资运营、文化传播渠道、文化娱乐休闲服务、创意设计服务等文化产业核心领域，以及与文化产业高度相关的旅游、体育等行业，并对上述重点领域的企业进行股权投资。

据悉，中国文化产业投资基金（有限合伙）以封闭方式运作，存续期10年，基金总规模为200亿元，首期募集41亿元。其中，基金管理公司作为普通合伙人认购基金1亿、财政部作为有限合伙人认购基金5亿元、中银投资资产管理公司作为有限合伙人认购基金20亿元、中国国际电视总公司作为有限合伙人认购基金5亿元、文博公司作为有限合伙人认购基金10亿元。中国文化产业投资基金二期是根据《中华人民共和国合伙企业法》及相关规则、规定，于2020年11月20日成立的有限合伙制企业，执行事务合伙人为中国文化产业投资母基金管理有限公司。基金以封闭方式运作，存续期15年，基金目前认缴总规模为317.1亿元。其中，基金管理公司作为普通合伙人认缴基金1亿元、财政部作为有限合伙人认缴基金76.1亿元、上海盛浦江澜文化发展有限公司作为有限合伙人认缴基金40亿元、广州市城市建设投资集团有限公司作为有限合伙人认缴基金40亿元、中移资本控股有限责任公司作为有限合伙人认缴基金30亿元、厦门象屿集团有限公司作为有限合伙人认缴基金30亿元、中国国际电视总公司作为有限合伙人认缴基金20亿元、文博公司作为有限合伙人认缴基金20亿元、西安曲江文化金融控股（集团）有限公司作为有限合伙人认缴基金20亿元、安徽省文化投资运营有限责任公司作为有限合伙人认缴基金20亿元、山东齐鲁汇鑫文化发展有限公司作为有限合伙人认缴基金20亿元。

---

① 《中国文化产业投资基金管理有限公司》，百度，https://baijiahao.baidu.com/s?id=1772619845533843647&wfr=spider&for=pc，最后访问日期：2023年8月21日。

目前，中国文化产业投资基金已投资了新华网、中国出版传媒、中投视讯、百事通、万方数据、欢瑞世纪、开心麻花、华视、微影时代、芒果TV、洛可可、蜻蜓FM等与数字文化产业相关的互联网公司，并参与投资了电视剧《平凡的世界》以及电影《绝地逃亡》《栀子花开》等多个影视项目[①]，在培育壮大战略性新兴产业中发挥了重大的引领和支撑作用。

（四）国际性文化贸易服务平台——国家对外文化贸易基地（深圳）

2014年1月20日，深圳拥有了继文博会、深圳文交所、中国文化产业投资基金后的第四个国家级文化平台——国家对外文化贸易基地（深圳）。该平台也是继北京基地、上海基地之后，经文化和旅游部批准设立的具有国家公信力、权威性的国际文化交流和对外文化贸易平台。

为将国家对外文化贸易基地（深圳）打造成为我国最具活力和实效并对世界文化市场有较大辐射能力的文化出口高端平台，该基地获批以来，积极提供政策信息收集整理、文化金融对接、涉外法律知识咨询、人才引进、渠道拓展等公共服务，不断发挥"桥头堡"作用，为文化产品和文化服务进出口提供了完善的文化贸易服务链平台体系支持。同时，深圳基地也十分注重以信息化、数字化手段推动文创产业发展，近年来逐步加大了对数字文创新业态相关业务的探索。2018年11月，深圳基地与深圳市盛世立业投资发展集团有限公司签约，正式成立国家对外文化贸易基地（深圳）音乐及音乐剧产业中心，该中心作为国家对外文化贸易基地（深圳）分支机构，主要以数字音乐及音乐剧文化交流、对外贸易为引领，积极探索以数字音乐及音乐剧产业为核心的文化产业新亮点[②]。2020年9月，"国家对外文化贸易基地（深圳）——湾区壹号·国际数字文化创意港"项目签约仪式顺利在深圳报业集团举行。据悉，湾区壹号·国际数字文化创意港项目将致力于打造研发、贸易、应用三位一体的"集成创新式"粤港澳大湾区数字创意产业合作平台，将重点对接文化内容数字化加工制造、网

---

① 《国家200亿资金领衔国内文化产业基金建设》，搜狐网，https://www.sohu.com/a/121098416_396081，最后访问日期：2022年11月3日。
② 《国家对外文化贸易基地（深圳）音乐及音乐剧产业中心首次亮相文博会》，深圳新闻网，https://www.sznews.com/news/content/2019-05/18/content_21976802.htm，最后访问日期：2022年11月30日。

络化传播等数字文化产业新领域。[①] 未来，这一合作新平台将大幅提升深圳基地对深圳文化新业态出口的引领能力。

此外，深圳基地也十分重视对人才队伍的招揽力度。目前，深圳基地既有曾留学英、美、法等发达国家的国际化人才，也有熟悉文化产业业务和海外经营的专业人才，已经形成了较为稳定的复合型人才队伍，成为推动中国文化"走出去"的重要力量。

[①] 《深圳文创又添一块新高地》，深圳政府在线，http://www.sz.gov.cn/cn/ydmh/zwdt/content/post_8064223.html，最后访问日期：2022年12月5日。

第九章
新技术新媒体下深圳文化产业新业态的创新优势

深圳作为全国首批文化体制改革试点城市，也是在全国较早提出将文化产业新业态打造成为支柱性产业目标的城市，其依托湾区极核的区位、高效便捷的交通体系、较为成熟的市场经济、发达的科学技术以及高度活跃的产业资本等优势，产业综合实力不断增强，文化产业增加值占 GDP 比重位居全国前列，数字文化产业、创意文化产业等新型文化业态优势逐步凸显，成为推动深圳经济快速健康发展的重要引擎之一。

一 区位优势：湾区核心之一

深圳位于粤港澳大湾区，是岭南文化的聚集地之一，粤港澳三地地域相近、文脉相亲、产业互补、商缘相通，形成了一个以岭南文化为核心的"粤港澳大湾区文化圈"，这就为构建一个具有共同文化基因的文化创意产业体系提供了重要可能，为促进文化产业高质量发展和实现粤港澳大湾区文化的深度合作奠定了坚实基础。

作为大湾区中的引擎城市和核心城市之一，深圳拥有独特的区位优势。

优势之一是毗邻香港，深港两地是粤港澳大湾区不可替代的核心城市，共同构成了得天独厚的增长极。香港发达的数字设计产业是深圳文化产业新业态的重要学习对象，有利的区位优势可以使深圳直接接收香港先进理念、人才、金融、信息等方面的优势辐射。同时，深化深港的文化产业交流合作，既可以及时捕捉国际文化产业发展最新动态，汲取先进的经验，还可以依托香港，更好地连接东亚、东南亚和南亚这一全球人口最为密集区域的中心市场，从而接轨国际市场，形成强大的文化产业辐射带动能力。

优势之二是交通便利，拥有便捷高效的现代综合交通运输体系，对内可以辐射我国内陆广大腹地和大湾区城市，实现粤港澳大湾区城市的互联互通。目前，珠三角快速轨道网构筑的高速公路网络已将深圳与周边城市连为一体，大幅提升了珠三角综合运输系统的水平。广深两地已形成广深高速、广深沿江高速、虎门大桥、南沙大桥等公路通道和广深铁路、广深港高铁、穗莞深城际等铁路通道，其中广深铁路实现"公交化"运营，广深港高铁实现30分钟互达，港珠澳大桥已建成通车。2020年6月，广州南沙客运港往返深圳机场码头航线正式开通，为广深两地居民和旅客提供了便捷出行的新选择。同时，广深第二高铁、共建世界级机场群、深化港口基础设施建设合作也正在谋划中，高效便捷的交通体系为深圳文化产业新业态的创新发展提供了有利条件。

二 政策优势：创新氛围

新兴文化产业在初创阶段，需要政府在财政、税收、信贷和土地等诸多方面给予政策上的扶持，良好的政策环境能为产业发展提供强大的保障和发展预期，利于资金和人才等产业发展要素的集聚，促进产业的快速发展。深圳文化产业发展迅猛的背后离不开政策的扶持，深圳自2003年"文化立市"战略实施以来，陆续发布了《关于促进文化与科技融合的若干措施》《深圳文化创意产业振兴发展规划（2011—2015年）》等一系列政策措施，且政策的每一次修订都会持续加大对文化产业新业态、文化投融资和文化市场开发的支持力度。2011年，深圳明确把文化创意产业作为战略性新兴产业，出台了文化创意产业振兴规划、振兴发展政策及专项资金管理办法等系列政策，为文化新兴产业的繁荣发展营造了良好的政策环境。2016年1月发布的《深圳文化创新发展2020（实施方案）》提出了"内容产业和创意设计、文化信息服务等新型业态占比超过60%"的量化指标。在2020年1月深圳市委、市政府印发的《关于加快文化产业创新发展的实施意见》中，确立了"构建以质量型内涵式发展为特征的高水平现代文化产业体系，推动深圳成为创新创意引领潮流、文化科技特色鲜明、文化形象开放时尚、文化产业充满活力的国际文化创新创意先锋城市"的发展目标，提出将推动深圳市数字文化、创意设计、时尚文化、文化旅游等新型业态到2025年占比超过60%的量化目标。

目前，深圳已构建了涵盖组织保障、政策支持、资金扶持等方面较为完备的产业支持保障体系，且多个区已针对文化新业态相关领域，出台了涵盖金融扶持、税收优惠、产业空间以及细分行业领域的相关专项扶持政策，对新兴产业的发展用地、人才、住房等方面予以优先扶持。如宝安区在全市率先出台的"影视十条"，龙岗区相继发布的"龙岗电竞产业9条"和"数字创意产业50条"，南山区发布的《深圳市南山区关于支持电竞产业发展的实施意见》、《深圳市南山区关于支持电竞产业发展的若干措施》以及市级层面即将出台的《深圳市关于加快培育数字创意产业集群的若干措施》等政策文件，都将有效引导深圳文化产业加速数字化转型，高起点布局游戏电竞、影视动漫、智能文化装备制造等数字创意产业前瞻领域。深圳市区两级共同构建的较为完备的文化产业发展政策体系，正引领着深圳文化产业创新发展和快速腾飞。

三　技术优势：高新技术

深圳作为全国信息产业重镇，拥有先进技术支撑和高端数字要素资源，5G、工业互联网、人工智能、云计算、大数据等数字经济业态集聚发展、势头良好。截至2020年底，深圳实现5G独立组网全覆盖，5G基站已累计建成超过4.6万个，基站密度国内领先，5G标准必要专利总量全球领先，5G产业规模、5G基站和终端出货量全球第一，成为中国"最互联网城市"。同时，深圳科技研发和技术创新、产业配套能力在全国处于领先地位，作为创业密度最高的城市，拥有国家级高新技术企业超过2万家，每千人拥有商事主体215.7户，科技人才超过200万人。[1] 2020年，深圳仅数字经济核心产业增加值已经达到8446.6亿元，总量和比重都位居全国第一，[2] 深圳在数字文化产业新业态建设中具有抢滩布局的先行优势。

同时，深圳还是全国最早建立高科技园区的城市。71家市级以上文化创意产业园区、4家国家文化和科技融合示范基地、成千上万家高科技企业和上百家高科技上市公司成为推动深圳文化领域技术创新的综合载体和重要引擎。一批以设计、动漫游戏、数字内容等为主体的文化科技领军企

---

[1] 《商事登记制度改革九周年　深圳每千人拥有商事主体215.7户》，深圳新闻网，https://www.sznews.com/news/content/2022-03/01/content_24962106.htm，最后访问日期：2022年9月15日。

[2] 戴晓晓：《深圳数字产业规模居全国首位！占全市GDP比重30.5%》，南方Plus，https://static.nfapp.southcn.com/content/202108/24/c5670089.html，最后访问日期：2011年9月3日。

业迅速崛起，华为、腾讯、华强方特等企业更是成为世界级知名文化科技企业。尤其是在大数据、云计算、物联网、虚拟现实、人工智能等核心、关键、共性技术推动下，更多文化产业新业态不断涌现，文化高科技产业不断升级。这种科技优势和科技创新能力赋予了深圳传统文化以新形式、新内容，有力推动了深圳文化产业新业态高质量发展。

此外，截至2021年，深圳拥有工程实验室、企业技术中心、公共技术服务平台、工程技术研究中心、重点实验室、孵化器等各类、各级别创新载体共2613家。在2021年度"深圳文化企业100强"名单中，深圳"100强"企业实现营业收入2769亿元，产业增加值509亿元，其中国家高新技术企业占比超九成，数字文化产业明显崛起，新媒体和网络文化、文化软件及游戏共入选28家企业，2家入选全国文化企业30强，高端文化装备有22家企业入选，[①] 充分显示了深圳文化科技的创新发展优势与成果。

四 资本优势：金融中心

文化资源、创意以及文化产品的开发、利用和生产经营等都离不开金融资本的支持。深圳的金融业比较发达，金融市场完善且有活力，资金融通的实际效益很高。各类金融资本在深圳集聚，私募、基金、信托、保险、融资租赁、小额贷款、互联网金融等在这里形成了一个比较完整的体系。

由上海交通大学安泰经济与管理学院等编制完成的《中国城市资本活力指数报告》(2019)显示，在中国经济总量前20位城市中，深圳的上市公司数量和上市公司总市值分别位列第三、第二。若以人均指标计，这两项数值高居第一位。深圳证监局的最新统计显示，2019年，深圳上市公司实现营业收入4.65万亿元，相当于同期本市地区生产总值的173%。深圳上市公司支付各项税费共3804.79亿元，相当于全市一般公共预算收入的40.37%。上市公司腾讯、平安、招行、万科均是行内标杆企业。在《2020中国内地省市金融竞争力排行榜》中，深圳名列中国内地城市金融竞争力中的第三，在副省级及计划单列城市金融竞争力榜单中，深圳凭借多层次资本市场的优势排名第一。2021年，《广东省国民经济和社会发展第十四个五年规划和2035年远景目标纲要》中明确提出，实施"金融+文化"

---

① 焦子宇：《深圳文化产业增加值突破2500亿元》，《深圳特区报》2022年12月26日。

工程，支持深圳设立国家级文化与金融合作示范区。

同时，深圳政府引导扶持文化产业的力度较大。深圳每年市高新技术重大项目专项资金安排1亿元、市宣传文化事业发展基金安排0.8亿元、原市文化产业发展专项资金安排1.2亿元，共安排3亿元，市财政新增2亿元，集中5亿元设立文化创意产业发展专项资金，用于支持文化创意产业发展，各区财政每年也安排有近5亿元用于扶持文化产业发展。此外，近几年文化银行建设的启动也为深圳文创企业提供了专业化和精准化的金融信贷支持，为文化产业的持续创新和长足发展提供了坚实的金融支持。

五 人才优势：人才高地

文化产业是智力密集型产业，对人才的依赖程度较高，为了保持在全国文化产业发展的领先优势，深圳大力构筑文化产业人才高地，建立了分层次、常态化的海内外人才引进体系，通过精准引智助力产业发展，培养和引进了一批既懂文化又善于经营管理的高层次优秀文创人才，一批善于运用科技手段推动文化产业发展的文化创新人才，一批熟悉文化贸易规则、善于开拓国际文化市场的文化贸易人才，为深圳文化创意产业发展提供了坚强的人才保障和智力支撑。

早在2008年，联合国教科文组织就正式命名深圳为"设计之都"，也是得益于深圳有一群年轻的设计师和云集了一批全国最优秀的设计精英人才。随着深圳产业链更加成熟，人才政策优势更加明显，营商环境和生态环境更加优良，大批文化产业高素质人才和海内外设计精英纷纷涌来，认定的海内外高层次人才约1.3万人，引进的海外创新科研团队达100多个；各类技能人才总量超过300万人，其中高技能人才占比1/4；各类人才总量超过500万人。境内外上市文化企业共135家。[1] 文化产业法人单位、从业人员数据均列广东省首位，总量分别为10万家、102万人，占比分别为34%、30%，平均接近广东省的1/3。这些高素质专业人才的不断聚集，催生出了一批优秀文化产业企业群。强大的人才队伍成为深圳文化产业创新发展不可或缺的重要力量。

---

[1] 易少龄：《"税惠"擦亮深圳"文创之城"新名片》，读特新闻客户端，https://www.dutenews.com/p/1047361.html，最后访问日期：2020年11月23日。

六 出口优势：海外传播

深圳是我国重要的口岸城市，文化贸易总量位居国内大中城市前列。数据显示，深圳核心文化产品出口额每年约占全国的1/6，超过160亿美元，已成为我国文化贸易的黄金口岸和推动中华文化"走出去"的桥头堡。[①] 同时，以数字游戏、动漫、智能文化设备等新业态为重点的对外文化贸易出口已成为深圳文化出口市场的一大亮点，其"文化出海"成果丰硕、海外影响力持续走高。例如被誉为"中国版迪士尼"的华强方特，其旗下打造的系列产品已连续多年入选重点文化出口项目，其中，《熊出没》动画作品已发行至130多个国家和地区，并通过迪士尼、奈飞等主流媒体渠道，实现了多语种的文化全球传播。同时，深圳在游戏、印刷、工艺美术、文化装备等领域出口实力强劲，涌现出腾讯（游戏）、兆驰股份、康冠科技（数字电视）、三诺数字（音响设备）、韶音科技（智能耳机）、中华商务（高端印刷）等出口领军企业。据悉，深圳文化企业洛可可设计已经在伦敦开设分公司，TTF公司在巴黎成立高端珠宝品牌总部，雅昌、中华商务等荣获全球印刷界最高奖"班尼"金奖100多次，影石创新旗下品牌VR全景相机及GO 2拇指防抖相机远销全球200多个国家和地区等。

同时，深圳每年更是有十余家企业入选"国家重点文化出口企业"。2019年，雅昌文化（集团）有限公司、深圳广播电影电视集团、深圳中青宝互动网络股份有限公司、深圳市中手游网络科技有限公司、华强方特文化科技集团股份有限公司、腾讯科技（深圳）有限公司、深圳市裕同包装科技股份有限公司等共15家企业以及《熊出没》系列作品（华强方特文化科技集团股份有限公司）、中航国际非洲总部基地海外设计项目（深圳市杰恩创意设计股份有限公司）2个项目入选商务部、中央宣传部、财政部、文化和旅游部、国家广播电视总局共同认定的《2019—2020年度国家文化出口重点企业公示名单》和《2019—2020年度国家文化出口重点项目公示名单》。2021年，在最新发布的《关于公示2021—2022年度国家文化出口重点企业和重点项目名单的通知》中，深圳市的文化出口重点企业又

[①] 周科、王晓丹：《从渔家文化到文化贸易"黄金口岸"——深圳探索文创产业发展新路子》，大众网，http://www.dzwww.com/2018/ggkf/cj/201808/t20180808_17701312.htm，最后访问日期：2020年10月30日。

有19家企业和4个项目成功入选。2023年，深圳又有20家企业和3个项目成功入选《2023—2024年度国家文化出口重点企业》和《2023—2024年度国家文化出口重点项目》；深圳市星河互动科技有限公司、深圳市绘王动漫科技有限公司以及深圳市凉屋游戏科技有限公司等一大批优秀的企业榜上有名，成为文化"走出去"和彰显深圳文化软实力和竞争力的重要体现。

此外，深圳拥有国家对外文化贸易基地（深圳）、中国（深圳）国际文化产业博览交易会、深圳文化产权交易所、中国文化产业投资基金等一系列国家级文化平台，对促进深圳文化贸易发展、开创中华文化"走出去"、扩大海外文化传播新局面起到了重要作用。众所周知，深圳拥有全国唯一一家国家级、国际化、综合性文化产业展会——中国（深圳）国际文化产业博览交易会（以下简称"深圳文博会"）。深圳文博会自2004年创办以来，已连续成功举办17届，其展会规模、观众数量、国际化程度、交易成果连年攀升，已经成为文化产业及产品增进信息沟通和扩大外贸出口的重要平台，并先后在英国、法国、德国、西班牙、马来西亚、新加坡、韩国、日本、埃及、以色列等多个国家开展文化推广活动，合作代理机构也遍布全球65个国家和地区，成为打造深圳文化贸易新优势和推动深圳文化产业不断提升在海外影响力的重要舞台。2021年，随着中央组建紫荆文化集团并将总部设立在深圳，集团主要面向我国港澳台地区和东南亚，辐射全世界，重点发展影视产业、传媒资讯、出版发行、文旅演艺、金融投资等领域，深圳海外文化传播能力建设进一步增强。

第十章
新技术新媒体下深圳发展文化产业新业态的经验做法

一 深圳市 5G 时代下媒体融合发展新业态

进入 5G 时代，我国媒体融合正处于从"相加"向"相融"加速奔跑的关键阶段。目前，我国媒体融合大致经历了众媒时代、泛媒时代以及当下以 5G 通信技术为底层运行逻辑的智媒时代，共三个阶段。众所周知，众媒时代的信息资讯传播以"+互联网"为主要特征，媒体融合侧重解决并实现传统媒体内容及资讯的"挂网""上网"问题。进入泛媒时代，媒体融合以"互联网+"为主要特征，这一发展阶段重点解决传统媒体与互联网如何实现"你中有我，我中有你"融合发展的深层次问题，突出表现为"两微一端"逐步成为传统媒体的标准配置。迈入智媒时代，也就是"第三媒介时代"①，媒体融合发展则主要是开启并攻破 5G、人工智能等技术赋能下的媒体智能化发展问题，即在人工智能、大数据、虚拟技术等核心新技术群的基础上，如何通过构建一个万物皆媒、人机共生、自我进化的传播新系统、新生态，继续推动媒体格局、舆论环境、话语主体、传播方式等产生颠覆性变革，进而解决好未来人、媒体（机器人）与世界实现互联共生以及纵深融合发展的问题。

（一）深圳 5G 时代下媒体融合发展的基本情况

2020 年 9 月，中共中央办公厅、国务院办公厅印发了《关于加快推进媒体深度融合发展的意见》（以下简称《意见》），要求各地坚持改革创新，

---

① "第三媒介时代"由国内学者李沁率先提出，其认为"第三媒介时代"是由"沉浸传播"引导的媒介时代。

加快融合步伐，尽快建成一批具有强大影响力和竞争力的新型主流媒体。《意见》强调要以先进技术引领驱动融合发展，用好5G、大数据、云计算、物联网、区块链、人工智能等信息技术革命成果，加强新技术在新闻传播领域的前瞻性研究和应用，推动关键核心技术自主创新。多年来，深圳坚持贯彻落实党中央关于推进媒体融合的决策部署，充分发挥深圳5G的技术优势和电子信息产业优势，持续推进深圳报业集团、深圳广播电影电视集团（以下简称"深圳广电集团"）、深圳出版集团（三者合称"深圳三大国有文化产业集团"）的创新发展、融合发展和转型发展。在技术、机制双驱动下，深圳三大国有文化产业集团融合发展步履铿锵、成效凸显。

经过多年不懈努力，深圳报业集团已经成功构建了"一主报融媒体多平台"的发展新格局，初步形成以《深圳特区报》、深圳新闻网、读特、读创领衔，"纸媒+网站+客户端+官微+自媒体+代运营"的融媒体矩阵，全面覆盖了网站、客户端、微博、微信、抖音、快手、B站，以及《人民日报》、南方Plus、澎湃、头条等多个平台，融合态势显著。同时，集团着力探索政务新媒体代运营之路，至2021年8月，深圳报业集团旗下共有172个新媒体平台账号，综合用户（含粉丝量）总数达1.53亿。其中，读特客户端下载量突破2700万次，读创下载量超过600万次；全集团代运营"i深圳"等政府机构新媒体项目188个，总粉丝数超4000万，成为目前国内规模最大的政务媒体运营机构，[①]并在多次重大报道中发挥了重要的舆论引导作用。据悉，深圳报业集团正与华为在大数据中心、媒体混合云、融合媒体平台建设、5G+人工智能创新、虚拟现实等方面展开合作，通过整合双方优势资源，加速推进5G时代媒体融合新业态、新路径的探索。

深圳广电集团已经成功打造了"壹深圳""直新闻""深爱听""深视频"等颇具特色的广电融媒体产品，构建了"壹直微微抖"新媒体矩阵，并在"移动优先"的产制流程创新、"新闻+政务服务商务"服务创新等方面进行了扎实、务实的探索。尤其是近年来，深圳广电集团在媒体融合转型探索中对新业务有了更清晰的布局。据悉，集团正围绕"壹深圳""直新闻"等客户端，全方位展开与微信、抖音社交平台以及众多政务大号的合作，加速推进融合平台从单一资讯客户端向社交平台转型升级。在

[①] 吴吉：《深圳报业集团11个创新案例入选全国榜单 全国新闻出版深度融合发展创新案例名单揭晓》，百度，https://baijiahao.baidu.com/s?id=1714137520913965906&wfr=spider&for=pc，最后访问日期：2022年10月3日。

第十章　新技术新媒体下深圳发展文化产业新业态的经验做法

一系列媒体融合"组合拳"下，深圳广电集团融媒平台传播影响力显著提升，客户端下载量、日活量大幅攀升。数据显示，截至 2019 年 4 月，深圳广电融媒体中心新媒体矩阵账号实现全渠道粉丝 2500 万，日活跃用户 100 万+；"壹深圳"App 下载用户数 530 万，日活跃用户 30 万，位列深圳本土新闻类 App 客户端排行榜第一。① 集团精办的《直播港澳台》系列、《第一现场》、《民心桥》等众多融屏栏目，在全球全网实现用户规模近 14 亿。② 与此同时，集团重点打造的"壹深圳"融媒体平台在短短五年内扭亏为盈，取得一年收入 3000 万元的良好业绩，为全国的融媒实践提供了"深圳样本"，切实提高了深圳主流媒体的覆盖率和影响力。2020 年，深圳广电融媒体中心也被国家广播电视总局评为"2020 年全国广播电视媒体融合先导单位"。

多年来，深圳出版集团坚持出版和发行主业为核心、书城文化综合体为平台、数字化转型为重点的"两核心一平台一重点"的发展战略。集团成功打造了以云书城、微商城、掌上书城 App、智慧书城等为代表的数字媒体融合重点项目，成功运营了"共同体 Community"和"重点帮+"两个微信公众号，并初步形成了以音视频为主的教育类新媒体矩阵，获得了业界一致好评。数据显示，截至 2021 年 7 月，深圳出版集团运营的"共同体 Community"公众号粉丝数量达 151 万，头条日均阅读量 1.8 万次以上。"重点帮+"公众号粉丝数量达 41 万，头条日均阅读量 1 万次以上。③ 与此同时，近年来深圳出版集团正加速推进数字化转型，不断拓展线上阅读空间，集团旗下知名文化品牌——深圳书城也历经五代融合创新，更新迭代为多元业态跨界融合发展的现代"文化万象城"模式，实现了书与非书的融合、文化与科技的融合，以及线上与线下的融合。

（二）深圳推进媒体融合发展主要做法和基本经验

1. 创新管理机制，推动媒体融合向纵深发展

在实施媒体融合战略过程中，深圳三大国有文化产业集团坚持把体制

---

① 《深广电融媒体中心亮相，这些改革亮点值得点赞！》，百度，https://baijiahao.baidu.com/s?id=1632334636843539429&wfr=spider&for=pc，最后访问日期：2022 年 4 月 5 日。
② 《"融"为先——深圳广电 2022 年为发展定调！》，广电视界，https://www.163.com/dy/article/GREN7QPN0530MD86.html&wd=&eqid=becfeb240003f091000000066479f718，最后访问日期：2022 年 5 月 2 日。
③ 《深圳报业集团出版社：出好书创品牌"两个效益"双丰收》，腾讯网，https://xw.qq.com/cmsid/20210801a06jjw00，最后访问日期：2022 年 5 月 18 日。

机制改革摆在首位，以问题为导向，大刀阔斧推动媒体机构内部机制改革和组织结构优化，对机构、人员、资源采取集约化整合和统一调配，确保媒体融合工作的高效推进。2019年4月，深圳广电集团新整合成立了卫视中心、融媒体中心、广播中心和专业频道运营中心四大中心，改现行的"频道制"管理为"中心制"管理，在顶层设计层面做了最大幅度的调整和融合，从而有效实现了集团对各部门、单位的新闻资源整合优化和统一调配。同时，深圳广电集团在此次调整中将原新闻中心、都市频道、公共频道、新媒体中心等8个部门的机构及人员和业务资源全部注入融媒体中心，并从人力、财力、考核制度上全方位给予融合发展扶持和倾斜，通过设立专项奖励资金、专项扶持基金等方式，鼓励工作人员在媒体融合发展上勇于创新思路。目前，深圳广电集团正通过云计算技术等最新技术不断加大对现有新闻资源的整合力度，有效改变了传统媒体"单一渠道采集、封闭式生产、点对面单向传播"的运作模式，积极向"全媒体汇聚、共平台生产、多渠道分发"的新型制播方式转变。同时，为形成快速高效的融合指挥系统、采集系统、编辑系统、分发系统为一体的人力结构，深圳广电集团建立了新媒体考核机制，在传统采编部门实行新媒体业务考核的新模式，将各部门在"壹深圳"上的首发量和点击量作为绩效考核的重要参考指标之一，以有效推进集团的媒体融合建设。

深圳报业集团则立足融合发展实际，实行单独建制并与深圳新闻网全面整合，成立了深新传播智库、报业教育传媒集团、集团政务融媒体中心、集团视听中心。特别是在2020年6月成立的视听中心，作为集团采编业务的战略支撑平台，主要从视听需求层面推动报业集团的融媒迭代，并从顶层设计、业务流程、薪酬考核等层面设立了全新机制。例如，报业集团在全国范围内首创"浮动薪制加激励的薪酬模式"，以管理人、制片人、制作人三个维度设立18级视听从业人员工资标准。同时，报业集团围绕"读特"客户端深化推进配套机制改革，通过有效实现指挥体系、专业限制、考核机制、发展通道以及经营平台"五个打通"，进一步深化运营体制机制改革。所谓"五个打通"，一是打通指挥体系，形成多兵种、跨部门、跨媒介协同作战；二是打通专业限制，实现报社采编人员一人多能、全员转型；三是打通考核机制，在"读特"编辑部率先推行"出勤+工作量+传播效果"的薪酬改革试点，突出工作量和业绩贡献导向；四是打通发展通道，实行"三首"（首席记者、首席编辑、首席评论员）动态聘任制度；五是打通经营平台，"读特"广告与推广工作室和特区报广告部、企业发展有限公司全平台打通，创新创收渠道，加速推进深圳出版集团媒体融合的纵深发展。

2. 构建融媒体产品矩阵，提升主流新媒体传播力和影响力

在深度融合、创新发展过程中，深圳三大国有文化产业集团深刻认识到融媒生产、传播主战场"上线"与"线上"这一发展新趋势，在坚持"自建平台＋全网传播"的总体思路下，用"两条腿走路"，通过自建和"借船"方式，相继培育了"读特""读创""壹深圳""掌上书城"等"现象级"的新型传播平台和移动数字终端产品。深圳三大国有文化产业集团通过打造综合性、全媒体、大体量的平台或者新型数字平台或产品，形成多终端一起发力的融媒体矩阵，使线上舆论主战场的传播力、引导力和影响力获得改善，有效提升了主流媒体舆论阵地的影响力。

在融媒体平台建设方面，深圳广电集团已经完成了"壹直深爱"的新媒体矩阵的搭建，该融媒体矩阵主要由"壹深圳"、"直新闻"、"深视频"和"深爱听"组成，分别深耕本土资讯、国际传播、大屏精品（智能电视应用）和有声资源。2015年，深圳广电集团推出了"壹深圳"，这也是深圳广电集团最早推出的第一款移动化、社交化的本土资讯融媒体产品。2018年，深圳广电集团又升级推出涉外、涉军深度快评的新闻品牌"直新闻"；2020年，融媒体电视屏应用"深视频"和广播客户端"深爱听"成功"上线"。其中，"深视频"作为对标"芒果TV"的产品，采用"统一后台＋智能中台"设计，实现了视频内容的共建共享和用户数据的互联互动，完成了大屏电视专区的"入口扩容"；"深爱听"则实现了对声音资源的全方位优化和整合。至此，深圳广电集团全面开启本土资讯、国际传播、大屏精品和有声资源等业务领域，并与旗下214个互联网商业平台官方账号共同组成"壹直深爱"融媒体传播矩阵[①]，在电视大屏、广播、PC端和App等终端形成多终端联动渠道资源优势，全方位展开未来5G全覆盖下互联网、物联网应用场景，有效抢占了网络舆论引导新阵地，夯实了"掌上"舆论引导主阵地。

深圳报业集团则充分依托集团全媒体中心智能媒体传播服务平台，构建了"一主报（《深圳特区报》）、一大客户端（读特客户端）、一门户网站（深圳新闻网）加N个新媒体（垂直分众传播平台）"的一体化发展全

---

① 王为理、陈长治等：《2020年深圳文化发展回顾与2021年展望》，《深圳文化发展报告（2021）》，社会科学文献出版社，2021，第10页。

媒体传播格局。同时，报业集团通过多种融合方式，致力于构建全覆盖的融媒体矩阵。目前，深圳报业集团的"四报一网"均有自建平台，其融媒体产品矩阵涵盖多个维度，在集团重点打造的客户端中，既有综合性定位的客户端，也有做垂直分众的客户端。例如，有以党政机关为服务对象的综合性新闻客户端"读特"，也有为深圳商事主体服务的财经科技资讯客户端"读创"，等等。

深圳出版集团通过打造数字"掌上书城"等特色融媒产品，持续升级了"深圳书城模式"、"深圳读书月"、"深圳书展"和"简阅书吧"等发展成果。近年来，出版集团不断推出"书城+文创""书城+影城""书城+培训""书城+会展"等融合创新新模式，打造了高效多维的融媒体传播矩阵，有效增强了主流媒体舆论阵地的传播力和影响力。

3. 坚持"5G赋能""移动优先"，打造深度融合的智能支撑传播体系

进入5G发展新时期，深圳三大国有文化产业集团坚持高新科技赋能，以移动客户端、在线客户端为主要生产中心来重构其组织结构和生产流程，并在人力、财力、制度上给予扶持和倾斜，以适应5G时代下融媒生产与传播移动化、智能化的时代大趋势。同时，从慢直播到专业直播，特别是5G赋能下的全景大直播以及短视频矩阵化传播方式正逐步成为三大集团夯实"掌上"舆论引导阵地的主要突破口和特色抓手。

据悉，目前深圳广电集团已经通过与中国电信、华为公司等企业展开深度合作，全面推进深圳广电5G业务试点工作。2020年初，中央广播电视总台在深圳率先进行了5G+4K直播测试并获得成功。同年11月，"壹深圳"与华为云团队针对5G直播与云手机技术展开合作，在深圳宝安新桥剧场用三台华为P40手机和两台摄像机同步上云，完成一场时长3小时的话剧直播。目前，深圳广电集团与华为云团队双方正在加强对直播"自由视角"实现问题的研究与探索，预计将有更多新的应用成果在广电互动直播领域落地。

同时，在技术不断创新的基础上，深圳广电集团一直致力于5G时代下融媒直播新路径、新成果的探索。新冠疫情期间，深圳广电集团策划执行时长超过168小时的电视频道+广播频率+新媒体平台+户外广告屏的"慢生活·在一起"融合联动直播；为庆祝深圳经济特区建立40周年，深圳广电集团结合最新的"5G+直播"科技，策划了40小时5G"鹏程万里新"全媒体大直播活动，并在34个平台实现了同步直播，引发话题阅读量超过4.6亿，直播信息多渠道触达受众人群，给观众最生动直接的融媒体

第十章　新技术新媒体下深圳发展文化产业新业态的经验做法

体验的同时，也有效增强了广电媒体的传播力、引导力、影响力和公信力。数据显示，截至2020年11月底，仅"壹深圳"就进行了50场视频直播，所发布视频在央视、人民网、南方Plus、触电新闻、深圳新闻网等中央、省、市多个平台转载，全网点击破亿。①

此外，面对国家大力推进超高清视频产业发展计划的战略机遇，深圳广电集团正加快推进高清等现代媒体技术的升级换代，加速推动深圳广电在5G时代下超高清视频产业的布局。据悉，深圳卫视正全面启动4K超高清频道建设，积极探索布局"4K/8K+5G+AR/VR"和广电5G频道新样态。

深圳报业集团早在2019年就与华为集团签署了战略合作框架协议，双方在大数据中心、媒体混合云、融媒体平台建设、5G+人工智能创新、虚拟现实等方面已经全面展开了合作。2020年6月，深圳报业集团新组建独立生产机构——视听中心，选取移动互联网和手机在内的"小屏幕"为赛道方向，进一步强化了报业集团移动端传播能力的建设。与此同时，为全面提升全媒体时代的新闻采编传播实力，报业集团以深圳报业集团原技术管理中心为基础，转企改制组建成立了深圳市创意智慧港科技公司。该公司成立之后，即着手深圳报业集团与腾讯开展战略合作，通过共建媒体科技联合实验室，推动建设深圳大数据交易中心、深圳报业集团媒体云及数据中心等举措，全力推进报业集团参与"5G+融媒体"以及"5G+智慧城市"建设。

深圳出版集团也加大了对5G时代智慧书城的建设力度。2019年，集团在深圳率先启动5G技术智慧书城——龙华书城，作为深圳书城6.0版本，书城改变以往"综合性大卖场"模式，并在5G等高新技术赋能下，蜕变成为智能无处不在的多元体验书城、智能创意书城。据了解，龙华书城未来网速可达4G的9~20倍，下载速度最快可达1G/秒，即未来在龙华书城下载一部电影只需一秒钟，给市民读者带来最新智能科技体验。同时，深圳出版集团还推出了国内首个通过移动互联网提供实体书店及书城文化综合体服务的移动应用——"掌上书城"以及智能化最新成果——国内首个AI智慧书城，凭借大数据AI中台实现各业务子系统数据的互联互通，达到精准触达、顾客分层、精细化运营的目标，成功实现了"一部手机逛

---

① 王禹：《"媒体深度融合"第八谈：小舢板闯出一片天——深圳广电"壹深圳"融媒实践》，搜狐网，https://www.sohu.com/na/435402522_99994436，最后访问日期：2022年1月5日。

书城""一部手机查书城""一部手机管书城",书城综合体管理的智能化、智慧化建设成果显著。此外,出版集团还组合懒人听书、梦方科技、优必选科技等行业领军企业,将科技、创意元素融入书城,加快推进书城5G时代数字化、智慧化建设。

(三)深圳媒体融合新业态案例——以5G时代背景下深圳广电集团"壹深圳"为例

1. 深圳广电集团"壹深圳"基本情况

党的十八大以来,以习近平同志为核心的党中央高度重视传统媒体和新兴媒体的融合发展,习近平总书记多次就推动媒体融合发展做出深刻阐述,强调"融合发展关键在融为一体、合而为一,要尽快从相'加'阶段迈向相'融'阶段"[1],要"加快传统媒体和新兴媒体融合发展,充分运用新技术新应用创新媒体传播方式,占领信息传播制高点"[2],为我国主流媒体深化改革、融合发展指明了前进方向、注入了强大动力,具有重大的实践指导意义。

深圳广电集团高度重视,认真贯彻落实中央精神和战略部署,坚定不移推进媒体深度融合,于2015年就推出集团官方媒体伴随客户端"壹深圳",其功能定位为服务于深圳市民的政务+民生新闻资讯的融媒体产品,涵盖了国内外时事热点资讯的发布,旨在围绕"以内容为本""以平台为先""以技术为要""以服务为领"的发展思路,探索具备广电特色的移动互联网舆论新阵地,担负着广电媒体在新时代语境下探索舆论战场发声和引导的使命。同时,"壹深圳"也肩负着集中整合深圳广电集团优势资源,探索"一体化资源配置、多媒体内容汇聚、共平台内容生产、多渠道内容分发、多终端精准服务、全流程智能协同"融合传播体系构建的重任。目前,"壹深圳"在构建现代化、移动化、社交化新型传播体系方面取得了积极的成效。截至2020年,"壹深圳"已实现累计下载用户超过1200万,日均活跃用户30万,全网累计总浏览量35亿次。[3] 2022年1月,新华网公

---

[1] 中共中央党史和文献研究院编《习近平关于网络强国论述摘编》,中央文献出版社,2021,第69页。

[2] 中共中央文献研究室编《习近平关于社会主义文化建设论述摘编》,中央文献出版社,2017,第31页。

[3] 王为理、陈长治等:《2020年深圳文化发展回顾与2021年展望》,《深圳文化发展报告(2021)》,社会科学文献出版社,2021,第10页。

第十章　新技术新媒体下深圳发展文化产业新业态的经验做法

布的《2021年度最具影响力榜单》中,"壹深圳"实力上榜《2021年度最具影响力榜单》媒体榜,成为新华网客户端全国范围最具影响力的媒体之一。

2. 深圳广电集团"壹深圳"的主要经验与做法

（1）融合广电媒体资源优势，坚持"新闻资讯"+"政府民生服务"优势

作为深圳广电集团重点打造的客户端，"壹深圳"聚合了广电集团各频道、频率的新闻内容资源，形成了强大的媒体资源库。目前，"壹深圳"已初步具备节目直播、点播互动、新闻首发、城市公共服务四大功能，专门成立了"新闻频道""公共频道"，并通过加大与深圳各区各部门的合作力度，打造了特色民生问政平台。客户端推出报料系统，提供在线公共协调、消费维权及政务服务等，成为政府、媒体、群众对接联通的重要桥梁，为深圳各政务部门政务信息发布与宣传提供了有效途径与渠道，有效发挥了主流新闻媒体的舆论导向作用。与此同时，"壹深圳"还以区域性地方新媒体为定位，牢牢抓住了主流媒体及政务资源的优势，并针对深圳政务新媒体缺少权威聚合平台的实际现状，重点打造了深圳"政务号"权威政务自媒体平台，通过聚合深圳各区官方自媒体号，进一步强化了平台的政务服务功能。同时，围绕深圳市委、市政府中心工作，"壹深圳"常态化策划开展重大主题宣传，采取直播、专题专栏等多种形式加强宣传报道，将各类政策新规、民生咨询、社情民意等及时向社会发布、传递，有效提升了信息的发布效率。①

此外，"壹深圳"从成立之初，就坚持"服务城市、服务市民"的发展理念，在社会民生方面精耕细作，充分发挥了广播电视媒体的影响与公信作用，并通过导入政府公共职能部门的"智慧城市"大数据，为深圳市民提供了天气、交通等优质便捷的公共城市服务，得到了广大市民的一致认可。

（2）探索"广电+直播""PUC+UGC"新模式，巩固壮大主流舆论阵地

习近平总书记强调，要更多地采用群众喜闻乐见的形式，不断增强新闻宣传的生动性、可看性，努力提高新闻宣传的质量和水平。"壹深圳"为抢抓视频直播带来的发展空间，及时调整战略，以媒体互动、手机直播为主要特色，集中优势人才打造直播原创视频产品和视频节目，创新开展"执法直播、民生直播、VR直播、名嘴直播"等，在激烈的直播平台市场

---

① 董姝：《从"壹深圳"看媒体伴随客户端的摸索与突围》，《新闻战线》2018年第20期。

竞争中，成功探索出了一条"广电+移动直播"的手机直播特色道路，有效增强了用户对产品使用的黏性，巩固壮大了主流舆论阵地。例如，"壹深圳"与深圳交警联合开展的"全城猎虎"行动，得到了公安部门和市民的充分肯定。与此同时，"壹深圳"还加强了与集团内部频道、频率的直播合作。例如，"壹深圳"与广电集团都市频道开展"来吧 高考！""董超陪你看世界杯"等特别直播节目。"广电+直播"模式取得了良好的成效。目前，"壹深圳"已举办手机直播800多场，累计观看人数超过9000万人次，直播及相关报道点击次数高达2亿，[①] 其用百姓喜闻乐见的新形式强化正面引导，充分发挥了地方主流媒体的舆论引导作用，有效提升了"壹深圳"传播覆盖率。

同时，为满足用户多样化、差异化和个性化资讯需求，提高每日信息更新量，"壹深圳"坚持"PUC+UGC"双线发展模式，即同时依靠传统媒体新闻客户端的PGC（专业内容生产）模式和UGC（用户内容生产）模式，在专业内容生产方面充分整合集团十余个电视频道和数套广播频率的新闻资源，依托母体实现专业内容的生产。在UGC模式内容的生产上，重点打造了"记者帮"板块，通过新闻爆料等方式，进行新闻资讯在体量和规模上的有益补充。目前，"壹深圳"客户端日信息更新提高到4000余条，营造了良好的舆论氛围。此外，为了进一步优化多平台相互联动，强化协同效应，"壹深圳"在内容生产体系上已经实现了与多个国家级媒体的互联互通，先后与人民日报社、新华社、央视新闻、央视网建立深度合作关系，通过在重要时间节点共同策划、共同报道，打造了"壹深圳+央媒"的媒体传播矩阵，有效抢占了新媒体舆论的主战场，提升了发布渠道层次。

（3）以5G赋能创新，打造深度融合的智能支撑传播体系

在媒体融合的背景下，优质内容的生产、传播离不开高新技术的驱动。在进入高质量发展新时期，5G、大数据、云计算、人工智能等新技术是保障融合创新的先决条件。所以，新技术创新是目前传统融合发展中的全新出口。深圳广电集团十分重视高新技术对"壹深圳"平台内容生产、宣传推广的支撑作用，专门成立了新媒体中心"壹深圳"客户端直播团队，并于2019年7月与中国电信、华为等技术团队先后开展合作，加强对5G的

[①] 梅宏、李虎、张春朗：《全力打造与深圳城市定位相匹配的新媒体产品——以壹深圳客户端为例》，读特新闻客户端，https://www.dutenews.com/p/1301493.html，最后访问日期：2022年3月2日。

第十章　新技术新媒体下深圳发展文化产业新业态的经验做法

战略部署，进行了一系列技术层面的新尝试。2020年初，中央广播电视总台在深圳率先进行5G+4K的直播测试并获得成功；4月，"壹深圳"直播团队推出引入AR等特效的5G直播活动，并首次应用到商业主题活动中，获得多方肯定；10月，"壹深圳"直播团队与华为云团队在"5G+云处理"技术应用方面展开探索，全方位推进云技术以及AR、VR、XR等视频处理在直播场景中的应用。此外，深圳广电集团新媒体技术团队还打造了"全渠道传播影响力统计"系统、"新闻热点舆情大数据"系统以及"全渠道数据采集、处理分析、呈现发布平台"①，加大对用户数据库建设、民生数据库建设、内容资源生产等技术环节的投入力度，为"壹深圳"平台的产品规划和运营发展提供重要数据支持，多维度增强媒体融合智能支撑。

（4）加强矩阵布局，探索直播电商等新型盈利模式

为进一步激发融媒体市场活力，实现盈利良性循环和可持续发展，"壹深圳"正逐渐构建"台前+幕后""大型直播+专项直播""节目精选+自制短视频""栏目微信"等矩阵布局，通过在运行机制上不断创新，成功开辟了商业直播市场，形成了"直播+活动+服务"的经营新模式。与此同时，"壹深圳"还通过整合深圳广电购物频道、都市频道的平台资源，积极推动直播带货等方式，实现了新的创收。②据悉，2020年，深圳广播网络直播数量超过1200场，全部由"壹深圳"直播团队执行，其中有七成以上属于商业活动直播。此外，"壹深圳"还与《深视新闻》《民心桥》等节目展开了全方位合作，重拳打造了"城市发现""第一现场"等锥子产品，平稳有序推进由单纯内容售卖向版权增值模式的转型。与此同时，"壹深圳"通过开设海洋、地产、汽车等多个专业频道，采取市场化合作方式，持续打造为行业提供权威的主流传播平台，成功拓展了媒体运营资源，逐步摆脱了对传统广告收入的路径单一依赖，有效实现了盈利模式的创新。

二　深圳市数字时代下游戏影视产业新业态

（一）深圳数字时代下游戏影视产业发展基本情况

随着全球互联网的发展以及电脑、智能手机、平板电脑等电子设备载

---

① 梅宏、李虎、张春朗：《全力打造与深圳城市定位相匹配的新媒体产品——以壹深圳客户端为例》，读特新闻客户端，https://www.dutenews.com/p/1301493.html，最后访问日期：2022年3月2日。

② 杜明艳：《联合、融合、聚合：广电深融的"壹深圳"经验》，《传媒》2022年第1期。

165

体的更新换代，网络游戏载体、类型不断丰富，游戏品质不断提高，游戏行业重心开始从PC端向移动端演进，并竞相涌现出云游戏、电竞等游戏新业态。中国音数协游戏工委发布的《2021年中国游戏产业报告》中显示，2021年，中国游戏市场实际销售收入2965.13亿元，同比增长6.40%。其中，中国移动游戏市场实际销售收入2255.38亿元，同比增长7.57%，占国内游戏市场总收入比重的76.06%。中国电子竞技游戏市场实际销售收入1401.81亿元，比2020年增加了36.24亿元，同比增长2.65%。iiMedia Research（艾媒咨询）发布的《2021—2022年中国影视行业发展状况及消费行为研究报告》中数据显示，2021年中国影视行业市场规模达2349亿元，同比增长23.2%。全国数字影视游戏产业发展保持快速增长，市场迅速崛起，市场规模逐步扩大，行业整体向好发展。

深圳是全国少有的几个最早开发游戏、运营游戏的城市，有着较为深厚的游戏文化基础和影响力。同时，近年来深圳率先探索新路，凭借后发优势，抢占文化产业制高点，电子竞技等新型文化业态也逐渐成为引领深圳文化产业快速发展的新兴力量，成为推动深圳经济快速健康发展的重要引擎之一。截至2022年，深圳游戏企业超4000家，拥有腾讯、华强方特、环球数码、创梦天地、中青宝、迅雷科技、数虎、尚游网络科技等一批优秀游戏研发制作、游戏运营企业，产业链完备，产业内部集群效应的发酵将成为深圳市游戏产业发展的动力，孕育着巨大的发展前景。数据统计显示，2020年广东省游戏营收规模达2132.1亿元，深圳游戏营收规模达1445.56亿元，占全省的67.8%；广东49家上市游戏企业中，深圳28家，占全省57.1%。[①] 同时，深圳在电子竞技领域也逐渐崭露头角、捷报频出，多个世界顶级电竞赛事接连在深圳举办。2020年，V5电竞英雄联盟分部主场馆落地深圳；2021年，手握KPL（王者荣耀职业联赛）冠军奖杯的DYG战队主场落地深圳南山；PEL（和平精英职业联赛）STE战队也由上海南下深圳南山，并为深圳拿下PEL 2021 S4赛季总冠军。2022年9月，深圳市文化广电旅游体育局发布《深圳市关于建设国际电竞之都的若干措施（征求意见稿）》，提出"将深圳打造成为引领粤港澳大湾区、辐射全国、面向世界的国际电竞之都"的建设新目标。

在数字影视领域，深圳虽起步较晚，但得益于政策、科技和资金等多

---

① 《深圳游戏"玩"出千亿级产业》，百度，https://baijiahao.baidu.com/s?id=1688194177391479345&wfr=spider&for=pc，最后访问日期：2022年7月4日。

方位强有力的支持,近年来深圳影视企业数量呈现井喷式增长,涌现出深圳华强方特文化科技集团、深圳中汇影视、洛克特视效以及深圳大盛国际等影视领军企业,以及大地影院、乐享影业、聚橙网等知名电影放映和剧目经营企业。数据显示,截至2021年4月,深圳与电影类相关的企业数量为1.6万余家,而在2015年,这一数字才300出头。[①] 深圳仅宝安区就有影视企业396家,其中电影制作及放映企业165家,规模以上影视及相关产业企业103家,影院75家,银幕469块,座位53270个,影视上下游产业链产值达136.77亿元。[②] 正如深圳洛克特视效科技有限公司创始人聂华军所说:"深圳影视产业已经形成'影视+科技'的鲜明特色。现代影视离不开技术支撑,而深圳高新技术产业发展是中国的一面旗帜,无论是人才聚集还是技术创新,都走在全国前列。"

(二)深圳推进数字影视游戏产业发展的主要做法和基本经验

1. 加快出台电竞等专项扶持政策,推进数字游戏影视特色化发展

深圳市一直积极致力于对"文化+科技"发展新模式、新优势的探索,特别是近年来,深圳市、区两级文化管理部门以文化为基因、以政策为支点,积极通过互联网、新媒体、高科技等手段推动影视游戏产业转型升级,取得了良好成效;同时,针对数字经济时代下游戏云端化、电竞化以及影视产业数字化、虚拟化发展新趋势,深圳市出台了一系列政策予以支持、鼓励,相继发布了《深圳市国民经济和社会发展第十四个五年规划和二〇三五年远景目标纲要》《深圳市文体旅游发展"十四五"规划》《关于加快文化产业创新发展的实施意见》《深圳市扩大文化旅游和体育消费实施方案》《深圳市培育数字创意产业集群行动计划(2022—2025年)》等多项政策,对游戏电竞以及数字影视等领域做出前瞻性布局和具体安排。2022年9月,深圳市发布《深圳市关于建设国际电竞之都的若干措施(征求意见稿)》(以下简称《措施》),首次提出深圳要加快建设"国际电竞之都"的发展新目标,《措施》从6个方面15条具体内容,全方位支持深圳

[①] 鲁军、于雪、魏沛娜:《深圳:粤港澳大湾区电影产业引擎》,读创,http://duchuang.sznews.com/content/2021-04/21/content_24151937.html,最后访问日期:2022年7月6日。

[②] 范晓霞:《政策驱动 产业集聚 助力宝安打造湾区影视产业高地》,深圳宝安网,http://ibaoan.sznews.com/content/2021-09/22/content_24589695.htm,最后访问日期:2022年7月5日。

电子竞技产业发展，并按照电竞场馆最高 1000 万元标准给予一次性资助，支持力度之大，前所未有。

与此同时，深圳市福田区、南山区、宝安区、龙岗区等纷纷展开对电竞产业的政策支持。2020 年 2 月，龙岗区在全市率先出台了"龙岗电竞产业 9 条"扶持政策；南山区紧随其后，发布了《深圳市南山区关于支持电竞产业发展的实施意见》《深圳市南山区关于支持电竞产业发展的若干措施》等电竞产业专项支持政策。这些政策覆盖了电竞全产业链，重点关注了电竞俱乐部创立、电竞赛事举办、电竞场馆建设等核心环节建构问题，并通过聚焦电竞产业头部资源，从品牌、主体、空间、人才、服务等五个方面给予政策引导和资金支持。作为深圳市文化科技强区的南山区更是提出了打造顶级电竞赛事举办地、中国电竞产业总部基地、粤港澳电竞产业中心等具体发展目标，以助力深圳市在新的产业业态赛道中抢占发展先机。

在数字影视动漫新业态领域，深圳龙岗区、宝安区等相继发布了"龙岗影视产业 30 条""宝安影视十条"等政策助力产业高质量发展。2020 年 2 月，龙岗区出台《深圳市龙岗区经济与科技发展专项资金支持文化产业发展实施细则》，明确提出"龙岗影视产业 30 条"，政策扶持范围广、扶持主体多，涵盖剧本、融资、制作（含拍摄、后期制作）、宣发、放映以及衍生业等产业链各个环节，以及影视出品公司、拍摄基地运营公司、影视道具服装器材租赁公司、后期制作公司等 8 类主体，被誉为近年来国内影视产业扶持政策中"扶持最全、最接地气"的政策。宝安区也在全市率先出台影视产业专项政策——《宝安区关于促进影视产业发展的若干措施》（"宝安影视十条"），从影视企业引进、影视精品打造等多个维度加强了对宝安区数字影视产业的扶持。"宝安影视十条"中对本土题材创作最高奖励达 1200 万元的资金支持，目前也是在近年全国出台的同类影视政策中奖励额度最高、力度最大的扶持政策。

2. 以龙头企业为牵引，做强做优数字游戏影视产业

众所周知，龙头企业带动产业链运转，引领行业发展，是产业发展、经济稳定运行的定海神针。作为全国最早开发运营游戏的城市之一，深圳已孵化、集聚了腾讯游戏、中手游、墨麟游戏等在全国颇具引领性的游戏创意企业，有效吸引了众多游戏上下游企业，汇集了游戏开发商、游戏运营商、渠道经销商、电信运营商、配套设备制造商和周边服务商等。目前，深圳有综合型游戏公司腾讯游戏、研发运营公司冰川网络、研发力量较强的公司墨麟游戏、享誉全球的游戏运营公司手游以及游戏媒体公司游戏陀

第十章 新技术新媒体下深圳发展文化产业新业态的经验做法

螺等,游戏产业链相对完整。产业内部集群效应的发酵成为深圳市游戏产业发展的巨大动力。

同时,深圳数字影视产业不仅在全国起步早,而且发展快。同时,得益于城市强大的科技创新体系,腾讯视频、环球数码、华强方特、中汇影视、点石数码等影视领军企业层出不穷。目前,华强方特知名的 IP "熊出没"已家喻户晓,在 50 多个国家院线上映创佳绩;中汇影视通过开辟 IP 全产业运营之路,陆续制作、出品了全球顶级 IP 东野圭吾《嫌疑人 X 的献身》,二次元 IP《长安幻夜》《快把我哥带走》,以及《九功舞》《孤城闭》《清平乐》等现象级影视剧;凭借《哪吒之魔童降世》《姜子牙》等爆款电影以技术实现"突围"的洛克特视效科技有限公司目前也迅速成长为数字影视行业龙头企业;点石数码更是在全球各大顶级国际赛事舞台上收获了 120 多项奖项,成为输出国际标准的全球顶尖影视视效创意公司。据悉,点石数码为京东智谷制作的影片——《人类的征途是星辰大海》,荣获 2020 EVCOM 英国国际视觉传播协会奖"最佳动画铜奖"及"最佳剪辑铜奖",使其成为唯一获奖的中国公司。这些龙头企业覆盖了影视上下游产业链,有效完善了深圳影视产业链条,增强了行业竞争力。

3. 鼓励新型影视产业园区建设,加快推动产业集聚化发展

经过多年发展,深圳东部影视拍摄基地、新桥影视产业基地、T-PARK 深港影视创意园、深圳新媒体广告产业园等游戏数字产业基地、园区项目建设颇具规模,数字影视产业集聚效应初显,产业园区成为加速推进深圳影视产业集聚发展的有效载体。2021 年深圳市新认定的 15 家深圳市级文化产业园区中,新桥影视产业基地、大视界国际影视文体产业园、定军山电影科技产业园这 3 家园区都属于新型数字影视产业园区。可见,深圳对于影视产业园区的扶持力度之大、重视程度之高。新型数字影视产业园区建设已成为推动深圳市影视动漫创新创业的综合载体和重要引擎。

据悉,深圳东部影视拍摄基地从 2018 年启用以来已有 80 多个剧组、超百个广告进驻拍摄;园区入驻企业涵盖影视拍摄、后期制作发行、影视文化衍生、影视培训、影视器材租赁等影视全产业链条,内有标准摄影棚、综合摄影棚、绿幕特效棚、飞机舱实景、道具库等,影视配套体系十分完善。而于 2020 年 10 月底成立并投入使用的宝安新桥影视产业基地,目前已成功吸引来自香港、北京、上海、浙江等地 37 家影视企业入驻;其中,园区内已落成的 1 号摄影棚也是深圳首个以国际标准建设的现代数字化摄影棚。同时,大视界国际影视文体产业园、定军山数字电影文化科技创意

园也已纷纷开始整合大湾区的影视资源，联结沿海景观资源，初步形成了产业集聚效应和区域联动效应。

目前，华强方特数字动漫影视基地总部项目已完成坑中坑开挖、桩基检测及底板施工，正进行地下室外墙施工，计划 2025 年 6 月竣工。新桥影视基地 2 号摄影棚也正加快施工建设中。同时，深圳正引进并启动"中宣部电影技术质量检测所南方分中心""中国国际动作电影总部基地""宝港电影城"等一批影视产业项目，都将为深圳数字影视产业内部集群效应的发酵提供巨大动力。

（三）深圳数字影视产业新业态典型案例——以 IP 驱动下中汇影视发展新模式为例

1. IP 概念阐释与影视产业融合发展分析

（1）IP 概念的演变与内涵界定

IP 并非一个新名词，该概念伴随 1967 年世界知识产权组织成立而进入公众视野，其英文全称为"Intellectual Property"，直译为"知识产权"，即指"知识（财产）所有权"或者"智慧（财产）所有权"，也称为"智力成果权"。实质就是将人类智力成果作为一种财产来看，是民众在从事智力劳动和智力创作过程中享有的一种民事权利，原是一个领域明晰的法律术语，目前 IP 这个概念又有了新的指代内涵，而且国内外对其所指代的内容也有很大差异。在英文语境中，目前 IP 主要指 Internet Protocol，即互联网协议；而在国内当下语境中，IP 已然演变成为泛娱乐产业中风头正盛的一个涉及版权产业的流行词语。据国内有关学者最新研究表明，国外没有娱乐领域 IP 的概念，因此没有 IP 转化机制的相关研究。与 IP 运作相关的"版权运营"研究方面，先后以"intellectual right operation""copyright operation""Hollywood intellectual property rights"等关键词进行搜索，发现国外的相关研究多集中在知识产权保护、版权国际化、优化电影版权运营机制等领域。[①] 而国内学者不管是业界还是学界已经对 IP 进行了深入的研究。近 5 年的知网（CNKI）关键词搜索显示，相关文章和有关报道高达 500 余篇，但主要集中在对 IP 概念的阐释、对 IP 影视剧改编现象的分析以及围绕 IP 进行的价值评估机制和投融资分析等研究方面，而从产业化视角切入

---

① 王晨阳：《泛娱乐时代我国网络文学 IP 转化成影视作品的机制研究》，硕士学位论文，东北师范大学，2018 年。

第十章 新技术新媒体下深圳发展文化产业新业态的经验做法

相关领域研究,特别是从产业融合层面进行的研究还略显薄弱,有待进一步深入。

目前,国内学界和业界对 IP 的内涵与界定给予了见仁见智的研究与阐释,尚未形成权威、统一的概念界定,但随着大量 IP 形式或 IP 现象被规模性地罗列与分析阐释,学界至少形成对 IP 内涵的两点共性认识:一是 IP 一定有着清晰的版权归属,二是 IP 形态是可以多种多样的,不能一概而论。① 本文采用《光明日报》对 IP 的清晰而简单的表述:"广泛意义上来讲,IP 就是指那些被广大受众所熟知的、可开发潜力巨大的文学和艺术作品。IP 的形式多种多样,既可以是一个完整的故事,也可以是一个概念、一个形象甚至一句话,可以应用于音乐、影视、游戏等多个领域。"② 当然,随着"95 后""00 后"对于漫改作品和游改作品消费的持续青睐,本书认为未来 IP 的来源也将更多地向漫画、游戏等新业态所赋予文本的版权归属倾斜;同时,随着漫改作品的影视化转化以及未来影游音互动的进一步融合发展,IP 将进入一个大 IP 全产业链时代,其来源也将更加丰富多元,其内涵指代也将有更多可涵盖的新内容和可阐释的新空间。

(2) IP 产业与影视产业的融合发展分析

以网络文学为核心的 IP 产业与影视产业有着天然的融合发展基础。众所周知,文学作为内容资源一直发挥着"艺术之母"的作用,以文学作品为母本的影视剧改编一直是影视剧本形成的主要途径之一。③ 而 2015 年以来掀起的以网络文学为核心 IP 的影视化转换热潮可以说对近年来我国影视产业的发展产生了深远的影响,成了传统的影视产业内容市场的巨大补充和推动传统影视公司转型升级的助推器,并从内容采选、制播模式、播映渠道等多个产业流程对影视产业产生了更深层次的影响。首先,从内容采选上,基于"95 后""00 后"等"网生代"文化消费兴趣、审美习惯的网络文学核心 IP 成为影视剧本的重要来源,其弥补了传统影视剧本创作周期长、题材类型单一、不能有效对接次元文化消费趋势等弊端;其次,从制播模式上,"以销定产"开始向影视产业全方位渗透,改变了以往传统影视制作中先剧本后资本进入的运营模式,进一步对内容转化折现提出了更

---

① 邱章红:《电影 IP 资源的价值评估》,《当代电影》2017 年第 9 期。
② 赖敏、方杰:《网络文学影视改编的文化产业影响研究》,《西南石油大学学报(社会科学版)》2018 年第 3 期。
③ 赖敏、方杰:《网络文学影视改编的文化产业影响研究》,《西南石油大学学报(社会科学版)》2018 年第 3 期。

高的市场要求，加强了影视企业和资本对具有"粉丝流量"超级 IP 的囤积与运营的角逐。同时，随着近年来爱奇艺、优酷等网络播放平台相继成立独立运营制作团队，进一步消解了传统影视"制—播分离"模式，制—播模式一体化发展趋势日益凸显，对传统以拍摄、制作为主的影视公司的市场份额和利润空间进行了一定程度上的挤压，尤其是在 IP 改编、衍生概念之下，传统影视剧产业的发行环节简化和弱化趋势更加明显，进一步对传统拍摄、制作及发行的影视公司的运营思路和转型升级提出了新的时代要求。所以，当下已有不少传统影视公司纷纷将目光聚焦在以网络文学为核心 IP 的全产业链整合运营上，希望借势完成转型升级。而 2012 年在深圳成立的中汇影视文化传播股份有限公司目前已经实现了由传统的影视制作、拍摄和发行业务全面向 IP 全版权运营业务的成功转型，并一举成为影视行业的佼佼者，对其转型历程、主营业务模式和成功经验的分析和总结，必将对我国目前传统影视公司的转型起到积极的借鉴与促进作用。

2. 深圳中汇影视以 IP 为驱动推动影视产业发展的商业模式分析

（1）深圳中汇影视基本情况

深圳市中汇影视文化传播股份有限公司（简称"中汇影视"），作为深圳为数不多的从事国内外影视剧的投资、制作与发行的专业影视公司于 2012 年 9 月在深圳注册成立，2016 年 3 月 14 日正式在新三板挂牌上市。目前主要从事国内外影视剧的投资、制作与发行、IP 作家经纪、IP 版权交易及 IP 内容增值服务等业务，其在北京、天津、伊宁及美国一些城市均设有子公司。公司在 2012 年成立伊始，主要围绕国内外电影、电视剧的投资、拍摄和制作等传统影视业务展开；而近年来，伴随"95 后"与"00 后"等"网生代"这一新文化消费群体需求的转向和 IP 市场的兴起，中汇影视公司在 2014 年就开始全面向文学 IP 发掘、交易、开发和运营等新业务领域方向拓展和转型，致力于构建以 IP 为入口的互联网文化作品平台，期望围绕优质文学，以超级 IP 为核心，通过连接最好的平台、导演、演员，通过自主开发制作或者对外合作等商业模式，在影视、游戏、动漫以及其他衍生品等多个重要环节进行超级 IP 的全产业链和全版权开发，进而搭建一个集"超级 IP—超级阵容—超级内容"于一体的互联网文化公司。

目前，中汇影视已经和众多国内一线作家签约，拥有这些作家数百个 IP 的改编权或优先购买权，并和多个知名团队、导演团队、营销推广团队、媒体平台等建立了良好的合作关系。如与国内腾讯视频、优酷、爱奇艺等各大网络平台，光线影业、腾讯企鹅影视、万达影视等国内王牌影视

第十章 新技术新媒体下深圳发展文化产业新业态的经验做法

制作公司,以及湖南卫视、安徽卫视、深圳各大卫视,高林豹、侣皓吉吉等互联网时代最火热的导演都展开过良好的合作。中汇影视已成功合作制作发行了电视剧《头号前妻》、网剧《寻找前世之旅》、电影《嫌疑人X的献身》等一批优秀影视作品。其中,电视剧《头号前妻》2016年获得九大地区最佳收视奖;网剧《寻找前世之旅》点击量突破14亿次;电影《嫌疑人X的献身》票房破4亿元。[①] 公司与上海腾讯企鹅影视合作的网剧《快把我哥带走》,与北京青春你好、完美世界合作的《热血同行》以及与重庆思美人、北京青春你好合作的《别人都说我们会分开》等都取得了相当不错的成绩,公司发展势头十分迅猛(见表10-1)。

表10-1 中汇影视项目情况汇总

电视剧《爱国者》	——原创剧本创作,省级卫视黄金时段的收视冠军,全网播放量破20.1亿次,抗战题材里程碑之作
电影《嫌疑人X的献身》	——日本著名推理小说家东野圭吾作品国内首度改编电影,2017年票房收入过4亿元
网剧《寻找前世之旅》	——改编自vivibear的小说,两季共24集播放量达14.6亿次
电影《马歇尔》	——荣获第90届奥斯卡原创音乐奖
电视剧《头号前妻》	——2017年获得九大地区最佳收视奖
电视剧《深圳合租记》	CSM50城平均收视率1.07
电视剧《前夫求爱记》	CSM50城平均收视率0.857
网剧《快把我哥带走》	2018年6月28日上映,累计播放量11.4亿次
网剧《S.C.I.谜案集》	2018年6月26日上映,优酷独播剧,累计播放量2.7亿次
电视剧《热血同行》	原著豆瓣评分8.9,已完成拍摄,进入后期制作;将在优酷、东方卫视播出

资料来源:"卫视小露电"微博账号、骨朵数据、爱奇艺、中汇影视。

(2)主营业务分析

目前,中汇影视主要从事国内外影视剧的投资、制作与发行,同时打造一个以IP作家经纪、IP版权交易、IP内容增值服务为核心,以"网生代"("95后""00后")为主要服务对象的动漫、影视、游戏、衍生品及周边的文化生态圈。中汇影视最新披露的2017年度报告显示,目前,中汇影视项目营收主要来源还是在影视剧和版权等销售业务上。其中,影视剧2017年度总销售额(含IP影视转化产品)近1.93亿元,版权等销售额近

[①] 资料来源:深圳市中汇影视文化传播股份有限公司内部资料。

0.42亿元，其主营业务主要分为以下两大部分。

第一部分是国内外影视剧的投资、制作与发行。

中汇影视在2012年9月成立伊始，公司主要业务就是参与电视剧的投资拍摄及制作，形成可售的电视剧作品，将播映权、信息网络传播权等相关版权向电视台、新媒体等播放平台许可使用并获取发行收入。当然，众所周知，影视投资行业所涉及的资金大、门槛高，还要受到拍摄周期长、风险大以及政策等不可控因素的影响，所以，国内影视项目的投资运作方式主要采取固定收益和风险共担两种方式。而中汇影视在2012年成立之初，公司高层出于对风控种种现实因素和公司实际情况的周全考虑，早期业务的开展主要通过积极寻求合作平台，采取与相关合作方联合投资制作或接受委托摄制业务等方式展开。所以，中汇影视在发展早期主要是以收取拍摄制作费用这一固定收益为盈利方式，一是源于高层深谙影视产业投资高风险的客观规律，采用较低风险的合作模式尽可能降低公司在行业发展中的风险；二是为积累行业实践经验、奠定行业未来发展提供了必要的资金基础和时间周期。而近年来，随着在影视拍摄、制作方面经验的日积月累和业界口碑与品牌的初步确立，中汇影视开始逐步向深度参与剧本创作、锁定购买方定制剧、合作拍摄等多元模式拓展，并逐步加强与优秀的影视公司、卫视以及视频网站在影视剧投资、制作与发行方面的战略合作。合作对象囊括光线传媒、万达影业、企鹅影业等制作、发行公司，湖南、江苏、山东、安徽等卫视，以及爱奇艺、芒果TV等视频网站，等等。与此同时，中汇影视也十分重视在国外影视业务的拓展，其在美国设立子公司投资好莱坞影视项目，控股子公司超级英雄影业拟计划未来3年将投资不少于5部好莱坞电影。超级英雄影业与星光源全额投资，与好莱坞一线团队合作拍摄的历史人物传记片《马歇尔》已完成拍摄，并于2017年在美国上映，取得了不错的口碑。

第二部分是IP作家经纪、IP版权交易及IP内容增值服务。

IP作家经纪、IP版权交易及IP内容增值服务这一领域的业务是中汇影视凭借其在互联网文化多年的行业经验和敏锐的市场嗅觉，在2014年初开始拓展的新业务领域，特别是在2015年IP爆发的这一年，随着原盛大文学CEO、"中国IP第一人"侯小强的强势加入，中汇影视开始全面战略转型。中汇影视目前主要是通过和IP作家签约获得IP的改编权或优先购买权，围绕这些优质的IP资源开发出与目标客户群体产生共鸣的，具有时代性、前瞻性、创造性、互动性、持续性的动漫、影视、游戏、衍生品及周边等的文化作品和服务，以 IP 版权交易的形式实现 IP 的变现，通过对 IP 的多次开发实现 IP 内容增值。这也是目前传统影视摄制公司结合互联网趋势下最新探索转型的方向之一。据悉，目前中汇影视在以超级 IP 为核心的版权运营方面主要有两个开发业务模式：一是主控开发，即围绕公司所采购的超级 IP 为核心每年进行 2~3 部影视剧的主控项目开发，比如目前在江苏卫视、深圳卫视上映的《爱国者》，2018 年开机的《这就是生活》，以及《智斗》、《九功舞》（全版权）等影视作品；二是通过加强与卫视影视平台的合作，以优秀的 IP 资源撬动与湖南卫视、优酷、爱奇艺、腾讯、阿里巴巴以及业内制片人和导演的合作，共同做好超级 IP 的内容变现运营，比如与光线影业联合出品的《嫌疑人 X 的献身》等影视作品。此外，在运营过程中，中汇影视特别重视对 IP 版权不同生命周期的开发，以确保发挥 IP 版权最大的产业价值。目前，公司已签约 100 多位知名作家，拥有二次元、网文、传统文学、动漫等多个领域的 70 多个优质 IP，[①] 已开始变现，另外有合作意向的 IP 有 40 余个。

（3）成功经验

众所周知，在互联网时代下，快速的行业更替和迭代发展是各个行业面临的客观规律，特别是影视剧这个满足大众多元化消费、娱乐的行业所面临的行业变动格局也更为复杂。而中汇影视能在当前扑朔迷离、急剧变动的影视发展环境下迅速做出战略调整，顺利完成转型升级，一举成为行业的佼佼者，其成功经验突出表现在以下三个方面。

一是 IP 资源挖掘及运营 + 网络影视剧制作发行双主线运营。

中汇影视改变了以往传统影视公司拍摄、制作等单一向度业务线模式，其在充分结合影视产业时代发展大趋势下，精准聚焦"95 后""00 后"等年轻消费群体，特别是在大 IP 背景下以网络文学为代表的年轻人思维运行模式，尝试采取"IP 资源挖掘及运营 + 网络影视剧制作发行"双主线的多元业务模式对公司进行整体的转型升级。从业务模式上首先破解了当下传统影视行业产业链重构对传统制作拍摄公司生存空间和利润空间的挤压问题。同时，其凭借多年在影视行业的从业经验和敏锐的市场嗅觉，在 IP 市场引爆资本角逐之前，就开始储备了大量具有强烈时代代表性以及良好可改编性、传播性和商业化价值的优质 IP 资源，进而通过这些丰富、优质的 IP 储备来搭建、强化与各大卫视、网络平台以及导演、制片人的坚实合作

---

① 资料来源：深圳市中汇影视文化传播股份有限公司。

基础，从内容创意版权源头全面切入互联网重组影视产业链下的业务与利润再分配。与此同时，中汇影视公司在与各大平台的合作过程中，充分发挥其在影视剧制作、发行和资本运作等方面的丰富经验，特别是多年积累的丰富拍摄经验和出色精良的制作能力，保证了从传统的影视剧制作向多元题材的网络电影、电视剧拍摄、制作的完美转型。

二是专业管理人才团队的搭建＋多方合作平台协同发展。

中汇影视能在竞争激烈的影视行业领域站稳脚跟，并迅速成为以IP＋影视剧业务为主的行业的佼佼者，主要源于其对内管理和对外业务拓展双管齐下的正确导向性和专业性。对内管理方面，突出表现为中汇影视在人才管理团队组建的专业导向性，其旗下集聚了一支对市场有着较强把控能力和敏锐判断力的管理团队，以高度的专业性确保在这个瞬息万变的互联网时代对公司的发展方向、发展定位和商业模式的运行有正确的导向。据悉，中汇影视的董事长、创始人孙莉莉为深圳市同洲电子股份有限公司的创始人，其在公司管理、市场运营和资本投资运作上经验十分丰富；公司联席总裁董俊先后担任过深圳卫视统筹部副主任、深广传媒有限公司副总经理、制片人等，曾在广电参与制作25部电视剧，3次获金牌制片人奖，对影视摄制、制作以及影视剧采购有着丰富的经验；公司创始人侯小强原任盛大文学董事，对IP的市场运营有着独到的见解和专业优势。正是这样一个懂市场、懂拍摄、懂IP的专业管理团队成就了中汇影视的顺利转型和迅猛发展。对外业务拓展方面，中汇影视擅长集众人之力。在发展过程中，中汇影视也深谙"内容为王，渠道制胜"的道理，所以公司在成立专门的版权部门广泛挖掘优质IP的同时，也十分重视与掌控着传播渠道的媒介与平台的合作，与各大卫视（湖南卫视、安徽卫视、深圳卫视等）、影视制作公司（光线传媒、腾讯企鹅影视、万达影视等）、网络视频平台（优酷、爱奇艺等）以及著名导演（高林豹、侣皓吉吉等）展开深入合作。据悉，近三年影视合作项目超过40个，通过与这些优势资源进行协同发展，进而不断提升在影视行业的实力水平和口碑，在激烈的影视行业竞争中取得优势竞争的关键因素（见图10-1）。

三是优质IP资源库构建＋IP全产业链版权运营。

影视公司对原创文学IP的发掘能力的高低、超级IP储备量的多少以及对超级IP的孵化水平和开发运营能力的高低都深刻影响公司能否在影视行业得到持续良性的发展和进一步的壮大。为此，中汇影视专门成立了版权部门，打造了一支优秀的IP采买团队，与60多位国内一线作家签约，

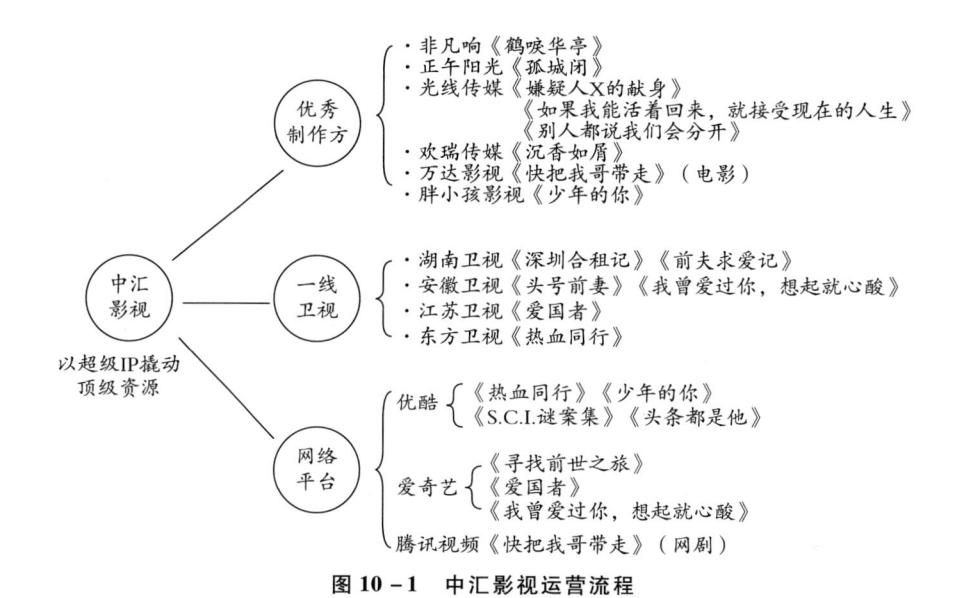

第十章 新技术新媒体下深圳发展文化产业新业态的经验做法

```
                    ┌ 非凡响《鹤唳华亭》
                    │ 正午阳光《孤城闭》
            ┌ 优秀 ┤ 光线传媒《嫌疑人X的献身》
            │ 制作方│       《如果我能活着回来，就接受现在的人生》
            │     │       《别人都说我们会分开》
            │     │ 欢瑞传媒《沉香如屑》
            │     │ 万达影视《快把我哥带走》（电影）
            │     └ 胖小孩影视《少年的你》
            │
  中汇       │     ┌ 湖南卫视《深圳合租记》《前夫求爱记》
  影视  ─────┤ 一线 │ 安徽卫视《头号前妻》《我曾爱过你，想起就心酸》
            │ 卫视 ┤ 江苏卫视《爱国者》
以超级IP撬动  │     └ 东方卫视《热血同行》
  顶级资源   │
            │     ┌ 优酷  ┌《热血同行》《少年的你》
            │     │      └《S.C.I.谜案集》《头条都是他》
            │     │      ┌《寻找前世之旅》
            └ 网络 ┤ 爱奇艺┤《爱国者》
              平台 │      └《我曾爱过你，想起就心酸》
                  └ 腾讯视频《快把我哥带走》（网剧）
```

图 10-1 中汇影视运营流程

拥有这些作家数百个 IP 的改编权或优先购买权，在对 IP 的采购上有着一套严格的评估标准和完善的采购流程。据公司创始人侯小强表示，中汇影视在 IP 储备上首先要具备四大原则：一是"新"，即 IP 本身讲的故事要新、情绪要新，要有成为"爆款"的潜力；二是"高"，即它的评分高、点击量高、积分高、粉丝忠诚度高；三是"大"，即它本身要有足够大的体量，可以满足电影、游戏、衍生品等多元化开发需求，业务与利润拓展空间足够大；四是"上"，即相关项目的合作开发方需要具备一流的能力与水平，"一流的文学、一流的故事必须交给一流的制作方才能发生化学反应，最终实现华丽转身"。近年来，随着中汇影视对优质 IP 的采购力度持续加强，目前公司储备了一批覆盖现实热点，囊括都市生活、悬疑推理、抗战革命等多种类型的超级 IP，共 70 余个，每年以 30% 更新率高速迭代，为后期主控项目以及对外合作定制与开发提供了源源不断的优质核心内容支撑。同时，中汇影视围绕 IP 的开发与运营将影视开发上下游整合打通，打造了一条运行超级 IP、破解内容变现全链条产业链。从上游优质内容采购源头，牢牢地与出版公司（磨铁、博集）、网络平台（阅文集团、掌阅、快看和漫漫）、作家（安妮宝贝、徐公子胜治和腾萍）进行了长期良好的战略合作，并通过与相关优秀作家和平台定期沟通，确保第一时间获得优质 IP 版权的采购权或改编权；在 IP 的开发与运营环节，与腾讯、爱奇艺、光线传媒、合一影业达成预售定制模式或者进行全版权开发，实现多渠道的变现，确保

177

IP 从内容到折现无缝对接，实现了 IP 产业价值的最大变现（见图 10-2）。

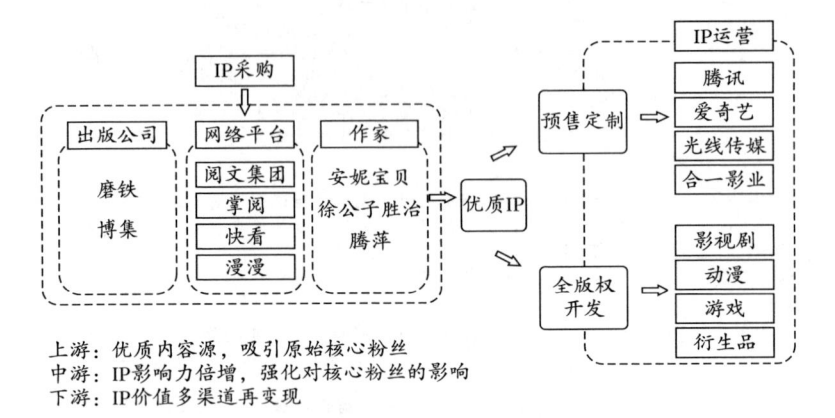

```
                    ┌─────────┐
                    │ IP 采购  │
                    └────┬────┘
                         ↓
┌────────┬────────┬────────┐              ┌──────────┐    ┌────────┐
│出版公司│网络平台│  作家  │              │          │    │ IP 运营│
│        │        │        │              │          │    ├────────┤
│        │阅文集团│安妮宝贝│   ⇨          │预售定制  │ ⇨  │ 腾讯   │
│ 磨铁   │ 掌阅   │徐公子胜治│            │          │    │ 爱奇艺 │
│ 博集   │ 快看   │ 腾萍   │  优质IP      │          │    │光线传媒│
│        │ 漫漫   │        │              │          │    │合一影业│
│        │        │        │   ⇨          ├──────────┤    ├────────┤
│        │        │        │              │          │    │ 影视剧 │
│        │        │        │              │全版权    │    │ 动漫   │
│        │        │        │              │  开发    │ ⇨  │ 游戏   │
│        │        │        │              │          │    │ 衍生品 │
└────────┴────────┴────────┘              └──────────┘    └────────┘
```

上游：优质内容源，吸引原始核心粉丝
中游：IP 影响力倍增，强化对核心粉丝的影响
下游：IP 价值多渠道再变现

图 10-2 中汇影视 IP 全产业链版权运营线路

3. 深圳数字时代下发展数字影视产业的对策建议

2015 年至今，IP 这个流行词语从热议到时下的种种非议就发生在这段时间内，但无论是从现下传统影视行业围绕其进行的种种转型探索实践，还是从深圳中汇影视成功转型案例来看，都充分显示了以 IP 为核心的版权内容产业在新一轮文化产业大发展中的关键性和不可逆转性，特别是围绕优质 IP 版权进行的影视剧转化开发已然成为传统影视公司可行也势在必行的转型方向之一。未来，传统以拍摄和制作为主的影视公司将逐步向互联网文化平台公司方向转型，更多地成为版权的采购方、供给方，同时也是版权的需要方和运营方，而深度参与到影视产业链中。当然，中汇影视公司的成功转型也充分表明传统的影视制作、发行公司要想真正转型成功，一是要具备从初级版权市场挖掘优质 IP 的能力，打造高质量、可跨界拓展的 IP 资源库；二是要具备用资金技术等资源将优质内容孵化成为超级 IP 的能力，其中特别是要具备对原创基础 IP 进行"二度创作"和创新转化后的无缝对接能力；三是要具备与各大优势院线和播放平台整合运营 IP 的能力，即强化与优势平台的整合营销以实现对 IP 内容的流转最大化和价值最大化。可以预见，未来版权市场是影视产业进行配置优质版权资源的重要场所，而围绕 IP 版权展开的影音游产业链联动跨界融合发展将对影视全产业链的打通有积极的重要贡献。当然，如何在泛娱乐趋势下找到影视产业社会价值和经济价值的平衡点，正确破解 IP 转化的影视剧所呈现的"媚俗""低质"问题，引导影视产业在 IP 转化热潮下健康有序发展也对我们未来影视市场的管理者和政策制定者提出了新的课题。

第十章　新技术新媒体下深圳发展文化产业新业态的经验做法

此外，通过对中汇影视的实地考察与调研，也从一个侧面窥见了些许深圳影视产业发展的薄弱环节和面临的瓶颈，本书主要从政策引导、空间支持、人才培养及技术支撑四个维度为促进深圳影视产业发展给予以下对策建议。

（1）进一步加强政策引导，鼓励深圳影视产业繁荣发展

目前，深圳涉及影视扶持政策的文件仅零星见于《深圳文化创意产业振兴发展政策》等政策文件中，针对性政策扶持文件基本处于空白，深圳影视产业发展政策环境还有待进一步优化。为此，建议深圳市政府：一是加大对影视产业扶持的政策力度，特别是加大对影视版权产业的保护和扶持力度，重点关注新型影视文化网络平台的搭建与集聚的支持和扶持政策的研究与制定，以有效促进深圳现有影视企业的网络化自发式集聚；二是考虑出台相关的税收优惠政策，在不违反国家税收监管法规的基础上，建议学习国外采用税收抵免等优惠政策，吸引更多影视公司落户深圳；三是尽快出台相关法规或政策积极鼓励支持外地影视企业来深拍摄、联络，提供低成本或者免费支持配套服务，可以考虑成立深圳影视摄制服务机构等，为外来影视剧组提供信息咨询和全方位的协调服务。

（2）强化影视基地构建，夯实深圳影视产业空间支持基础

深圳缺乏类似横店影视城、南海影视城这种影视基地硬件，仅有东部华侨城、甘坑客家小镇、杨梅坑（《美人鱼》取景地）等外景拍摄基地，而影视基地的缺位严重制约着深圳影视产业持续长远发展。建议一是加大对现有深圳文化创意园区整合使用力度，使其成为能代表深圳形象和特质的外景拍摄基地，在提升园区附加值的同时，在一定程度上缓解影视基地缺位的问题；二是重视对近年来深圳提升改造的"十大特色文化街区"的宣传和使用，进而吸引更多影视企业来深圳取景，从而创造落地生根的机会；三是建议深圳市委、市政府和相关文化管理机构在未来设施建设中能相应为影视摄制基地建设预留一定空间，保障深圳在影视产业上的发展用地需求。可考虑结合深圳高新技术之城和影视数字化拍摄、制作趋势，在深打造集影视策划、高端拍摄、后期特效等功能于一体的高科技影视摄制基地。

（3）重视本土影视创作人才培养，助力深圳影视产业持续健康发展

深圳目前最缺的是影视方面的人才，尤其是策划、创意、编剧、制作类高端人才。中汇影视管理人士表示，目前公司在前端IP采购的作家主要集中在北京、陕西、安徽等北方地区，后期制作团队也主要集聚在北京、天津地区。从中不难窥见，深圳在培育优质IP内容源端人才以及从事影视后期制作等技术人才方面匮乏现象十分突出。建议深圳制定出台影视人才

引进的政策，加快引进一批深圳市影视产业发展急需的专业人才，特别是在粤港澳大湾区战略合作背景下，加大对香港影视人才来深工作的吸引力度；同时，要进一步优化深圳现有教育结构，坚持以创新为驱动，以培养全球化影视人才为导向，从影视教育、理论研究、创意写作和后期技术特效等层面培育一批具有国际视野的创新型本土影视人才，有效提升深圳影视的国际化表达水平，助力深圳影视产业持续健康发展。

（4）深入推进"影视+科技"融合发展，打造深圳"IP+科技"影视产业优势

以网络文学为核心IP改编的影视剧以玄幻、武侠类题材为主，故事中人物和场景视觉元素的影视表达对拍摄前期及后期的特效制作均提出了更高的科技要求，特别是以"95后""00后"为主的"网生代"消费群体目前对虚幻影像的呈展以及沉浸式观感体验的热衷趋势，不难预见，未来以横店影视城为主的摄制方式将日渐式微。所以，深圳影视产业要牢牢抓住这次影视产业高科技转型大浪潮机遇，进一步发挥高新技术创新之城的优势，借力深圳最新的高科技产业优势，深入推进虚拟现实（VR）、增强现实（AR）等新型视觉艺术科技融入影视拍摄和制作，培育深圳"影视+科技"融合发展新优势；同时，要进一步鼓励深圳本土影视内容创新，深入挖掘深圳海洋文化与现代都市商业文化内涵，特别是颇具鲜明改革时代特征、特色的城市精神面貌和文化特质，进而赋能深圳这座城市大IP；通过打造一批具有深圳特色文化、特色城市IP+高科技的影视作品，为有效提升深圳"IP+科技"影视产业优势提供有力的技术支撑。

（四）深圳数字游戏产业新业态典型案例——以深圳中青宝云游戏发展新模式为例

云游戏，作为文化与经济和技术高度融合的产物，具有高技术、高创新、高增长和低能耗等特点，有着重大的经济和文化价值，对传承和繁荣民族文化具有重要作用，其市场空间巨大、前景广阔，具有传统产业无法比拟的优越性。根据newzoo预测，2021年底，云游戏服务的付费用户数量达到2370万，在云游戏上的支出总计为16亿美元。到2024年底，付费用户总数将增长至6070万，总支出达到65亿美元。[①]

[①] 《报告：到2021年底全球云游戏付费用户将达2370万》，站长之家，https://www.chinaz.com/2021/0827/1296983.shtml，最后访问日期：2023年6月5日。

第十章　新技术新媒体下深圳发展文化产业新业态的经验做法

目前，我国的云游戏产业已形成日臻完善的产业链和相对成熟的产业发展环境，正步入高速成长阶段，并对我国经济社会的发展以及人们的文化休闲生活影响日深，成为我国数字文化产业中不可或缺的重要组成部分，展现出难以估量的巨大潜力。作为国内首家 A 股上市游戏公司，深圳中青宝互动网络股份有限公司自成立之日起一直秉承"执民族文化旌旗，振民族网游强音"的发展理念，以"红色网游"为广大玩家所熟知，并凭借其优良的游戏品质等优势，从众多世界级游戏公司中脱颖而出，成为首家为好莱坞影视量身打造游戏巨制的中国数字游戏企业，也是国内最具实力的数字游戏公司之一。

1. 深圳中青宝公司基本情况

深圳中青宝互动网络股份有限公司（以下简称"中青宝"），是国内为数不多拥有自主研发、运营、代理能力的大型专业数字游戏公司，成立于 2003 年 7 月，前身为宝德网络公司。2010 年 2 月，中青宝登陆深圳证券交易所创业板，开创了数字游戏公司本土上市的先河。成立伊始，中青宝就秉承"弘扬传统民族文化，打造精品爱国网游"的宗旨，将中国优秀的国粹文化、传统文化、历史文化，通过数字游戏这一全新的表现方式传播给游戏玩家，坚定不移地走爱国游戏和民族游戏的发展路线，致力于大型历史爱国题材数字游戏的自主研发、策划和营运。目前，中青宝已经建立起数字游戏附加收益模式，如门户、交易平台、网页游戏、社区等新的盈利平台，凭借其成熟的运营模式、强大的研发平台以及完善的游戏运营平台，已成功打造了《大清帝国》、《战国英雄》、《抗战》、《亮剑》、《飞越长城》和《最后一炮》等多款数字游戏，正加速拓展 VR 游戏、云游戏、元宇宙等领域的相关业务。中青宝对外公布数据显示，2021 年公司实现营业收入 3.55 亿元，同比增长 20.86%。其中，云服务业务在中青宝总营业收入中占比逐年攀升，2021 年该项业务收入占全年总营业收入的 51.7%。同时，中青宝也正加大对新型游戏的拓展力度。据悉，中青宝即将推出虚拟与现实梦幻联动模拟经营类元宇宙游戏——《酿酒大师》。

目前，中青宝游戏产品已经覆盖全球多个国家和地区，主要涉及中国台湾、中国香港和朝鲜、德国、日本等，出口游戏涵盖网页游戏《战争之路》，武侠页游《大话武林》，3D 网页游戏《大明英雄传》、《天朝》和《梦回山海》等。2021 年，在商务部、中宣部、财政部、文化和旅游部、国家广播电视总局五部委联合公示的《2021—2022 年度国家文化出口重点企业和重点项目名单》中，中青宝凭借优秀的综合竞争力和海外市场的出色表现,成功入选"2021—2022年度国家文化出口重点企业",其海外拓展的步伐令人瞩目。

2. 深圳中青宝公司发展优势

(1) 技术研发是发展的核心

众所周知,技术研发实力是一家公司获得成功的核心因素。中青宝在成立之初,在技术研发上就有个"先天"的优势,其公司的前身——宝德网络公司,就是主要从事计算机软硬件、网络系统以及电子通信产品等技术研发的企业。据悉,中青宝已获得近40款计算机软件著作权和6款计算机产品登记证书和一项专利。公司先后被评为"国家级高新技术企业""深圳市高新技术企业""深圳市重点软件企业""深圳市重点文化企业""深圳市文化+科技型创新示范企业",旗下游戏入选民族网络游戏示范工程,并荣获第十三届中国国际软件博览会创新奖、第四届中国数字出版博览会优秀作品奖等二十余项奖项。其中,公司研发的数字游戏《战国英雄》夺得了专业媒体17173颁发的"最佳自主研发奖""最值得期待网络游戏"等奖项。目前,公司也正逐步加大对5G云游戏技术和VR/AR(虚拟与现实)技术投入力度,并全资收购宝腾互联[①],力争在云服务赛道加速展开业务布局,为后续中青宝游戏的自主研发提供强有力的技术保障。

(2) 优秀内容是获胜的法宝

"只有民族的,才是世界的。"数字游戏产业要实现真正的腾飞,走向世界,必须先珍视中华民族几千年积淀下来的优秀文化的结晶,深深植根于深厚的民族文化土壤中,保持自己文化的独特性,才有可能在激烈的竞争中独树一帜,在发展中立于不败之地。

中青宝成立伊始,就确立了自主开发、自主运营的基调,其数字游戏产品中国风特色非常明显。与其他数字游戏公司不同,中青宝在战略定位中始终坚定不移地走爱国游戏、民族游戏的发展路线。公司着眼于从历史文化中对游戏主题的内涵进行深度的挖掘,将中国传统文化与新媒体时代兴起的主流数字游戏产业相结合,重点创作和研发原创动漫游戏产品,大力弘扬了民族精神。这对我国数字文化产业的健康发展起到了积极的推动作用,引领了数字文化产业的本土化发展新潮流。

据不完全统计,在当今数字游戏风起云涌的年代,市场上每天都有20~

---

① 宝腾互联以专业数据中心、云增值业务、大数据服务为主营方向,目前已在深圳、广州等地运维高等级数据中心。

30 款游戏陆续推出。中青宝在激烈的竞争中,牢牢地将红色民族鲜明的旗帜屹立于数字游戏产业中,顺利找到市场的"真空带",通过民族特色和创新,培育了高"黏性"的核心客户群,摆脱了同质化现象,在竞争中取得了独特优势。中青宝充分利用数字游戏、云游戏等新型传播载体,将爱国教育的故事、环节巧妙设计于游戏中,以三国、春秋战国、抗战等主要历史题材为背景,形成了很多红色系列题材,例如抗战系列、战国系列等。让人们在轻松玩游戏的同时,能够更好地了解到"红色事迹",亲身感受一下"红色革命",通过游戏完成浓厚的爱国主义和历史使命感学习教育,寓教于乐、以史育人,有效地引发玩家对游戏价值观的认同,承担弘扬民族之魂、培养青少年爱国主义和历史使命感的重任,受到社会各界的充分肯定。

(3) 多类型的游戏产品是保障

在产品品牌推广上,中青宝牢牢占据了红色民族游戏这个特色的细分领域市场,组建了包括页游、手游在内的各大事业部,积极展开了对多种游戏平台和云游戏等新游戏类型产品的开发和市场拓展。早在 2010 年,中青宝就在产品形式方面进行了多样性的研发与探索。公司在原有 MMORPG 的游戏基础上,相继开发了网页游戏、社区游戏(SNS)以及手机游戏等多形式多题材的多元化游戏产品,并成功地运营了以《绝地战争》为代表的一系列网页游戏。2011 年,公司又相继推出了 SNS 游戏与 IPAD 游戏;2019 年,公司推出自主研发的手游产品——《九州荣耀》;2021 年,经典红色数字游戏《抗战》升级版《抗战·抗美援朝》上线。多题材、多类型的数字游戏产品为公司打开国内游戏市场奠定了良好基础。

同时,中青宝对产品题材进行了多样性开发。全力打造了纯武侠题材的《大话武林》,全宋题材史诗巨作《新宋》,Q 版神话《醉八仙》,3D 动感新武侠《玄武》,2.5D 魔幻战争《兵王》,3D 剑侠网游《剑魂》《暗黑纪元》,以及 5D 游戏《三国游侠》等年度力作[①],从三国到盛唐到宋朝再到架空历史、穿越到抗日战争等,网游囊括多个类型,画面从 2D、2.5D、3D 到 5D,题材从写实、玄幻到 Q 版,游戏背景从军事、历史、武侠、魔幻到休闲,缤纷呈现,各不相同,并通过代理 3D MMORPG 等游戏,利用外部研发力量,不断丰富公司现有的产品线和经营模式,从而满足广大消费者的多元化心理需求,受到广大游戏玩家的一致认可。此外,目前中青

---

① 资料来源:深圳中青宝互动网络股份有限公司。

宝正全力加速布局 VR 游戏、云游戏、元宇宙等领域的相关业务。

3. 深圳中青宝游戏业务综合运营模式分析

中青宝的游戏全部采用主流盈利模式，即 FTP 模式。该模式下公司的收益来自在数字游戏中向游戏玩家销售虚拟道具。公司先后成功运营《战国英雄》、《抗战英雄传》、《天道》和《亮剑》等多款游戏，建立了从游戏品牌、媒体宣传、活动策划、渠道拓展到客户服务等完整的运营体系。目前公司以官方运营为主，并辅以公司首创的分服运营模式。

分服运营模式是中青宝公司首创的业务模式（见图 10-3），即中青宝有条件地与其他游戏运营商合作运营，其主要收入来自版权金及相关游戏商城收入的分成。在该模式下，各分服运营服务商可以根据自身需求适当地对游戏进行改变，形成自己独特的游戏版本，脱胎成为一款新的游戏产品。从而摒弃了其他游戏运营模式中游戏版本一成不变的做法，极大地调动了运营商的参与热情与投入程度，有效地延长了游戏的生命周期。同时将游戏的推广运营权交给分服运营服务商，大大地降低了中青宝在游戏运营、人力资源等方面的投入，使企业得以将主要的精力放在有效的研发领域，通过加大自主研发新产品的力度，不断提高自身的竞争力。

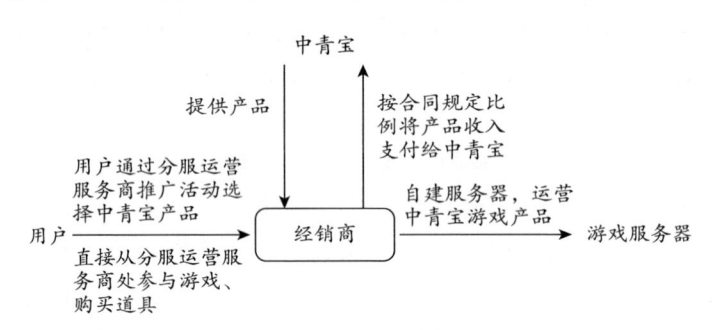

图 10-3 分服业务模式及渠道示意

其官方运营模式（见图 10-4），主要分为公司自主运营、与游戏平台联合运营两种，主要收入来自游戏商城对道具的销售。此类模式主要应用于中青宝新上线的数字游戏产品，以便公司可以更好地控制游戏的运营与服务。

4. 深圳中青宝推进游戏产业发展的成功经验与启示

（1）政府正面引导和积极扶持，为数字游戏持续健康发展保驾护航

游戏作为新兴的数字文化产业新业态，不断地丰富人们的精神文化生活，具有良好的经济效益与社会效益，因此也受到了国家政府的支持与鼓

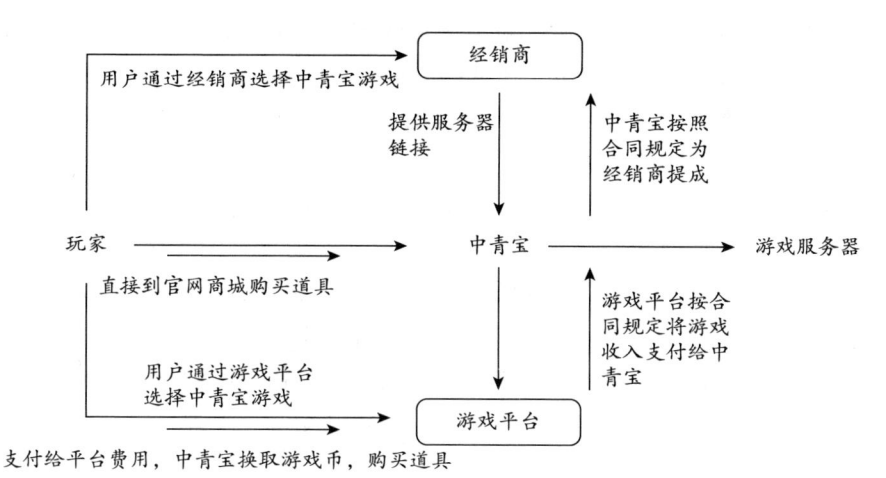

第十章　新技术新媒体下深圳发展文化产业新业态的经验做法

图 10-4　官方运营业务模式及渠道示意

励。近年来，国家和省市政府陆续发布了《文化产业振兴规划》《广东省建设文化强省规划纲要（2011—2020 年）》等一系列重要规划及相关配套政策，促进文化创意产业健康发展。深圳市有关部门也先后发布了《关于扶持动漫游戏产业发展的若干意见》、《深圳市人民政府关于扶持我市动漫游戏产业发展的若干意见》、《深圳市游戏产业规划发展纲要》、《网络游戏消费者权益保护规范》以及《关于加快文化产业创新发展的实施意见》等政策文件，以加快促进深圳市数字动漫游戏产业的发展。

中青宝公司作为一家深圳市重点文化企业，将红色爱国主义和数字游戏相结合，大力弘扬中国传统文化，担负起优秀文化传播的重任，迅速发展成为国内红色游戏的"领头羊"，受到了深圳市政府的关注和支持。中青宝对外发布的公告显示，公司近年来申请到深圳市政府文化产业专项扶持补贴款项共计 1550 万元人民币，其中涵盖《新宋演义》《亮剑》《梦回山海》等项目补贴，也涉及用于游戏基地建设的人员和设备等费用补贴。深圳全方位的政策、资金扶持为中青宝做大做强和"走出去"发展提供了坚实的保障。

（2）以红色文化 IP 为基石，推动数字游戏与教育融合发展，打造弘扬中华传统文化新载体

以红色游戏作为红色文化输出的侧重点，汲取红色力量、夯实文化之根、塑民族游戏之强是中青宝在众多游戏公司异军突起、快速发展的重要原因之一。在数字游戏市场欧美风、韩风盛行的同质化发展的当下，中青宝携"红色基因"创新融入新兴的数字游戏产业中，独自闯出一条从民族

题材进行游戏开发、提升游戏价值观认同的发展新路径。公司提高数字游戏的社会文化价值，注重数字游戏的教育功能性研发，以红色文化为基石，在游戏中研发设计许多融合主流价值观的情节。例如，中青宝的《抗战》系列，就以十四年抗战历史为主，还原抗战时期各大战役，回望抗日战争的屈辱史、奋斗史、自强史，传递抗战不屈意志，让游戏玩家在游戏体验中牢记历史和使命担当，并在游戏中通过惩恶扬善等因果关系机制设定，让玩家随着游戏体验提高道德修养，区分是非善恶，形成正确的善恶观，真正做到以史育人、寓教于乐。中青宝相继推出一系列贴近史实、健康爱国的数字游戏，努力在爱国教育与游戏之间的平衡中找到教育与游戏产业融合创新发展新路径，在社会上产生了积极的影响，并促进了公司在数字游戏业务领域的快速增长。

（3）加强海外市场布局，强化大数据、云技术赋能，推进传统文化"活起来""走出去"

中国的数字游戏从当初的"引进来"，到如今的"走出去"，"出海"步伐坚定。伴随我国游戏市场的逐渐成熟，数字游戏产业已形成经济全球化条件下深度参与国际经济合作的有效方式。中青宝深知中华优秀传统文化是当代中国最深厚的文化软实力，为了加快实现"走出去"战略发展，积极赢得国际市场竞争的主动权，公司在立足国内游戏主战场的基础上，积极向海外寻求新的发展空间，提出了全球运营的战略思路，并在"走出去"方面采取了一系列重大战略部署，向世界各国输送了许多颇具"红色基因"的网络游戏。据中青宝海外事业部商务总监黄琬斐透露，中青宝目前出口的有北美、东南亚和一些小语种地区，其中包括韩国、西班牙、俄罗斯、德国、土耳其、葡萄牙等国家。例如以《绝地战争》为代表的网页游戏产品，已在全球进行了大规模输出。截至目前，该款游戏项目已经开发了八个主要语种、数十个小语种的版本，德语版《OG41》做了充足准备，即将上线，韩文版《B-29》在韩国已经上线。公司所推出的游戏产品，都兼具"东方色彩"和"中国味道"，十分契合满足当今国际市场对中国文化了解需求的定位，有助于中国文化在世界各国的传播。同时，2022 年 1 月，中青宝新收购保尔利德，未来将加大与华为等合作伙伴展开海外服务合作，为《酿酒大师》等项目的海外发行提供稳定的主体支撑。

此外，中青宝近年来加大了对 5G 技术、云游戏技术、VR 技术等新兴技术的战略性布局力度，通过投资并购云服务商深圳市宝腾互联科技有限公司等方式，逐步开启"网络游戏+云服务"双核驱动发展模式，通过高

第十章　新技术新媒体下深圳发展文化产业新业态的经验做法

新技术赋能游戏开发产品迭代升级，助力海外实现文化价值传递，有效提升了海外游戏市场份额。

（4）加大游戏人才培养力度，不断拓宽引才聚才新渠道，为企业发展"保驾护航"

中青宝十分重视研发和人才储备内核的打造，公司将以"长得大、用得好、留得住、引得来"的文化理念不断完善中高级人才的培养、引进和激励机制。在加强对员工生活关怀的同时，建立了完整、高效的员工培训体系，通过内部培训、提拔等激励措施，来满足公司对中高级人才的持续性发展需要。公司在上市后，更是高调推出了"招贤聚宝"计划，用于招纳精英人才和团队，寻求优秀产品展开合作。在海外人才战略上，公司网罗了海外运营需要的各种优势人才，形成了一个强大的资源支持团队。在海外事业部中，中青宝专门聘请了许多在美国有10年游戏开发运营经验的美籍华裔，通过吸纳"特殊人才"，尽量保证游戏业务海外拓展的无缝衔接，避免在运营中"方向不对、水土不服"等情况的发生，最大力度保证其产品在海外落地就能生根、壮大。

三　深圳市移动互联网下的数字音乐产业新业态

（一）深圳移动互联网下的数字音乐产业发展基本情况

数字音乐是数字信息技术和音乐产业深度融合下的产物，代表着科技革命和产业革命的最新发展方向，也是未来数字文化产业新业态建设的重要方面。特别是随着新一代移动通信技术5G时代的到来，数字音乐产业已经展示出更为蓬勃的生命力。如今，我国数字音乐市场规模不断扩大，产业结构日趋稳定，用户数量不断激增。中国互联网络信息中心数据显示，中国网络音乐市场用户人数2021年达到7.42亿人。海量用户拥入，已经促成了中国数字音乐市场规模的稳步增长。2021年，中国数字音乐市场规模达到742.3亿元，其中包括数字专辑、单曲购买量、平台会员、音乐平台线上演出门票以及直播打赏等。[①] 随着移动互联网技术的高速发展，资本市场、互联网企业等纷纷进军数字音乐产业，我国数字音乐产业正迈入高速发展的新阶段。

[①] 杨杨：《中国数字音乐的现状及其发展趋势》，《中国艺术报》2022年10月10日。

深圳数字音乐产业已历经多次产业结构和行业规则的调整，实现了与时代发展共进步。特别是近年来，在深圳市委、市政府的高度重视和一系列政策扶持下，深圳数字音乐产业发展的营商环境持续向"优"，产业发展蓬勃向好，数字音乐产业链逐步完善，相继涌现了腾讯音乐、A8 新媒体集团等一批数字音乐产业领域龙头企业和知名品牌。在这些龙头企业的引领下，深圳吸引了一大批数字音乐产业链上下游生态伙伴企业在周边集聚，囊括了数字音乐制作、发行、销售等数字音乐产业的各个环节，有效推动了深圳以数字化为核心的"音乐+"产业生态圈的形成。近年来，深圳充分依托其得天独厚的高新技术优势，在推进新型数字音乐科技集聚区建设方面也取得了新进展和新突破。2022 年 3 月，深圳腾讯音乐总部大楼正式落户深圳后海片区，这个音乐产业新型集聚基地主要集总部管理、研发试验、音乐表演排练基地及音乐文化体验中心于一体，未来建成后将有效吸引一大批数字音乐产业链上下游企业集聚，加速推动深圳数字音乐产业生态良性发展。

此外，2021 年综合性音乐学院香港中文大学（深圳）音乐学院成立，加速了对数字音乐艺术人才培养的输出。宝安、龙华、龙岗等区将数字音乐产业列入文化产业重点发展方向，积极打造集"音乐+科技+服务+平台"于一体的文化科技新名片。数字音乐产业已经成为外界认识深圳文化的一个新窗口，并成为推动深圳文化产业高质量发展的重要引擎之一。

（二）深圳推进数字音乐产业发展的主要做法和基本经验

1. 政策赋能，持续优化数字音乐产业营商环境

深圳十分重视政策对产业的扶持和引导作用，并在财政资金扶持，重大项目规划用地保障，高端人才培育、引进和使用等方面给予支持，为深圳数字音乐产业的发展营造了良好的营商环境。特别是近年来，深圳市政府推出了一系列支持数字音乐产业发展的政策与规划，积极推行"深圳市数字音乐产业发展试点""开展音乐人才培养和培训"等举措，为数字音乐产业发展提供了强有力的支撑。2021 年，深圳编制《深圳市文化产业高质量发展规划（2021—2025）（征求意见稿）》，提出通过增强两大核心动能、强化五大发展支撑、实施四大行动、打造十大增长极，建立健全深圳文化产业高质量发展体系。数字音乐产业成为推动国家文化和科技融合示范基地、时尚创意产业圈、数字创意走廊、大湾区影视产业基地、湾区演艺之都等深圳文化产业重点打造"十大增长极"的重要支撑力量。同时，

第十章　新技术新媒体下深圳发展文化产业新业态的经验做法

推动数字音乐产业快速发展也是深圳抢抓数字化转型内核、跑出深圳文化产业高质量发展"加速度"的重要环节之一。

作为中国特色社会主义先行示范区，深圳高度重视对原创音乐知识产权的保护。目前，深圳已经出台多项法律法规，从制度层面为版权保护提供法治基础，并积极探索了符合市场规则和国际惯例的数字音乐授权和版税分配机制，在保障音乐原生创新发展环境和版权保护方面取得了显著成效。2021年，全国首个区块链知识产权保护工作站在深圳市信息服务业区块链协会揭牌成立。2022年，深圳市前海智慧版权创新发展研究院成为国家区块链创新应用试点单位。2023年，龙华区举行了中国原创音乐版权数字文化产业发展战略发布会，并签署《中国原创音乐数字版权交易体系建设倡议书》，通过倡议"建立公开、公平、透明的音乐版权管理模式"，"建立音乐版权交易体系和平台"，"筹备设立'中国原创音乐数字版权交易中心'"，以丰富的思想文化、具体行动为中国原创音乐和数字音乐产业发展助力。[①] 与此同时，近年来深圳还加大了数字科技赋能音乐版权保护的力度，通过云计算、大数据、区块链等先进技术实现了数字音乐版权数据互联互通，并积极搭建了以数字版权登记、溯源保护、监测维权、版权运营为核心功能的版权公共服务平台，为推动深圳数字音乐产业高质量发展提供了良好的服务支撑，有效保障了数字音乐产业的创新发展环境。

2. 科技赋能，积极探索数字音乐产业跨越式发展新路径

在数字音乐产业文化实践探索中，深圳依托科技创新这一城市特色，充分发挥技术的动力轴作用，用科技赋能音乐产业，积极探索出数字音乐产业成本集约型创作发展新路径，有效推动了音乐产业实现跨越式发展。目前，深圳秉承"数字强音、科技兴乐"的发展思路，积极推进数字音乐产业集成化创新发展，初步形成了创作者—唱片公司—发行商—批发商—网络平台的产业闭环发展新模式，用科技赋能实现了从音乐创作到产业落地的一站式服务，探索出成本集约型创作发展新路径。例如，在深圳腾讯旗下的QQ音乐就首创了一种新型的音乐专辑发行模式——"数字专辑模式"，这一模式的制作、发行、消费都依托网上完成，有效实现了数字科技与音乐的有机无缝结合。同时，深圳相关文化管理部门也在推进数字音

[①] 《别开"声"面！龙华举行中国原创音乐版权数字文化产业发展战略发布会》，深圳新闻网，https://www.sznews.com/news/content/2023-04/10/content_30166178.htm，最后访问日期：2023年4月10日。

乐产业集聚区内容建设与运营的战略性布局，通过打造一张张数字音乐产业园区新名片，全力助力深圳数字音乐产业集聚化建设。早在 2018 年 5 月，深圳就筹备了音乐科技园区，该园区将在民族音乐文化数字化升级、AI 人工智能音乐应用、音乐创作工作室、音频技术开发实验室以及企业数字化展示等方面进行创新探索。① 同时，深圳腾讯音乐的数字音乐文化产业总部基地也在积极建设之中。据悉，腾讯音乐总部基地将于 2027 年完成施工，建成后这个数字音乐文化产业总部预计将吸引接近 5000 名科技研发人才与音乐人才，有效促进腾讯音乐现有产品升级改造，为推进深圳数字音乐产业高质量发展做出更多贡献。

3. 品牌赋能，加速推动数字音乐产业高质量创新发展

经过多年的发展，深圳数字音乐产业正逐步形成"两个西瓜、多个苹果"的市场竞争新格局。其中，"两个西瓜"指深圳现在拥有 A8 新媒体集团和腾讯 QQ 音乐两个国内主要的数字音乐服务商，"多个苹果"是指深圳已经孵化出一批以经营数字音乐产品为主的小型企业，例如积木鱼音乐公司、傲旗音乐公司以及太阳音乐工作室等。② 这些数字音乐企业之间竞合发展，协同共进，不断创新深圳数字音乐盈利模式和消费方式，有效推动了数字音乐产业的转型升级和高质量发展。

众所周知，深圳数字音乐产业主要以 A8 新媒体集团和腾讯音乐两家公司为支撑。其中，A8 新媒体集团是中国主流的音乐服务提供商，集团抓住了文化与科技结合的新趋势，改变了音乐产业传统发展的路径，打造了全新的数字化音乐供应链。而腾讯音乐旗下的、作为中国最大的网络音乐平台——腾讯 QQ 音乐，目前已经成长为中国互联网领域领先的正版数字音乐服务提供商。腾讯将数字音乐引入 QQ 聊天工具中，会员不仅可以在聊天过程中收听歌曲，也可以使用背景音乐，甚至可以与聊友共享歌曲，开创了音乐社交共享新模式。如今腾讯 QQ 音乐还推出音乐云服务，实现了音乐的多终端植入和自动同步提供一站式的个性化音乐社区服务。

与此同时，深圳在数字音乐产业链的建设上还充分整合了深圳广电集团、深圳音乐厅、保利剧院、深圳湾体育中心等的录音棚等硬件资源，通

---

① 《深圳龙岗音乐科技园：用科技赋能音乐产业跨越式发展》，百度，https://baijiahao.baidu.com/s?id=1710427313171659632&wfr=spider&for=pc，最后访问日期：2023 年 5 月 6 日。

② 《三网融合时代数字音乐大有可为》，文秘帮，https://www.wenmi.com/article/pul2c8044oca.html，最后访问日期：2023 年 4 月 6 日。

过加大对数字音乐制作机构和运营机构的扶持力度,强化数字音乐生态链的布局,持续吸引头部互联网企业在深圳展开音乐业务布局,助力深圳数字音乐产业在移动互联网时代实现高质量跨越式新发展。

(三)深圳数字音乐新业态典型案例——以移动互联网下A8数字音乐发展新模式为例[①]

数字音乐作为人民群众精神文化生活的重要组成部分,已经成为最活跃且最具市场潜力的文化产业新业态,得到了国家和各级政府的大力支持。作为"中国第一音乐门户"的深圳A8新媒体集团,自2004年率先转型做数字音乐内容服务商以来,顺应了当今数字文化产业最新发展趋势,从移动端整合了音乐制作、发行、企宣和销售等多个环节,打造了一条全新的数字音乐供应链,迅速成长为中国数字音乐产业的领军企业之一。据悉,目前A8新媒体集团已经与国内外近200多家企业以及广告、传媒、市场等服务供应商强强联手,形成了以数字音乐创作、推广、服务为主链条的产业集群,完成了从内容端到客户端的整条价值链的打造,并在数字音乐产业原创内容及商业模式创新方面取得了重大突破。总结A8新媒体集团的商业模式和成功经验,对探索移动互联网之下数字音乐产业发展新路径具有很好的学习和借鉴意义。

1. A8新媒体集团有限公司情况概述

深圳A8新媒体集团有限公司(简称"A8新媒体集团")前身是深圳市华动飞天网络技术开发有限公司。集团于2000年在深圳创立,2008年在香港联交所成功上市,是一家总部设在深圳的新型数字音乐公司,也是我国首个以音乐概念股上市的国家高新技术企业。2014年,集团由"A8电媒音乐控股有限公司"更名为"A8新媒体集团有限公司"。目前,在一支经验丰富、颇具远见卓识的执行团队带领下,A8新媒体集团已经建成了全球最大的中文音乐原创社区,并建立了"国家音乐产业基地—数字音乐产业园区",打造了全新的数字音乐供应链,成为中国原创数字音乐最有力的推动者之一,其发展历程从一定程度上折射出中国乃至世界数字音乐产业的发展过程。

众所周知,中国在20世纪90年代末进入了互联网时代,早期音乐彩

[①] 彭思思、刘红娟:《深圳A8音乐集团发展经验的调研报告》,《深圳文化发展报告(2014)》,社会科学文献出版社,2014,第302~313页。

铃超强的传播性和自我传播能力，使其成为数字音乐业务的最优选择。A8 新媒体集团当时是电信增值服务的内容提供商，主要从事无线互联网络领域的业务。在当时数字音乐行业整体不景气的市场环境下，A8 新媒体集团管理团队率先在中国推出了手机铃声下载服务，开启了手机与无线音乐的互动时代。随后，在 2001 年，集团建立了 www.A8.com 网站，并展开与 Channel V、MTV、百代、华纳、索尼 BMG、环球唱片等国内外知名音乐媒体和唱片公司的合作，提供无线音乐的销售服务。2004 年，当很多企业还在过去的经营思路上苦苦挣扎的时候，A8 新媒体集团 CEO 刘晓松又大胆地向顾客传统消费观念挑战，尝试改变音乐的服务路径和收费等相关商业模式，提出了"电媒音乐"（TeleMusic）的新概念。从此，A8 新媒体集团开始由无线互联网络领域的电信增值服务内容提供商向数字音乐媒体公司全面转型。

随后，在移动互联网的高速发展带动下，数字音乐产业移动化、社交化发展趋势凸显。伴随数字音乐消费市场新变化，A8 新媒体集团抓住数字移动化这一发展新契机，推出了集团原创的 A8Box 音乐客户端，并通过与当时的诺基亚、三星、金立等一线手机企业达成软件预置合作，为中国智能手机用户提供随时随地的音乐服务。同时，集团还发起了"原创中国音乐基地"等工程计划，倡导由用户自主决定音乐风向标，让越来越多的音乐通过用户在移动互联网平台上自主发起的传播而走红，甚至连用户本身也可以通过各数字音乐平台的"音乐人计划"创作和发布音乐作品，进而打造以音乐创作、音乐制作和发行为核心的原创音乐产业生态圈。此外，A8 新媒体集团也一直积极关注移动音乐业务的市场动向，并通过分析客户消费行为，细分客户群，开展数据挖掘，为运营商合作伙伴提供或协助策划有创新价值的解决方案，进一步拓展集团业务范畴。据悉，目前 A8 新媒体集团正相继推出"音乐云"等业务，并将数字化、移动化音乐服务作为集团的长期战略目标，通过智能电台、音乐社区、高清音乐下载、跨设备使用及音乐社区等多渠道，为客户提供无处不在的数字原创音乐。

集团未来将进一步加强在移动互联网及互联网数字音乐领域的业务布局，使用户无论何时何地都能通过任何可上网介质（如智能手机、车载音响、家庭音响、移动互联智能设备等）享受到个人喜好的便捷、海量的数字音乐，从而真正实现"我的音乐无处不在"。[①]

[①] 刘琨：《深圳数字音乐产业现状及发展路径分析——以"A8 音乐集团"为例》，《文化科技创新发展报告（2013）》，社会科学文献出版社，2013，第 210 页。

第十章　新技术新媒体下深圳发展文化产业新业态的经验做法

2. A8新媒体集团数字音乐产业主要商业模式分析

纵观A8新媒体集团的发展历程，不难发现，集团无论是早期从事服务提供还是转型成为音乐产业链上游的内容提供商，多元化的商业模式一直是集团音乐业务保持稳定且持续增长的重要保障。同时，针对不同发展阶段，集团也通过不断地改变提供的产品或服务的路径、收入模式以及积极寻求新的业务增长点等方式，确保了A8新媒体集团在数字音乐产业领域的竞争力。按照A8新媒体集团发展历程，对其不同发展阶段的运营理念和盈利模式做如下剖析。

（1）初创期：开启以手机为终端的无线音乐模式

在2000年成立之初，A8新媒体集团面临极大的挑战。一方面是当时数字音乐在全球范围内缺乏可供参考的成功商业模式，Apple的"iPod + iTunes"模式是当时数字音乐销售唯一可借鉴的成功模式。该模式是苹果公司在2003年将终端设备与音乐内容整合销售，直接催生出的在线音乐新盈利模式。这一新盈利模式主要是通过构建与播放器（iPod）配套的网络数字音乐商店（iTunes），以低价位（0.99美元）下载收听正版音乐。但是，美国这种在线盈利模式在中国行不通。一是因为数字音乐其内容无形、无损耗、可复制等本质特点，导致盗版问题较为猖獗。二是因为在线音乐市场网络无限活动性所带来的版权问题无法避免，使在线音乐在中国只能更多地侧重于体验商品+广告结合等盈利模式，产业本身并不具备成功的盈利模式。三是我国的消费者并没有养成付费获取音乐的消费习惯，免费下载的国情使数字音乐产业发展模式难以借鉴国外商业模式。

另一方面，随着数字时代的到来，传统音乐产业链断裂，新的产业价值链却没有形成。数字音乐产业面临向什么方向发展和如何发展等瓶颈问题。针对以上问题，集团对当时我国数字音乐市场等进行了详尽透彻的分析。在运营模式上，通过分析市场的消费习惯及新媒体介质的根本变化，以版权问题为突破口，选择了具有相对封闭特征的无线网络，并凭借企业在无线及互联网领域的经验优势，依托便捷的下载扣费消费模式，将音乐内容与无线移动终端整合销售，打造了一条以手机为终端的无线音乐盈利模式。该模式破解了困扰传统音乐产业的盗版猖獗、价值链中断和资金投入难收回的问题，为我国音乐产业找到一种合理的收费方法和渠道，使数字音乐的产业链得到了有效衔接（见图10 – 5）。同时，A8新媒体集团通过借助高新技术产业及新媒体互联网技术，推动了音乐产业结构的升级和优化，打造了集音乐内容获得、音乐产品制作、数字发行、企宣和销售等于一体的一条完整的数字音乐产业价值链，重新塑造了音乐产业新运营方式，形成了颇具特色和竞争力的运营模式。

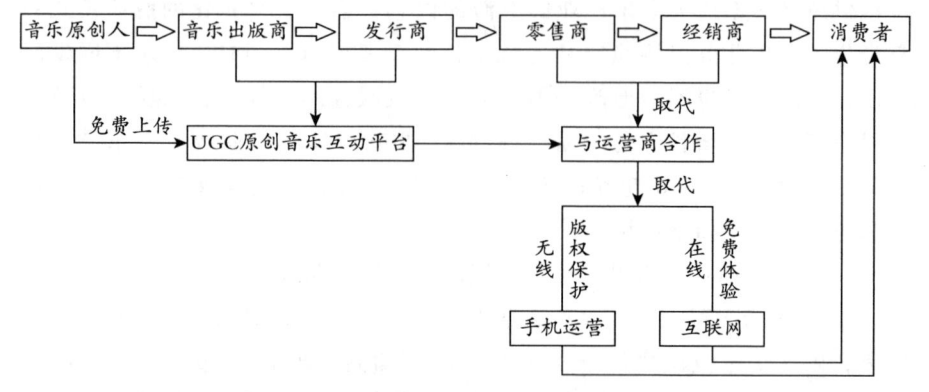

图10-5 A8数字音乐产业运营模式示意

在盈利模式上，早期A8新媒体集团的主要盈利模式是PMO模式，即"企业支付成本+直接顾客为收入来源"，主要通过与移动运营商合作，获取付费手机彩铃、MP3下载的利润分成。集团特有的原创资源优势也正成为该企业一个新的利润增长点。该模式下A8新媒体集团充分利用其旗下原创内容资源，通过版权分销、联合运营模式，采取与艺人签约，买卖原创的版权获得高额利润。这类模式为"企业支付成本+第三方顾客为收入来源"的PM2模式，主要针对那些筛选出来的潜力歌曲，A8新媒体集团与歌曲的原创作者签约，以获得版权许可并进行一些商业化的运作，比如做成手机铃声、唱片、影视主题曲等，对于商业化运作带来的收益，通常与作者以相关的比例进行分成。

（2）发展壮大期：多元业务并行的"1+N"发展模式

2014年前后是A8新媒体集团发展壮大阶段。2014年，"A8电媒音乐控股有限公司"更名为"A8新媒体集团有限公司"，全面打造新型数字文化娱乐集团，并开始拓展移动互联网音乐娱乐及游戏发行等相关新业务。这一时期，A8新媒体集团更加注重对多元化业务模式的探索，这也是集团多年来在音乐行业遥遥领先的重要保障。

在新业务的拓展上，"1"是加强在产业链上游的布局，尝试自主产出更多原创音乐内容，有利于在节约版权成本的同时扩大音乐内容库建设。同时，集团投资了以互动娱乐为核心业务的多米音乐，积极拓展音乐周边衍生品的开发。"N"是A8新媒体集团探索出一条"科技+文化"的发展之路，打造了诸多新业务新模式。集团打造了全新数字音乐生活方式，开

第十章 新技术新媒体下深圳发展文化产业新业态的经验做法

拓了 A8 现场演出 LiveHouse、新生代巡回演出品牌——尖叫现场等,为新兴消费群体提供线上线下结合的全媒体音乐体验,实现了线上与线下音乐新生活方式的打造。据悉,A8 音乐投入 1.7 亿元打造的中国最大的新生代巡回演出品牌——尖叫现场,目前已经在全国多个城市举办了 80 场演唱会[①],集团于 2018 年主办的深圳土拨鼠音乐节也都获得了行业的高度认可。A8 新媒体集团下一步将聚焦元宇宙、虚拟现实等新业态领域,2021 年在新媒体技术方向发力,持续探索制作虚拟现实版现场音乐 Live,通过提升 3D 音效和 VR 沉浸式音乐体验,进一步加大对数字音乐新生活方式业务的战略布局力度。

"N"还体现在 A8 新媒体集团对游戏等新业务板块的战略布局。A8 新媒体集团加大了与中国移动、腾讯、网易等互联网头部企业的合作力度,在游戏内容、制作和版权运营等领域展开深度合作。自以集团旗下品牌指游方寸为核心的游戏发行业务成功运营《啪啪三国》一举成名以来,指游方寸又顺利拿下 4~5 款重度精品手机网络游戏代理权。同时,集团也积极联动下游分发渠道,持续开发音乐版权价值并形成音乐 IP,并开始深耕泛数字娱乐行业,期望以优质 IP 为核心,撬动文学、动漫、影视、游戏等业务产业链的互联互通。2017 年,A8 新媒体集团斥巨资收购蓝蓝蓝蓝影视传媒(天津)有限公司,继续加大对剧本、影视等新业务的拓展。

此外,A8 新媒体集团也十分注重对传统与数字化交错发展路径的新探寻。集团通过打造传统媒体与数字新媒体联合互动发展、多元化渠道整合(销售)的运营新模式,强化了原有原创音乐业务优势。A8 新媒体集团凭借强大的整合营销能力,已经与上千家网络联盟、数百家传统媒体合作,构建了一个跨电视媒体、电台、互联网等媒体全方位整合的音乐资源传播系统,并通过与行业价值链各环节的密切合作,实行一体化市场销售推广策略来有效地提升各个环节的附加值。

在盈利模式上,A8 新媒体集团通过与唱片公司合作、与歌手签约、与词曲作者洽谈等方式,将自己从服务提供商的身份华丽转型成产业链的上游——内容提供商,使数字下载服务呈现出逐渐规范化的趋势。同时,集团积极构建基于移动互联网的音乐娱乐业务产业链和精品游戏发行平台,由旗下音频与视频流媒体(如多米音乐、映客等)和粉丝社区(偶扑)进

---

① 《商务部 2013—2014 年度电子商务示范企业案例集》,中华人民共和国商务部官方网站,http://dzsws.mofcom.gov.cn/anli/detal_7.html,最后访问日期:2021 年 12 月 25 日。

行多渠道宣传推广，最终通过现场演出（尖叫现场、LOVE CONCERT 等）、品牌合作与广告、内容授权以及建立的"国家音乐产业基地—数字音乐产业园区"实现音乐、IP 增值变现。此外，集团进一步加大了与 EMI 百代、环球等国际唱片巨头的合作力度，解决网站音乐内容的版权问题，凭借自身网络优势发掘原创音乐，培育更丰富的音乐资源，成功实现了音乐内容的流量变现。

3. A8 新媒体集团的成功经验

（1）重视科技与创新，积极实施"音乐云"战略布局

A8 新媒体集团之所以能够转型成功，一个根本因素就在于其顺应了数字时代潮流，走出了一条高新技术与文化产业完美结合的发展道路，从而使数字音乐产业迸发出惊人的经济效益。从创立之初，A8 新媒体集团就充分依托深圳发达的电子信息技术、计算机技术、多媒体开发技术等，不断研发数字音乐系统产品，用新技术有效提升音乐产业的科技含量，拓展音乐产业的未来发展空间，有效提升集团在数字音乐产业领域的行业竞争力。据 A8 新媒体集团总裁林海介绍："为顺应数字音乐发展的要求，A8 新媒体集团研发了自己的原创音乐数据中心，通过这个数字原创音乐平台收集大量的原创音乐。同时，为了推广这些原创音乐，促进其快速发展，集团还研发设计了数字音乐系统产品，比如自动播放器、A8Box、智能识别技术研发、音乐搜索技术研发等等，都是以科技的形式来达到推广原创音乐内容的重要方式。"此外，为了不断满足用户日益多样化的数字音乐新需求，A8 新媒体集团还积极推出数字音乐智能分发服务，不仅为音乐人及音乐企业提供优质的数字音乐发行服务，同时还为音乐人提供商业运营策略及营销指导，助力音乐人的艺术发展。在数字音乐版权管理方面，A8 新媒体集团通过签订各类协议，加强区块链技术在数字音乐版权保护中的创新运用，初步实现对音乐作品的版权管理，通过数字技术赋能良好版权环境的构建，有效保护了数字音乐作品的版权权益，推动了数字音乐产业的健康有序发展。

近年来 A8 新媒体集团也加大了对云计算、云服务行业的研发投入力度，积极布局"音乐云"等业务，实施"云转型策略"。集团先后入股多米音乐、酷狗音乐等多家音乐领军企业，创新地利用云计算技术研发，向有音乐需求的用户推出了个性化音乐云服务多米音乐，并将移动云端业务作为集团的长期战略，有效增强了集团在数字音乐产业领域的整体竞争力。

（2）集聚优质原创内容，积极推动原创音乐高质量发展

A8 新媒体集团深谙只有原创音乐才是支撑音乐产业健康发展的原动

第十章 新技术新媒体下深圳发展文化产业新业态的经验做法

力。所以,集团始终如一地坚持原创音乐内容的挖掘与积累。在原创音乐内容战略上,为聚集优质原创音乐内容,A8新媒体集团向所有喜爱音乐的用户提供了一个几乎零成本发布和传播自己音乐产品的网络音乐平台——www.A8.com。这个网络平台为A8新媒体集团收集了大量的原创音乐作品,包括流行度很高的《求佛》、《我不哭》和《怒放的生命》等歌曲,以及多部影视剧片头曲,如《大旗英雄传》《楚留香》等片头曲,平台积累了1万多名原创人员的7万多首歌曲,并通过移动互联网收集、发行原创音乐作品。因此,A8集团的原创音乐平台也被业内评价为"中国原创音乐第一品牌"、"中国原创音乐最有力的推动者"和"国内汇聚原创音乐及其元素最多的平台"。

与此同时,A8新媒体集团与国际及国内的多家知名唱片公司合作购买了大量的版权音乐资源,与集团展开深度合作的公司包括环球唱片、华纳音乐、索尼音乐、金牌大风等国际知名的品牌唱片公司。A8的音乐曲库涵盖了各大唱片公司的海量版权歌曲,更新速度基本囊括了最新发行的歌曲。如此不断更新的超大音乐库给A8正版数字音乐业务提供了强大音乐内容支持,可供众多音乐爱好者试听及下载。

举办原创音乐大赛也是A8新媒体集团收集原创音乐的一个重要途径。A8新媒体集团联合MTV、湖南卫视打造出中国自有的原创品牌——"原创中国",为A8正版音乐库提供了源源不断的原创音乐资源。目前,"原创中国"已经连续举办了四届中国电媒音乐原创歌曲大赛,成为内地原创乐坛规模最大的年度原创音乐赛事,吸引了逾千名音乐原创人参与,获取了近万首UGC歌曲。A8新媒体集团推出的《城府》《认错》《展翅天空》都取得了优异的成绩,均名列百度榜前50名。数据统计显示,A8新媒体集团现已汇集1.2万名音乐人的6.5万首原创歌曲,成为国内最大的中文音乐原创平台之一。

(3)重视数字音乐人才的培育,新型园区助力高端音乐人才集聚

A8新媒体集团十分注重对音乐人才的培育,集团推出"创作人计划""音乐人才培养计划"等人才孵化项目,以吸纳更多主流音乐人才。A8新媒体集团CEO刘晓松认为"数字音乐产业要发展,人才是非常重要的"。集团多年来坚持秉承这一理念,多方位充分给予音乐制作人宽容自由的创作环境。特别是近年来,在深圳市政府的大力支持下,A8新媒体集团建立了华南数字音乐基地。该基地目前已经建成并投入使用。这个集音乐数字化、创作、发行及互联网技术研发于一体的综合性基地,为全国乃至全世

界的音乐人才提供了一个集聚地和梦想家园，已经有很多很优秀的音乐人在这里聚集并一起创作。该基地也使深圳成为华南区最耀眼的数字音乐聚集地，为数字音乐产业链条延伸、音乐合作领域拓宽以及音乐人才引入等做出了重要贡献。

四 深圳市虚拟现实下智慧文旅融合新业态

（一）深圳虚拟现实下智慧文旅融合发展基本情况

文化和旅游深度融合是文化新业态发展重点领域之一。多年来，深圳在充分发挥高科技城市、金融中心城市和滨海文化和旅游城市优势基础上，不断推进科技、文化与旅游的深度融合，已形成"旅游＋文化创意""旅游＋特色小镇""旅游＋邮轮游艇""旅游＋信息科技""旅游＋工业体验""旅游＋体育产业"等诸多文旅新业态新模式，文化旅游综合实力持续位居全国前列。①深圳市文化广电旅游体育局官方数据显示，截至2020年12月31日，深圳市全市共接待游客8315.51万人次，旅游业总收入1381.05亿元；国家A级旅游景区16家（包括5A级旅游景区2家，4A级旅游景区8家，3A级旅游景区6家），非A级旅游景区5家。同时，近年来深圳在推动文化旅游高质量发展、加快推进世界级旅游目的地建设方面成效显著。2019年，深圳入选国家全域旅游示范区首批创建名单，盐田区、南山区分别获评国家和省全域旅游示范区，大鹏新区获评广东省唯一的国家级旅游业改革创新先行区。2016～2019年，华侨城集团连续四年位居世界旅游景区集团前4强，华侨城集团、华强方特连续四年跻身全球主题公园集团前5强。甘坑客家小镇、大鹏所城旅游度假区先后获评第二、第三批广东省文化和旅游融合发展示范区，捷报频传。

2019年，深圳以排名第二的成绩入围著名国际旅游杂志 Lonely Planet（《孤独星球》）发布的2019年世界十大最佳旅行城市榜单，目前深圳也是中国唯一入围该榜10强的城市，并成为国内外最具吸引力的旅游目的地之一。目前，深圳正加速推进国际国内旅游购物消费重要目的地和世界级旅游目的地建设。《深圳市文体旅游发展"十四五"规划》提出，"十四五"期间，深圳将新创建省级及以上文化和旅游融合发展示范区3个，新增国

---

① 马振涛：《文旅融合助力深圳先行示范区建设》，《中国旅游报》2019年8月23日。

家 3A 级及以上旅游景区 5 家，国际航线达到 100 条；通过聚焦旅游全域化、全要素、全业态发展，全面提升旅游综合竞争力，创建国家全域旅游示范区，建设具有全球影响力的世界级旅游目的地。

（二）深圳推进智慧文旅融合发展主要做法和基本经验

1. 以政策为引导，以数智赋能为抓手，推进深圳市智慧文旅建设

深圳市先后发布了《深圳市促进旅游业改革发展工作方案》（深府办函〔2016〕106 号）、《深圳市旅游业发展"十三五"规划》（深文体旅〔2016〕335 号）、《深圳市全域旅游示范区创建工作实施方案》（深府函〔2017〕243 号）等重要的规划政策文件，从顶层设计和具体实践落实层面不断加强科技对智慧文旅发展的引擎作用。其实，早在 2016 年的"十三五"规划中，深圳就前瞻性地提出要"推进虚拟现实、人工智能、无人机等各类新技术在旅游服务和产品开发中的应用，探索建立具有深圳特色的创新智慧旅游、高科技旅游体验区域或主题街区；加大培育旅游新业态，促进深圳旅游智慧型增长"。2021 年 5 月，深圳市文化广电旅游体育局最新发布的《深圳市扩大文化旅游和体育消费实施方案》中更是进一步明确深圳市文化旅游发展要"强化智慧景区、智慧文体场馆建设，实现实时监测、科学引导、智慧服务"，"促进移动互联网、大数据、云计算、AR、VR 等新技术在文化、旅游和体育产业的应用创新，提升文化广电旅游体育产业的智慧化、智能化、科技化水平。深入推广移动互联网新兴支付方式，引导演出、文化娱乐、景区景点等场所广泛应用互联网售票、二维码验票，完善智能化出行信息服务"，有效"促进文化、旅游与现代技术相互融合，发展基于 5G、超高清、增强现实、虚拟现实、人工智能等技术的新一代沉浸式体验型文化和旅游消费内容"。在深圳扶持政策的积极带动下，深圳文化旅游智慧化建设全面铺开，深圳"智慧公共文化""智慧文体通""智慧群体荟""数字博物馆""数字图书馆""数字文化馆"等一批数智服务产品如雨后春笋般不断涌现。

与此同时，深圳市各区政府也加大了对智慧景区建设的支持力度。2021 年 7 月，福田区出台《深圳市福田区国家公共文化服务体系示范区创新发展专项规划》，明确提出"实施智慧文旅工程"，要求"探索建立沉浸式体验数字文物博物馆，加快与 VR、AR 等科技融合"。盐田区则携手腾讯共建智慧文旅系统，完善游客服务、在线监控、指挥调度、大数据分析等功能，推出"i 游盐田"智慧旅游服务平台、"畅游盐田"微信公众号

等，全方位为游客提供智慧文旅服务。南山区也加快了打造一流旅游智慧园区的建设步伐，在全域旅游道路上迈出了数字融合的铿锵步伐。据悉，拥有近1700年历史的南山区南头古城获得"2020年度中国文旅融合创新发展典范"称号，南山深圳欢乐谷也成功入选"2022智慧旅游创新企业"，深圳智慧文化旅游的服务水平得到显著的提升。

2. 打造5G+智慧文化和旅游标杆示范工程，深化数字场景应用

数字智慧文旅发展是未来文旅行业发展的必然趋势，深圳十分重视高科技对推动深圳智慧旅游建设的重要作用，并从管理服务和重大项目两个层面加强对传统旅游的迭代升级。首先，深圳通过建立基于5G和AR技术沉浸式智慧人群导览服务系统，提出智慧旅游5G+AR解决方案，通过推进"互联网+""区块链技术""大数据"等高新技术在文旅场景的推广应用，深化VR实景导航、语音购票、刷脸进场、机器人客服等多种服务功能在各大文旅场景的应用，有效增强了游客在浏览过程中的趣味性和互动性，为游客提供"身临其境"多样化的旅游体验和服务，更好地满足游客深层次文旅体验需求。其次，深圳以重大项目建设为抓手，持续推动5G全场景应用、赋能文旅融合创新发展。目前，深圳东部华侨城国家级旅游度假区已携手中国移动深圳分公司联合打造首个"5G+智慧文化和旅游"标杆示范项目，共同探索、推进5G场景下景区智慧文旅内容平台的应用，并将在游客远端VR体验、电子沙盘、全息投影解说、无人机航拍直播等一系列应用上实现数字化、智慧化升级。同时，深圳欢乐谷也正全面推进与中国电信的"中国首个5G+体验乐园"的战略合作。据悉，景区内将相继落地"5G+VLOG+AI"智能影像产品、"5G+VR枪林弹雨"等一批5G、AR、AI技术融合创新产品，持续为游客提供多方位的优质产品与服务①。未来，随着这些智慧文旅重大项目建设进程的加快，深圳智慧文旅产业将不断释放魅力，为深圳文化旅游业高质量发展注入强大新动能。

3. 探索"全媒体+AR+新媒体+传统媒体"直播方式，创新文化旅游宣传推广模式

目前，深圳发挥新媒体在宣传中的优势，充分依托微信、抖音新媒体以及深圳广电集团等建设现代化立体宣传网络，打造了"文体通""i游深圳"等智慧旅游宣传平台，积极加强新媒体宣传矩阵的布局；并通过整合

---

① 《深圳首个"5G智慧度假区"在盐田诞生！未来旅游会是这样的》，澎湃新闻，https://m.thepaper.cn/baijiahao_4227368，最后访问日期：2019年8月22日。

深圳广电集团、腾讯系媒体、头条系媒体以及央媒、地方媒体的渠道,打造了集电视、广播、抖音号、腾讯小程序于一体的深圳旅游热点内容分发转播平台,全方位展示深圳文旅资源特色,全面助力深圳"打造世界级旅游目的地"。同时,为进一步提升文旅宣传推介水平,深圳推出"深圳文化消费地图"微信小程序,积极探索运用大数据等高科技分析手段,细分旅游消费市场,增强宣传的精准推介力度。此外,深圳打造了数字化、沉浸式的AR虚实结合演播厅,创新性地采用了"全媒体+AR+新媒体+传统媒体"的直播方式扩展其传播范围,有效提升了传播触达率。在高科技赋能下的高清生动直播现场,深圳各大景观以3D虚拟模型立体化呈现,游客可以跟随着主持人"云"游深圳各大景区,让深圳文旅形象宣介更加鲜明立体,同时也有效提升了深圳文化旅游知名度、开辟了文旅深度融合发展新赛道。

(三)深圳智慧文旅融合新业态典型案例——以虚拟现实(VR)背景下华侨城卡乐主题公园为例

1. 主题公园发展历程及模式研究

主题公园是为了满足旅游者多样化的休闲娱乐需求和选择,建造的一种具有创意性游园线索和策划性活动方式的现代旅游目的地形态[①]。它既是一个城市公共文化空间的重要组成部分,也是新时期推动文旅产业融合发展的关键环节和重要平台。随着旅游消费升级的不断加快,我国主题公园正迎来新一轮的建设高潮,国内约有300家投资在5000万元以上的主题公园。全球知名咨询集团AECOM最新发布的《中国主题公园项目发展预测报告》中预测:"至2020年,中国主题公园整体游客量将成为世界最大的主题娱乐市场,游客量将达2.3亿人次,零售额也将达到120亿元,市场发展潜力巨大。"然而,随着国内主题公园市场潜力的进一步释放,背后是千篇一律、低水平的抄袭与大量复制式的盲目建设,以及该行业整体面临70%处于亏损、20%持平、10%盈利的尴尬境地[②]。特别是随着2016年上海迪士尼主题公园的成功入驻,全球范围内的默林娱乐集团、环球影城集团和六旗集团等主题公园运营商相继宣布进军中国主题公园市场。未来,随着默林娱乐集团的上海乐高乐园、六旗集团的南京六旗儿童乐园等

---

① 董观志:《旅游主题公园管理原理与实务》,广东旅游出版社,2000,第33~34页。
② 《表面繁华难掩现实隐忧》,《文化产业专辑》2016年第5期。

众多国际高水平的主题公园品牌在国内相继落地,[①] 将进一步对国内主题公园的发展产生强烈的冲击。

国内主题公园经过30多年的快速发展大致经历了四个主要发展阶段和产品的迭代升级。

第一阶段：20世纪90年代，以华侨城为首打造的"锦绣中华"（1989）正式拉开了我国主题公园的建设序幕，这一时期的主题公园建设以"中华民族村"（1991）和"世界之窗"（1994）为代表，主要通过对传统园林、历史名胜、世界景观等静态景观的再呈现，为游客提供较为简单的休闲娱乐体验，打造了第一代微缩景观式主题公园。

第二阶段：以1998年华侨城深圳"欢乐谷"开园为标志，开启了我国主题公园"现代化"发展的新进程。这一阶段，我国的主题公园以华侨城"深圳欢乐谷"（1998）、常州"中华恐龙园"（2000）和芜湖"方特欢乐世界"（2008）为代表，主要通过有意识、有目的地向园区进行"Story"（故事）的植入，配合引入机械类、轨道类室内外动感游乐设施，将文化与娱乐紧密结合，全面打造了以休闲娱乐为主的第二代主题公园，并成功在全国实现了主题公园的连锁开发运营。

第三阶段：2000年以后，随着我国城镇化进程的加速推进，以华侨城集团打造的"东部华侨城"（2007）和长隆集团打造的"广州长隆旅游度假区"为代表，对主题公园进行了再次升级。这一时期主要是发挥主题公园的核心引擎作用，形成酒店、餐饮、娱乐等商区和住宅社区的聚集，通过引导主题公园对周边社区文化空间进行优化和溢价能力提升，实现了地产与旅游之间的良性反哺，进而打造出多方位、多层次的综合主题度假区式的主题公园模式，这也是目前我国主题公园最主要的发展模式。

第四阶段：近十年来，以万达集团和华侨城集团为首打造的"万达文化旅游城"和"欢乐海岸"代表的城市商业文旅综合体，与以往几代主题公园产品相比，它的规划选址一般集中在商圈核心位置，集室内外主题公园、度假酒店群、大型秀场、商业娱乐综合体和居住区等多种业态于一体[②]，形成了商业综合体与综合主题度假区相结合的大型城市商业文旅综合体模式，有效弥补了大型高端主题商业没有文化主题配套的展示功能缺

[①] 《中国主题公园如何"突围"》，百度，https://baijiahao.baidu.com/s? id = 16140849364 95321492&wfr = spider&for = pc，最后访问日期：2021年10月12日。

[②] 应博华：《迪士尼文化产业发展及其对中国的启示》，《文化产业专辑》2018年第10期。

第十章　新技术新媒体下深圳发展文化产业新业态的经验做法

失,同时,核心圈商业文化元素的注入,也再次提高了主题公园的文化溢价力和游客重游率。

可以看出,我国主题公园从早期功能较为单一的休闲娱乐主题乐园,不断向集餐饮、住宿、商业、地产等多功能于一体的综合型度假区转型升级,成功实现了以主题公园为运营核心的单核模式向主题公园、地产产业、商业等多种产业复合发展的双核模式和多核模式的路径转型。同时,由于我国主题公园运营者业务基础的不同,各大运营商之间秉承各自发展特色和优势,形成了各具特色的主题公园类型和运营模式。目前,国内主题公园初步形成了以华侨城为首的"旅游+地产"模式、以内容创意为主的华强方特"文化+科技"模式、以演艺为核心的宋城"旅游+演艺"模式以及以商业元素为核心的万达"旅游+商业"等多种模式。

当然,有学者研究认为,主题乐园正迈入"VR+文旅"5.0时代,即在虚拟现实技术(VR)赋能下的综合型主题公园。据悉,世界上已有许多国家陆续着手VR主题公园项目建设,世界上最大的VR乐园是由澳大利亚团队开展的Zero Latency项目,基于Oculus Rift、自有光学追踪系统、无线控制器,在一个400平方米的场地运行,带给用户最逼真的动作化虚拟现实体验。而国内各景区、主题公园也开始纷纷布局沉浸式旅游体验项目,有些地区的VR主题公园已建成并开放。但是,严格来看,国内VR主题公园还并不能算是真正意义上的虚拟现实主题公园,最多只能算是4.5版本,因为现阶段的VR主题公园仅处于借用各种VR装备来更新或提升游客的虚拟沉浸式体验层面,真正从运营思维、建筑搭建及高科技赋能等层面实现全方位沉浸式VR主题公园还有很长的路需要探索。

2. 华侨城虚拟现实(VR)卡乐主题公园基本情况

卡乐主题公园是我国主题公园引领者——华侨城集团最新一代高科技文化旅游大型综合类型的主题公园。华侨城集团自1989年推出国内第一个主题公园至今,其旗下主题公园经历了以休闲文化为主的"锦绣中华"、以娱乐为主的"欢乐谷"、以综合旅游度假区为主的"东部华侨城"以及以城市商业文旅综合体为主的"欢乐海岸"共四代产品的不断迭代升级。卡乐主题公园是集团旗下上市公司——深圳市文化旅游科技有限公司(以下简称"文旅科技公司")在总结华侨城30多年来文旅经验的基础上,首个在5G时代下,以互联网文化为核心IP的虚拟现实主题公园,其秉承了集团"以文化与科技融合创新为核心、旅游为主要应用方向"的理念,是通过在园区导入高艺术水准的文创内容和高科技含量的科创产业等元素,综合企业总部基地区、商务文化办公区、文化科技产业园区和风情特色商业街区及其他娱乐形式，打造的具有自主知识产权的主题公园品牌。其中，园区涵盖了历史文化和主题表演等多个方面，并通过科技赋能主题游乐、主题影视、主题场馆、主题演艺，将文化、科技与园区进行充分融合，在沉浸式文化体验、高科技互动、多元IP情感关联与智慧景区建设等方面进行了大胆的创新与实践，成功打造了一条"科技+文化+旅游"的全产业链复合发展模式，实现了品牌的连锁运营。

3. 华侨城虚拟现实（VR）卡乐主题公园的优势与特色

卡乐主题公园改变了传统主题公园同质化严重、文化支撑羸弱以及沉浸感项目缺乏的现状。园区在文化底蕴打造上，主要秉承"大众文化内涵是主题公园规划设计的灵魂"的建园宗旨，以高度契合新生代文化诉求的互联网文化为园区的文化基底，并通过融入大量时下网红流量IP和国际流行IP来提升园区对新生代游客群体的吸引力；同时，园区通过引入文旅科技公司自主研发的国际水平的各种中大型游乐设备来营造沉浸式、互动式体验场域，改变了传统主题公园依靠VR眼镜、头盔等设备营造的半沉浸体验感，成为新一代以全沉浸式体验为主的虚拟现实主题公园，并具有以下突出优势与特色。

（1）"超现实""超时空"沉浸式文化体验

"超现实""超时空"的沉浸式文化体验是卡乐主题公园相较于传统主题公园最大的特色。目前，仅依靠大型室外机械类、轨道类单体项目或加佩VR眼镜、头盔等方式获取的人机交互式文化体验显然已经不能满足当下新生代的旅游文化新诉求。新一代卡乐主题公园引入了大量国际一流水准的360度全景天地幕剧场、动感球幕影院等"超空间"的沉浸式体验场域，通过打破时间与空间的区隔，将虚拟空间与现实世界融为一体，充分赋予了游客沉浸式的文化体验。例如，卡乐星球主题乐园打造的360度全景天地幕剧场，就是以中国传统文化"女娲补天"为蓝本，对传统文化精髓进行了充分的萃取，并配以文旅科技全球首创的直径达22米（约7层楼高度）球形银幕和动感平台，在各种俯仰、旋转、倾斜等动作中，让旅客完成360度无死角的沉浸式文化体验。此外，卡乐主题公园还充分利用"幻影成像"、声光科学技术等高端技术改变了传统剧场的演绎展现形式。如园区最新打造的《西施》情景剧，就是在虚拟世界和现实世界充分融合的基础上，重新赋予了历史文脉IP逼真的展示与表达，更加契合了当下年轻人对于文化体验形式的时代新诉求。

第十章　新技术新媒体下深圳发展文化产业新业态的经验做法

（2）高科技感的娱乐互动

高科技元素是卡乐主题公园与生俱来的特质。相较于传统类型的主题公园，卡乐主题公园更加注重游客在项目游玩中的参与性、体验性与互动性。园区在规划设计阶段就注入了传统主题公园无法比拟的高科技元素，通过加大对室内高科技游乐项目的打造与植入力度，创造出高科技的互动体验感。例如，在 2017 年开园的柳州卡乐主题公园就配置了文旅科技公司历年悉数研发的 15 套、具有 200 多项知识产权的国际专业水准的高科技文化旅游娱乐项目，园中通过综合应用"虚拟现实"（VR）、"增强现实"（AR）以及"混合现实"（MR）等智能媒体技术，打造了沉浸式体感的影视跳楼机"大闹天宫"、立体体验式动感球幕 Ride "疯狂巴士"、穿梭虚实魔幻效果的幻影剧场《西施》等一系列丰富多彩的高科技互动娱乐体验项目，真正让游客在游玩中超越物理空间限制，进入一个可以无限扩展、充满无限可能的数字虚拟新世界，给予了游客前所未有的互动娱乐体验，成为卡乐星球有别于其他主题公园无可比拟的娱乐互动优势。[①] 此外，据悉，卡乐主题公园大中型游乐设备数量也达国内外主题公园历史之最。卡乐主题公园在柳州项目中配套了 34 个最先进的室内外主题游乐项目，而迪士尼主题公园目前园区游乐项目也仅达到 26 个，更加契合了新生代对高科技娱乐项目的需求新趋势。

（3）多元 IP 的情感关联和智慧建设

卡乐主题公园涵盖了现代科技、神话传说、科学与幻想、历史文化和主题表演等多个方面，并以高度契合新生代文化诉求的互联网文化作为园区的核心 IP。在卡乐主题公园中，融入了众多时下最流行的互联网文化 IP，例如享誉世界的 LT DUCK "小黄鸭"、摇摇桥和熊本熊等国际流行 IP 以及根据当地本土文化特色打造的螺蛳粉音乐节文化 IP 等，集原创 IP、国际流行 IP 和时下网红 IP 于一体，满足了游客更加多维多元的情景化空间需求和情感关联；同时，园区中大量植入了各种形式的智能互动拍照、网红互动对唱及 IP 游戏系统和智慧 App 玩法，通过将游客游玩情况、演艺表演实时完成与网络直播平台和网友互动连接，赋予了游客在游玩中与文化 IP 的互动趣味，有效拓展了空间与个体之间的交互式对话体验，提升了游客游玩中的文化获得感和满足感。

[①] 《科技赋能，文化为核，华侨城引领 5G + 文旅新时代》，凤凰网，https://biz.ifeng.com/c/7qHXawwVHdw，2019 年 9 月 26 日。

此外，卡乐主题公园在智慧景区建设方面进行了前瞻性的布局。园区中采用了黑匣子、应力、振动、红外对等物联网技术，对设备的运行数据进行了实时采集和记录，并运用大数据分析、人工智能技术及智能管控云平台系统[①]，赋能园区智能景区建设，在充分保障游客安全的同时，也为未来主题公园的智慧化建设做出了表率。

4. 华侨城虚拟现实（VR）卡乐主题公园的发展模式分析

（1）"科技+文化+旅游"多核复合式发展

与传统主题公园相比，卡乐主题公园在发展上形成了集文化创意产业、科技产业、旅游产业与地产等多产业元素于一体的多核复合式发展模式。相较于华侨城集团传统的"主题公园+文化地产"双核协同发展模式，卡乐主题公园更加强调在主题公园与创意产业、技术产业等新的产业元素之间形成良性互动发展与反哺关系。正如深圳文旅科技公司总经理李坚所说，新一代卡乐主题公园并非对欢乐谷等传统娱乐主题公园进行的技术"翻新"和主题"升级"，它是互联网思维下应用最新高科技打造的"主题公园+创意产业+旅游小镇"综合体项目，类似华侨城旗下"欢乐谷"与"创意园"的综合版，其中，创意园是产业基地，欢乐谷是展示基地和运营基地。卡乐主题公园就是文化、产业与旅游空间结合的有效实践范本，旨在通过最新的高科技力量，将文化内容用创新的理念和技术思维进行科学转化，打造游客游玩的体验作品，并综合运用最新沉浸式场域和特种影视、动感仿真、虚实结合、互动娱乐等高科技手段，配合最新的智慧App玩法，用技术的力量将文化产业、科技产业与主题公园进行完美的结合，进而搭建了一条"科技+文化+旅游"全产业链复合式发展模式。

（2）"轻资产"的运营拓展

卡乐主题公园在运营开发上并未采用华侨城传统的全资注入，通过地产、商业反哺旅游产业的重资产业务拓展模式，而是凭借华侨城主题公园的高品质口碑和园区运营经验，建立了以品牌授权或知识产权入股项目的业务拓展模式，通过前期对卡乐品牌的授权和IP输出、园区建设中期的指导规划以及园区后期的运营管理等轻资产的输出运作，实现了卡乐主题公园的价值增值和效益增值。据深圳文旅科技公司总经理李坚介绍，卡乐主

[①]《以共享主题公园打造城市文旅新业态——访深圳华侨城文化旅游科技股份有限公司总经理李坚》，国际在线，http://city.cri.cn/20170712/800a4587-ffbd-8788-5113-43846816a950.html，最后访问日期：2021年8月3日。

第十章 新技术新媒体下深圳发展文化产业新业态的经验做法

题公园最大的特点之一就是华侨城在这个项目上不再是全额投资主体,而是与地方政府、企业进行合作,与柳州市属国有企业东城集团、常德市经济建设投资集团有限公司等当地优秀企业一起投资。卡乐主题公园园区建设初期主要由项目合作方负责当地主题公园土地、建筑等重资产的投资和建设,公园建成落地后,由华侨城文旅科技主要负责园区后期的运营和管理输出,多方共同参与主题公园的规划建设与运营,改变了华侨城以往对主题公园进行自主投资、重资产配置的业务拓展模式,走出了一条主题公园开发的轻资产拓展路线。

(3)"线上+线下"的整合营销

卡乐主题公园作为一个多元化的大型综合展示平台和产业平台,通过有效整合线上线下资源,打造了商业生态闭环。线上,主要通过结合 LBS、"大数据+"等先进技术,做大做强互联网影视内容和文化创意产品等的开发,通过打造、培育颇具竞争力的卡乐主题公园 IP 及品牌,力拓渠道与流量,进而提升游客的客户黏性和对品牌的认可度;线下,通过以卡乐主题公园为中心构建"吃、住、行、游、购、娱"业态应用空间,为线上 IP 内容及流量的转化、变现提供更广阔的展示舞台①。总之,卡乐主题公园的营销模式就是通过技术赋能,打通线上内容与线下体验渠道,使内容开发与品牌塑造和流量变现环环相扣、相辅相成,进而全力打通以卡乐 IP 品牌为主的全产业链壁垒,强化了卡乐主题公园品牌的晓喻度和流量的变现能力,有效助推主题公园实现更好的盈利,保证其持续健康发展。

5. 华侨城虚拟现实(VR)主题公园的模式总结与启示

文旅融合发展是时代大势所趋,但绝非易事。因为文化产业和旅游产业原属于两种不同的行业,其融合并非对文化与旅游产业实行简单意义上的"嫁接",其中不仅涉及两种产业在发展思维模式上的碰撞,更涉及两个产业如何进行有效延伸、衔接和整合的问题。卡乐主题公园之所以在新的主题公园建设浪潮中迅速取得市场认可,并成为新一代主题公园的标杆,关键在于文旅科技公司成功应用科技力量,推进了文化产业和旅游产业在主题公园这个平台载体上实现有效衔接与融合,形成以主题公园为展示平台、文旅科技产业基地为技术支撑、文化体验为内容的"前店后厂"模式,构筑了文化旅游全产业链。同时,园区采用轻资产的 IP 授权及管理输出的模式,以轻资产做市场,通过商业模式的转变和"线上""线下"整

---

① 资料参见华侨城文旅科技官方网站。

合营销,寻求到新的增长空间,使卡乐主题公园的业务在全国范围内得到了迅速扩张,实现品牌化的连锁运营。

当然,卡乐主题公园虽然在发展模式上进行了更具前瞻性的布局与科学规划,并在特色主题塑造、高科技赋能、运营模式等方面进行了深入创新,但其打造的"科技+文化+旅游"的主题公园发展模式还仅仅处于依靠科技赋能文化产业与旅游产业有效衔接的初级阶段,停留在以高新技术翻新式推进文旅产业融合的较浅层面,相较于国际迪士尼主题公园"IP+媒介+内容+主题公园+科技"全产业链的生态模式构建,无论是产业融合的深度还是广度都还有很大的提升空间,特别是文化产业在整个产业链中的引擎作用并未得到充分有效的释放与挖掘。

纵观国际主题公园成功案例,IP才是未来主题公园的核心所在,也是推进文旅融合的关键因素所在。所以,拥有高辨识度、高游客黏性的文化品牌IP,形成统一、系统性的品牌开发与内容、与衍生品的有效衔接,将是有效摆脱当下国内主题公园仅靠门票收入、地产维系运营的尴尬困境的突破口,也是实现我国主题公园发展模式转型升级的关键突破口。目前,以互联网文化IP为主的新一代卡乐主题公园,虽然通过"拿来主义""自主培育"等集大成的方式在不断拓展具有影响力的文化IP,但相较于家喻户晓的迪士尼米老鼠、白雪公主、《冰雪奇缘》中的艾莎以及国内华强方特《熊出没》等文化IP,文旅科技公司自主打造的卡乐星仔等文化IP暂时并未形成有效的品牌文化认同和商业衍生品开发,可持续性发展特征不够显著,这也制约着卡乐主题公园的持续健康发展。所以,如何打造优质文化IP,并做好文化IP与游客体验产品的有效转化将是卡乐主题公园实现可持续发展的关键所在。未来,如何通过科技赋能,真正实现由"旅游搭台,地产唱戏"向"旅游搭台,文化唱戏"模式的转型,关键还是在于发挥文化IP在主题公园中的核心引擎作用,只有把中国的主题公园做得有主题、有内涵、有衍生产品市场,虚拟技术趋势下的主题公园才能有真正的未来。

(四)深圳"文旅+会展"融合新业态典型案例——以数字时代背景下深圳文博会为例

中国(深圳)国际文化产业博览交易会(以下简称"文博会")是国家重点扶持的国家级、国际化、综合性文化产业博览交易会。在十几年发展历程中,文博会紧扣时代脉搏,及时把握、引领文化产业发展方向,不断做大做强,赢得"中国文化产业第一展"美誉。随着形势发展变化,特

第十章　新技术新媒体下深圳发展文化产业新业态的经验做法

别是党的十九届五中全会做出"我国已转向高质量发展阶段"重要论断并进行相应部署，自觉践行高质量发展理念、走"质量型内涵式"发展之路成为数字时代下文博会的必然选择。

1. 数字时代赋予文博会高质量发展新语境

（1）政策导向——从做大体量到质量至上

2004年11月，在中国文化产业快速崛起的大背景下、在深圳"文化立市"的号角声中，文博会应运而生。经过中宣部、文化和旅游部等主办单位和承办单位十几年的不懈努力，其不断发展壮大、备受瞩目。截至2021年，文博会已成功举办了17届，展示规模从首届的4.3万平方米增加至第十七届的12万平方米，线下展会展览面积实现三次"扩容"。为践行国家文化数字化战略，文博会于2020年以"云上文博会"的形式在线上开幕，并于2021年首次实现线上线下同时办展，增设互联网馆和"一带一路"国际馆，"双线展会"取得可喜成绩。数据显示，第十七届文博会主会场共有2468家政府组团、文化机构和企业参展，比第十五届多156家，另有868家机构和企业线上参展，并连续十二次实现全国31个省、区、市及港澳台地区全部参展（其中，福建省通过线上参展），[①] 其展会规模、观众数量、国际化程度、交易成果连年攀升，已成长为中国文化产业领域规格最高、规模最大、最具实效和影响力的展会。

目前，随着我国迈入数字经济时代，高质量发展已成为建设社会主义现代化强国和遵循数字经济发展规律的必然要求。党的十九届五中全会中强调"十四五"时期经济社会发展要以推动高质量发展为主题，必须把发展质量摆在更为突出的位置，着力提升发展质量和效益，为我国"十四五"时期乃至更长时期的会展发展明确了基本框架和依据。深圳市为贯彻落实高质量发展要求，践行新发展理念，于2022年2月发布《深圳市关于建设国际会展之都的若干措施》，提出"推动我市会展业高质量发展，加快建设国际会展之都"的发展目标，并从引进国际知名品牌展会、培育专业展会等多个维度对深圳会展业的发展做出了有效指引和精准的扶持，为文博会未来高质量发展按下"加速键"的同时，也为其今后发展提出了更高的数字时代新诉求。

[①] 《国际文博盛会 铸就中国之最——第十七届中国（深圳）国际文化产业博览交易会》，百度，https://baijiahao.baidu.com/s?id=1711784790305875697&wfr=spider&for=pc，最后访问日期：2021年9月24日。

(2) 市场发展——从一枝独秀到百家争鸣

众所周知，文博会创办之初，国内有影响力的综合性文化产业展会仅此一家。其后，随着文化产业和会展业作为"无烟产业""朝阳产业"得到各地政府大力支持，全国各地的文化展会如雨后春笋般涌现。国内文化会展从早期文博会"一枝独秀"，到现在全国上下"百花齐放""百家争鸣"（见表10-2）。

表10-2 我国省部级以上单位主办的知名文化产业展会基本情况

展会名称	举办地	主办单位*	简介	创办年份
中国（深圳）国际文化产业博览交易会	深圳	中共中央宣传部（国家新闻出版署、国家电影局）、文化和旅游部、商务部、国家广播电视总局、中国国际贸易促进委员会、广东省人民政府和深圳市人民政府	中国唯一一个国家级、国际化、综合性文化产业博览交易会，以博览和交易为核心，全力打造中国文化产品与项目交易平台，促进和拉动中国文化产业发展，积极推动中国文化产品走向世界。深圳文博会是获得UFI认证的综合性文化产业博览交易会，被列入《国家"十一五"时期文化发展规划纲要》，是党的十七届六中全会通过的《中共中央关于深化文化体制改革 推动社会主义文化大发展大繁荣若干重大问题的决定》重点发展的展会之一。	2004
中国西部文化产业博览会	西安	文化和旅游部、国家广播电视总局和陕西省人民政府	西部文博会是国家级文化产业类品牌展会，展会坚持以新的文化发展观引领文化产业发展，以"资源展示、项目推介、产品交易、产业发展"为宗旨，以"资源·创意·合作"为主题，全方位、大规模展示西部优秀文化资源，推介西部文化产业建设成果，扩大西部特色文化产品和服务贸易，促进西部文化产业升级发展。	2005年（首届于云南昆明举办，2008年起永久落户西安）
中国北京国际文化创意产业博览会	北京	文化和旅游部、国家广播电视总局、国家新闻出版署和北京市人民政府	坚持贯彻中央关于发展文化创意产业的有关精神，秉承国际化、专业化、市场化、规范化、精品化的办会办展理念，全面展示国内文化创意产业发展的丰硕成果，交流当今世界文化创意产业发展的最新理论和观点，搭建文化产品、文化服务的交易平台，在推动文化创意产业化、促进文化创意产业国际投资合作与文化贸易方面发挥着重要作用。	2006

第十章 新技术新媒体下深圳发展文化产业新业态的经验做法

续表

展会名称	举办地	主办单位	简介	创办年份
中国义乌文化和旅游产品交易博览会	浙江义乌	文化和旅游部、中国国际贸易促进委员会、浙江省人民政府	2006年创办,成为国内文体行业唯一的外贸主导性展会。2020年更名为"中国义乌文化和旅游产品交易博览会",努力打造展示全国文化和旅游发展成果的高端舞台和对接全球文化产品与旅游商品贸易的首选平台。	2006
山东省文化创意产业博览交易会	济南	中共山东省委宣传部、山东省文化和旅游厅、济南市人民政府	山东文博会已发展成为国内重要的区域性文化展会,同时也是国内仅有的两个获得全球展览业协会(UFI)认证的大型文化类展会之一。山东文博会前七届都是每两年举办一次,从第八届开始改为每年一届。总展览面积10.3万平方米,规模与深圳文博会相当。	2006
海峡两岸(厦门)文化产业博览交易会	厦门	中共中央台湾工作办公室、文化和旅游部、国家广播电视总局、福建省人民政府	海峡两岸文博会是以"海峡两岸"命名并由两岸众多文化机构共同参与的国家级综合性展会,秉持"一脉传承,创意未来"主题,自2008年创办之初,即以增进两岸文化及产业交流与合作、巩固厦门作为两岸交流"桥头堡"地位、推进祖国和平统一大业为宗旨,历经十余年发展与沉淀,已发展成为两岸文化交流、产业合作的重要平台。	2008
丝绸之路(敦煌)国际文化博览会	敦煌	中共中央宣传部、文化和旅游部等牵头,甘肃省人民政府、文化和旅游部、国家广播电视总局和中国国际贸易促进委员会主办	敦煌文博会是"一带一路"建设的重要载体,是丝绸之路沿线国家人文交流合作的战略平台,承载着重要的国家使命。敦煌文博会以"推动文化交流、共谋合作发展"为宗旨,以丝绸之路精神为纽带,以文明互鉴与文化交流合作作为主题,以实现民心相通为目标,着力打造国际化、高端化、专业化的国家级文化博览会,成为中国与丝绸之路沿线国家开展文化交流合作的重要平台、推动中华文化走出去的重要窗口、丝绸之路经济带建设的重要支撑。	2016

211

续表

展会名称	举办地	主办单位	简介	创办年份
长三角国际文化产业博览会	上海	中共上海市委宣传部、中共江苏省委宣传部、中共浙江省委宣传部、中共安徽省委宣传部	长三角文博会是贯彻长三角高质量一体化发展国家战略的重要举措，获得党和国家的肯定和支持，搭建了"立足长三角、辐射全中国、面向全世界"的文化产业合作交流交易平台，取得良好社会影响和经济效益。2019年5月中共中央政治局审议通过的《长江三角洲区域一体化发展规划纲要》明确指出要办好长三角国际文化产业博览会的具体任务	2018
青海文化旅游节	西宁等地	青海省人民政府	2021年青海文化旅游节主题为"生态、绿色、人文、体验"，举办开(闭)幕式、展览展示、高峰论坛、文艺展演、宣传推介等七大主题活动。文化旅游节以打造国际生态旅游目的地为目标，发挥文化赋能、旅游带动作用，丰富既有生态体验又有文化感受的文化旅游产品及服务供给，推动高质量发展，创造高品质生活	2021
中国（武汉）文化旅游博览会	武汉	中共中央宣传部、文化和旅游部、湖北省人民政府	首届中国（武汉）文化旅游博览会以产业聚集、全维辐射、品牌推介、供需嫁接为目标，搭建推动文化和旅游合作交流的高端平台，打造一流的展会品牌	2021

* 因主办单位在数次机构改革中更名，为避免混乱，表中统一采用现行机构名称。

调研发现，上述各省市重点打造的知名文化展会发展势头迅猛，无论是品牌塑造、整体运营还是配套水平等都在全国遥遥领先。例如西部文博会和敦煌文博会，近年来品牌口碑越来越好，获得了社会各界人士的广泛关注。西安、敦煌两地历史文化底蕴深厚，与当地旅游资源互为补充，充分发挥"文化+旅游""1+1>2"效益，在有效提升了参展商和观众参展意愿的同时，更好地带动了两地地域形象的提升。

除了上述省部级以上党政党委主办的文化展会，各地行业展会的影响力也越来越大。例如海南文化产业博览会暨海峡两岸（海南）文化艺术博览会、创意云南文化产业博览会、河北省特色文化产品博览交易会、东北亚文化艺术博览会、黑龙江国际文化产业博览会、中国苏州文化创意设计产业交易博览会、中国（无锡）国际文化艺术产业博览交易会、海丝之路

第十章　新技术新媒体下深圳发展文化产业新业态的经验做法

文化和旅游博览会等，百花齐放。此外，一些市场化程度较高的非政府主办文化产业展会，例如上海文创展、四川（成都）文化旅游展览会，特别是一些专业领域展会，如动漫游戏展、工艺美术展等，办展机制灵活、供需匹配度高、更贴合市场需求，进一步稀释了参展资源，对文博会形成了较大的挑战。

（3）外部挑战——从技术更迭到消费群体更新

目前，文化会展业的整体成熟度随着市场化程度增高而越来越高，在国民经济中的地位也越来越凸显。与此同时，文化会展受到的挑战也越来越大。一方面是技术更迭带来的新挑战。在2004年文博会创办之初，除沿海地区和北京、天津等少数经济发达城市外，有线网络尚未普及，无线网络刚刚兴起，随时随地观展还只停留在美好愿景层面。短短十余年间，随着信息技术迅速升级换代，以及音视频技术、AR、VR、人工智能等相关技术的飞速进步，世界已经进入万物互联智能时代。即使远隔万水千山，智能手机一打开，各大电商平台就是一个个永不落幕的在线展场，各种带货直播，无异于一场场特定领域的微型展会，让人应接不暇。特别是进入5G时代，随着关键共性技术在文化产业应用领域的持续渗透，文化会展的呈现方式日益多元化、精准化和便捷化，除了少数价值不菲且需要反复鉴赏的物品（如古董、艺术品），线上参展正成为一种新的消费趋势。例如2020年的进博会、东博会等重大展会都相继探索线上展会模式，云上办展、线上洽谈正逐步成为展会的"标配"，随着经济的飞速发展和数字技术的不断完善，线上虚拟展会发展势头强劲，这对线下实体展会来说，无疑是一波不小的冲击。

另一方面，文化消费群体的更新也给文博会的发展带来了新的挑战。众所周知，在2004年文博会办展之初，最早的一批"80后"刚刚走出大学校园，迈入社会。当时的文化展会受众（参展商和观众）主要以20世纪50～70年代生人群体为主，政府办展加上主流媒体宣传很容易得到这些群体对文化展会的权威性和专业性的认可，进而产生较大的经济效益。现今，视野开阔、个性鲜明的"Z世代"逐步成为消费群体的中坚力量，新生代消费群体的审美与生活方式都发生了重大变化。他们更加注重展会的体验感和互动感，喜欢新奇特、小而美的新型展览和专业展，对文博会的专业化发展和精细化服务提出了更高的诉求。

2. 影响文博会高质量发展的主要问题

目前，文博会虽然已成功举办了17届，无论是展会规模、观众数量、国际化程度还是交易成果都取得了可喜的成绩，但相较于国际化知名品牌展会，文博会仍然存在较大差距，要进一步推动文博会实现市场化、专业化、国际化及数字化整体跃升，打造现代国际范、高质量、内涵式的文化展会，亟待解决好以下三个方面的主要问题。

(1) 政府主导与市场化

2004年文博会创办之初可谓筚路蓝缕。首届文博会主要由文化部、国家广播电视总局、国家新闻出版总署、广东省政府共同主办，深圳市人民政府承办。在深圳市委、市政府高度重视和坚强领导下，深圳市委宣传部、市文化局等党政部门领导与工作人员冲在文博会第一线，完成从招商招展到展会报批、嘉宾接待、安全保障等大量工作，几乎统包统揽，开启了"政府主导"的组展招展模式。2006年，虽然第二届文博会组建深圳国际文化产业博览交易会有限公司（以下简称"文博会公司"），办展机制向市场化方向迈出重要一步，具体承办工作开始交由深圳三大文化集团和新成立的文博会公司负责，形成了"政府办会、企业办展"办展模式和"市场化、专业化、国际化"办展思路市场化运作，但从历届文博会招商招展情况来看，文博会仍然存在一些政府主导时期留存的问题。比如政府和市场在筹办文博会中的关系亟待理顺，组展形式仍主要依靠党委、政府部门动员协调组团参展，并没有充分依托行业协会和根据市场需求[①]来进行等。尤其是新冠疫情发生以来，会展经济遭受重创，很多文化企业生产经营状况不佳，参展意愿明显减弱，文博会招商招展难度进一步加大，对政府依赖程度加深。以2021年第十七届文博会为例，其共设置6个展馆，每个2万平方米，其中文化产业综合馆A馆、B馆和粤港澳大湾区馆的参展商都是由各地政府发文动员并组团参展，展位费、搭建费等参展成本由财政承担，加上其他展馆里的各类主题展区，六成以上展区由各级政府部门负责。所以，文博会要想实现高质量发展首要任务就是要在"使市场在资源配置中起决定性作用和更好发挥政府作用"[②] 这方面做好文章。

(2) 形象展示与交易平台打造

文博会作为展示中国文化体制改革伟大成就的窗口和引领促进中国文化产业发展的重要引擎，其最重要的两个功能，一是宣传发展成就，二是

[①] 林成：《文博会创新发展之路探析》，《文化流动与文化创新研究报告（2018）》，广东人民出版社，2020，第225页。

[②] 林成：《文博会创新发展之路探析》，《文化流动与文化创新研究报告（2018）》，广东人民出版社，2020，第225页。

第十章　新技术新媒体下深圳发展文化产业新业态的经验做法

促成交易合作。二者相辅相成、相得益彰。目前，文博会已成为全国各地政府每年组团集中展示本地国有文化企业转体改制最新成果和各地文化体制改革最新步伐的重要平台，是我国文化产业繁荣发展的重要检阅台、风向标和探索器[①]，其社会效益及形象展示意义重大。但参展中也发现部分省市仅将文博会作为对当地地情综合情况以及特色文化旅游资源基本展览介绍的平台，或者连续好几届文博会老调一再重弹、内容不更新，等等，这些问题仍困扰着文博会的发展。

此外，文博会要实现高质量发展还需要重视平台在促成文化企业之间合作与交易方面功能的提升，打造好产业交易平台，平衡好社会效益与经济效益之间的关系。据悉，文博会在促成交易方面缺乏后力，虽然文博会每届公布的意向交易额都较高，但实际还存在交易额偏低，部分签约项目事先沟通，仅借助文博平台发布等问题。长此以往，势必削弱文博会平台促进交易的属性，而平台经济效益的降低也必然会影响参展企业的积极性，导致企业参展率、参观率的下降，不利于文博会长足发展。

（3）综合会展与专业化发展

我国政府主办的，尤其是国家部委参与主办的文化会展都十分注重展会的综合性展示，主会场"大而全"的展陈形式是其重要特色。文博会作为国家级综合性文化会展，概莫能外。虽然文博会已连续多届实现全国31个省区市及港澳台地区全部参展，政府组团"满堂红"，但其陈展"内容大而全、展览杂而散"的现状和互相重复的问题也始终限制着文博会的转型升级和高质量发展。同时，相较于中国国际数码互动娱乐展览会（China Joy）、"深圳国际时尚电玩节"等知名专业性展会，文博会这类综合性展会受空间、专业参展企业数量限制等实际因素影响，精细化运营和专业化发展方面还存在着较大的提升空间。同时，如何推动线上线下"双线"办展成为文博会组织运营新常态建设都是亟待思考和解决的重要命题。

3. 对策建议——数字时代下文博会如何实现高质量发展

（1）着眼长远，坚持高质量发展

思路决定出路。南方科技大学党委书记李凤亮认为"文化产业的高质量发展，是我国文化产业健康发展的核心要求，也应是文博会经过多届之后转型升级的根本追求。只有构建起高质量的现代文化产业体系，新时代的文化产业发展才有一个稳定的基础，才能更好地拓展国内大市场，促进

---

① 资料来源：深圳市文化广电旅游体育局《文博会十五年回顾与展望》。

国内国际两个市场的交流"[①]。迈入数字时代，文博会要着眼长远，坚持贯彻质量型、内涵式发展理念，坚持"优中选精"原则，严格把关主会场、分会场质量与数量，继续推进文博会展会规模、办展模式、品牌质量的全面升级。同时，要充分认识"数字经济"对构筑今后会展发展战略的新优势、新机遇，积极顺应展会数字化智慧化发展趋势，在深入把握数字经济发展趋势和规律中进一步优化会展结构，不断创新服务模式，通过打造"线上＋线下"立体化展会，实现数字经济与实体经济相互赋能，推进文博会组展和运营数字化、智能化建设。

此外，建议加快研究构建新形势下文博会综合评价指标体系，全方位考虑其规模情况、绩效情况、创新情况以及数字化、智能化建设情况，强化对文博会办展的有序引导、精准扶持、科学考评和精细化管理，助力新时代文博会实现高质量发展。

（2）优化办展机制，推进"四化"建设

数字时代下文博会要实现高质量发展，首要任务就是理顺市场与政府的关系，进一步优化展会办展机制，深入推进市场化、专业化、国际化、数字化"四化"建设，有效打通文博会高质量发展的循环堵点。

第一，推进文博会市场化建设。坚持守正创新，文化产业不同于其他产业，具有社会效益和经济效益双重属性，在推进文博会市场化过程中政府不可缺位，文博会要想在当下激烈的市场竞争中保持自身竞争优势，必须坚持政府主导与市场化运作双轮驱动，坚持深化市场化改革，"使市场在资源配置中起决定性作用和更好发挥政府作用，将党委政府有力扶持和市场化运作做到有效结合"。进一步理顺政府与市场的关系，优化政府在办展中的角色和职能定位，重点解决好企业参展机制以及核心层参展比例、结构优化问题。要坚持以供给侧结构性改革为主线，在紧密贴合市场需求下展开文博会的招商推介工作，不断创新招展组展方式，加大优质资源整合力度，通过将能彰显各地文化体制机制改革最新进展、最新研发成果的优质项目引进文博会，通过加强行业代表性产品、项目以及产业龙头企业、重点企业的集聚化建设，有效提升文博会行业导向作用，助力文博会市场化建设。

[①] 孙颖：《李凤亮：文博会应实现战略转型，引领文化产业高质量发展》，南方Plus，https://static.nfapp.southcn.com/content/202109/23/c5770011.html，最后访问日期：2021年9月23日。

第十章 新技术新媒体下深圳发展文化产业新业态的经验做法

第二，推进文博会专业化建设。立足文博会功能与定位，坚持"展示"与"交易"双管齐下，在保持综合性的前提下突出专业性，加速推进实现主会场由"大而全"向"专而优""专而强"的转型升级。建议有四。一是要进一步明确文博会综合馆和各专业展馆的功能区分，逐步扩大市场化程度较高的专业展馆面积，有效引导展会服务专业化、精细化发展。二是注重"专而优"的展会发展趋势，注重产业链上下游衔接整体陈展，形成合力，充分发挥叠加优势。例如陈展最新高科技含量较高的影视作品，建议配套最新影视制作器材、影视播放设备等最新科技前沿的文化装备展示等。深化行业趋势认知，推动文博会向专业化和价值链高端方向延伸。三是加大对"文化+""科技+"等重点企业及新型数字化转型成果项目的招商招展力度。组织华为、腾讯等一批具有较强竞争力的领军企业、细分领域龙头企业、"瞪羚企业"和"隐形冠军"企业参展；加大对以大数据、云计算、虚拟技术等为支撑的数字文化项目和沉浸式体验产品的展览展示力度，充分发挥文博会作为我国文化产业发展领航器和风向标的高端引领作用。四是继续深耕文博会市场化、专业化实践，聚焦专业观众和参展商实际交易诉求，进一步完善文博会交易和投融资平台功能，通过优化交易流程和方式，充分发挥文博会作为文化产业交易专业平台的功能与作用。

第三，推进文博会国际化建设。建议有四。一是继续加大海外招商招展力度，深化与国外政府部门、文化企业、机构合作，持续推进文博会国际化进程。二是借助数字化平台与新型交易模式推动中外文化产业线上线下做好商务洽谈，深化交流与合作，进一步优化文博会现有线上云会展、云论坛、云体验、云直播等活动，积极拓展线上国际业务。三是有效拓宽海外宣传渠道，完善海外宣传机制。通过加大对海外重点市场、潜力市场的宣传推介和招徕力度，加强海外主流媒体平台，特别是互联网流媒体等新兴媒体平台对文博会形象的推广与宣传。四是充分发挥"双区驱动"示范效应，加大对港、澳、台等地区最新文化产品的招展力度。通过建立良好的有效的沟通、联展机制，深化与香港、澳门会展业的合作，做强做优文博会澳门精品展品等分会场，积极推进大湾区文化产业融合交流。

第四，推进文博会数字化建设。文博会的数字化、智慧化建设是打破物理阻隔、打通经贸壁垒的有效途径，也是会展业发展的必然趋势。建议有三。一是充分运用5G、VR/AR、大数据等现代信息技术手段，加快推动文博会在展览展示、运营管理等方面的数字化改造升级，构建线上线下展会一体化、标准化、规范化的数字营销服务体系，有效提升文博会市场竞争力。二是加大与腾讯、华为等高新技术企业合作力度，加速推进VR直播、虚拟会场等新技术在文博数字化展览展示、洽谈室景中的应用，有效提升文博会线上平台用户体验，强化文博会撮合交易功能。三是加快探索线上文博会市场运作机制和运营模式，尽快厘清文博会线上展会的商业逻辑，推动线下展会和云上平台数据的采集、存储、分析和发掘，有效实现精准供采对接服务，促进线上文博会实质成交，真正实现"永不落幕的文博会"。

（3）立足根本，加强专业人才队伍建设

"人才是第一资源。"专业化的人才队伍是推进文博会高质量发展、行稳致远的重要基石。建议有三。一是加大会展专业人才引进培养力度。进一步加大对策展策划、招商招展、现场管理等实用复合型人才的引进力度，加快打造熟悉国际大型展会运作规律、具有中外文化交流经验和国际视野等高素质高层次人才队伍，以有效提升文博会策展办展水平。二是加强数字化运营队伍建设。要聚焦云上文博会的管理维护实际需求，加大对线上平台运营人才以及精通大数据处理、分析等专业技术人才队伍的招募力度，以有效推进文博会在线化、数字化和智慧化建设。三是加大招募熟悉有关政策的人才。文博会筹办工作是一项系统工程，除招商招展之外，展会报批、安全保障、宣传报道、文化安全等诸多方面政策性较强，所以通晓国内国外会展政策、具有良好沟通能力和处理关系的人才培养和招募尤为重要。

此外，建议进一步健全管理科学、协调高效的人才评价管理体制，完善现有人才评价及考核激励机制，赋予文博会公司更大的选人用人权，激发其招商活力。

第十一章
新技术新媒体下深圳发展文化产业新业态的主要问题和发展路径

在新一轮科技创新和产业革新加速发展新时期，深圳的文化产业新业态作为推动文化产业高质量发展的一支重要力量，已取得了长足的进步，其市场增长空间巨大，前景广阔。但从发展实际情况来看，深圳在文化新业态领域尚未形成有效的完整产业链，新业态重点发展的领域、特色等都还有待挖掘，其在业态结构、市场主体、空间载体以及资金配置等方面仍需加强政策引导与培育。

一 业态维度

近年来，深圳凭借"文化后发优势"，虽然已逐步在数字游戏、数字动漫、数字影视以及电竞直播等"文化+科技""互联网+文化"的新型业态领域发力，产业结构调整日趋明显，但深圳文化制造业在整个文化产业结构中占比较大，文化产业发展仍存在结构性问题。深圳市第四次全国经济普查结果显示，除罗湖区、福田区和南山区3个区的文化制造业分别占本区文化及相关产业营收的25%、7%和14%以外，深圳其他各区文化制造业均占本区文化及相关产业营收的50%以上；其中，宝安区、盐田区的文化制造业占比分别高达83%和95%[1]，传统的印刷产业、黄金珠宝加工制造业以及电视机、影视录放等文化设备制造业占比近八成，创意设计、影视动漫、游戏电竞等新兴产业比重有待提升。

此外，深圳文化企业的规模偏小、文化骨干企业不足，在新兴文化产业的产业链上游控制力较弱的问题比较突出。如深圳数字游戏的游戏运营

---

[1] 深圳市统计局：《深圳市文化产业统计分析报告——基于全国第四次经济普查深圳市文化及相关产业数据》，2020年8月。

企业多是以引进、代理运营为主营业务，自主研发的游戏较少，市场占有率也不高；动漫产业虽起步早，但精品原创内容不足，产品同质化现象、代加工现象较为突出，面临商业模式与运营创新不足的困境。而数字影视、视频直播以及电竞产业等文化产业新兴业态还处于摸索阶段。目前，虽然深圳多个区已经出台了相关扶持政策和配套资金对新兴文化产业领域进行重点扶持，南山区、福田区、宝安区等个别区也初步形成了一定的产业比较优势，但多数区的新兴文化产业业态规模小而分散，龙头企业和重点项目少，上下游配套产业关联性不够，未能形成有效协作的产业链条，规模化竞争优势尚不明显。

根据深圳市最新发布的《关于加快文化产业创新发展的实施意见》和《深圳市文化产业高质量发展规划（2021—2025）（征求意见稿）》的发展目标来看，到2025年，深圳市要率先健全现代文化产业体系和文化市场体系，新型文化业态要更加丰富，数字化、智能化、融合化特征更加明显；内容原创和科技含量显著提升，文化产业竞争力更加强劲；提出深圳文化服务业占比要超过50%，数字创意、设计服务、时尚文化、文化旅游等新型业态占文化产业的比重超过60%的量化发展目标。所以，对标深圳文化产业高质量发展新要求，深圳市文化产业结构还存在较大的战略转型和提升空间，新兴产业的产业链构建还需进一步完善。

此外，"文化+"产业融合发展是文化产业发展新趋势，伴随数字化、智能化的快速发展，众多行业领域间的边界逐步消弭，文化与旅游、体育等行业之间的融合态势日益增强。如何通过科技赋能，实现文化与旅游、文化与体育、文化与创意等行业之间的深度融合，以及如何加强区域间的文化融合仍然是深圳文化产业新业态需重点突破的关键问题。

二 区域维度

目前，由于深圳各区域之间资源禀赋等方面的差异，其文化产业呈现出发展不平衡的特点，主要体现在深圳各区文化产业年度营收、产业集聚建设以及文化产业新业态的挖掘与培育三个方面。全国第四次经济普查深圳市文化及相关产业数据显示，深圳各区和新区文化及相关产业营业收入差距较大。其中，南山区、福田区、罗湖区、宝安区营收分别为3223亿元、1422亿元、1354亿元、1326亿元，这4个区的营业总收入占全市的77.22%；而光明区、坪山区、大鹏新区、深汕特别合作区4个区域的营收

第十一章 新技术新媒体下深圳发展文化产业新业态的主要问题和发展路径

仅占全市的2.32%。深圳各区域之间产业发展不平衡还体现在产业集聚方面。据了解，目前深圳市级文化产业园区（基地）共71家，南山和龙岗两区的市级文化产业园区数量占比较高。在2021年最新认定的15家市级文化产业园区中，南山区新增天健创智中心、珠光文化科技产业服务基地、南山睿园、南头古城4家市级园区，宝安区新增新桥影视产业基地、松岗琥珀文化产业园、大视界国际影视文体产业园、定军山电影科技产业园4家市级文化产业园区；而部分区域，例如盐田区、光明区、坪山区3个区目前只各有1家市级文化产业园区，大鹏新区虽然在这次最新认定中新增1家市级文化产业园区，但也只共有2家市级文化产业园区。所以，深圳各区域间文化产业园区集聚化发展不平衡的问题也较为突出。

此外，从2020年12月南山区最新发布的《深圳市南山区关于支持电竞产业发展的实施意见》《深圳市南山区关于支持电竞产业发展的若干措施》政策文件可以看出，该区正高起点布局电子竞技、区块链等新型文化产业领域，加速推进文化与科技深度融合，前景可期。而光明区、坪山区等区域由于建区时间相对较晚，加之自然文化资源禀赋不足，其文化产业业态呈单极化发展，多数还停留在以文具、印刷包装等传统文化制造为主的产业化较为初级的阶段，各区域间的产业发展差距亟待缩小。

三 载体维度

文化产业园区是深圳文化产业最为重要的文化载体和空间载体。整体来看，深圳文化产业园区无论是数量、规模还是质量都在全国遥遥领先。2021年，深圳新认定了15家市级园区，深圳市级文化产业园区达71家；同时，蛇口滨海文化创意产业带、DCC展览展示文化创意园顺利通过省级文化产业示范园区创建验收，全市省级文化产业示范园区达9家。同时，深圳积极整合了全市资源，加速推进国家文化和科技融合示范区（南山区）、国家级文化产业示范园区（龙岗数字创意走廊）等创建工作，取得了良好成效。[①] 当然，走访调研中发现深圳文化产业园区建设还有很大的提升空间。

第一，运营模式方面。目前，深圳有些园区管理运营模式比较落后、

---

① 《深圳文化产业高质量发展翻开新篇章》，百度，https://baijiahao.baidu.com/s?id=1723636883202675151&wfr=spider&for=pc，最后访问日期：2022年2月2日。

园区服务水平整体偏弱、产业业态较为单一。部分文化产业园区停留在"做房东""收租金",提供办公场所与物业管理等较为初级的园区运营模式上。同时,个别文化产业园区迫于盈利压力等现实因素影响,园区入驻企业门槛不高,造成园区内聚集企业关联度低、生态产业链效果不明显,存在相对"孤立"等情况。大部分文化产业园区和企业与周边地区未能产生有效良性互动,园区对周边辐射作用有待提高。

第二,新型园区建设方面。受制于深圳整体产业用地资源紧张,产业规划用地和产业办公用房增量不足一直是制约深圳文化产业发展的重要因素之一,对新型企业进一步发展壮大和重大产业项目落地造成一定的影响。目前,深圳在新型园区、数字产业园区等发展空间规划上有待加强,如类似宝安智美·汇志产业园、福田青苹果直播电商产业园以及南山一元创谷文化科技产业园等新型数字文化产业园区数量不多。同时,深圳现有国家动漫画产业基地、深圳古玩城等文化产业园区新发展空间拓展不足、产业业态过于狭窄等实际情况,都一定程度上制约了深圳市文化产业园区的能级提升和优质数字文化资源集聚。

第三,软硬件配套方面。深圳产业园区在智慧园区体系化建设、管理、监测等方面相对滞后,智慧化升级改造任务较为迫切。调研发现,由于大部分园区为租赁物业,受租赁期满后能否续租等不确定因素影响,一些建设运营单位对硬件设施设备配套建设的持续投入不足,进而导致了园区的公共性产业数字服务平台缺失和信息化建设进程缓慢的问题。

同时,很多园区的数字化运营理念相对滞后,对智慧化建设的新趋势认识不足,在构建"软性"的智慧园区运营服务体系、服务理念方面重视程度不够。在园区"硬性"智慧化建设方面,也只是对园区楼宇硬件,比如安装安防系统、出入口管理系统等进行简单信息化配置,园区公共信息服务平台建设以及智能化改造提升还亟待加强。

四 技术维度

深圳文化产业发展虽然得益于高科技的创新驱动,实现了"弯道超车",但从深圳市文化产业整体发展来看,还普遍存在传统文化产业创造性转化不足、创新性发展能力不够、高科技含量较低以及平台性技术集成创新不足等问题。比如占据全市绝对优势地位的珠宝首饰及工艺品的制造销售仍旧停留在简易加工、商贸物流等粗放发展阶段,高科技赋能不足,

第十一章　新技术新媒体下深圳发展文化产业新业态的主要问题和发展路径

尚未形成一定的品牌效应和较强竞争力。大多数区域的文化消费终端生产、文化装备生产仍处于产业化初级阶段，在高清屏显、VR终端设备等新型文化装备制造领域的数字化、智能化水平有待提高。

目前，从深圳市文化创意专项资金已扶持的79家（2012~2019年）新型文化业态企业来看，深圳市具有优势引领性和较好成长性的文化新业态企业数量不多、核心竞争力不强，能代表产业未来创新发展趋向的高新技术新型文化业态有待孵化和培育。

五　金融维度

目前，深圳市投融资渠道有待拓宽，文化产业新业态投融资体系有待完善。深圳小微文化企业数量基数较大，深圳市第四次全国经济普查结果显示，全市仅微型企业数量占比就高达89.58%[①]，而这些中小型文化企业均具有轻资产型的行业特性，因轻资产型企业可执行标的资产少，贷款风险相对较大，金融机构对文化企业的放贷较为谨慎。所以，深圳中小型文化企业普遍存在融资能力弱、抵押物少、难以满足贷款条件等实际融资难的共性问题，也存在一些个性问题，主要表现在以下两个方面。一方面是受制于现有的投融资体制机制，银行为完成信贷考核，规避担保缺失导致的风险，更偏向于对大型文化设施、文化旅游景点等有固定资产类文化企业提供信贷资金支持。同时，在新兴文化业态领域，如新媒体、影视游戏、动漫电竞等大部分属于轻资产创意类，针对其专利权、著作权（版权）、商标权等无形资产做抵押的融资产品较少，投融资体制有待完善。另一方面，针对专利权、著作权（版权）、商标权等知识产权的无形资产评估机制尚未有效建立。虽然深圳多次尝试与探索，但至今仍旧缺乏科学的评估标准和权威的评估机构，所以产权价值评估困难直接导致创意轻资产类文化企业融资难、渠道少，且第三方担保机构不完善，很难取得银行授信。

此外，目前国有产业基金、政府引导基金对接资本市场不充分，金融资金扶持对象主要还是华强集团、创梦天地以及中汇影视等文创龙头企业，金融资本的扶优扶强倾向性较为明显，不能很好满足深圳初创型、种子型文化企业的融资需求；而产权交易、企业债券等方式的融资渠道还不够开放，融资渠道有待进一步拓宽。

---

① 参见深圳市统计局、深圳市文化广电体育旅游局关于深圳市文化产业统计分析报告。

六 传播维度

目前，深圳针对推进文化产品和文化服务"走出去"的相关支持政策还不完善、不配套，法律法规体系也有待健全，在总体上缺乏统一的规划和合理布局。据了解，深圳文化贸易的整体数据统计暂处于空白，不能全面系统反映深圳文化贸易情况。此外，深圳文化产品和服务在"走出去"开展贸易过程中，有关部门的统筹、协调和指导力度不够。文化产品和服务出口广泛涉及宣传、发改、文化旅游、经济、科技、教育、农业、海关、外汇管理、统计等众多部门，各相关部门之间经常性紧密协调机制尚未建立，整体合力尚未形成。同时，深圳城市对外文化宣传推广效果也有待提升。众所周知，北上广深是国内一线城市，但深圳在海外的影响力和知名度相对偏低，缺乏在全球具有较大影响力的文化企业、文化产品和文化IP，类似华强方特标杆式的文化机构和"熊出没"这样能享誉全球的自主原创的文化品牌不多；对外文化传播面临"观念冲突、语言差异、渠道不畅"等境况。

此外，深圳国有三大文化集团（深圳报业集团、深圳广电集团、深圳出版集团）总体上还存在产业组织形式单一、产业结构老化、产业化水平低下等发展瓶颈问题，体制机制改革略显滞后，内容生产体系和全媒体传播链条创新能力有待进一步提高。

第十二章
新技术新媒体下深圳文化产业新业态的发展路径

进入"十四五"时期,我国文化产业的高质量发展已迈入以数字化和网络化为先导的全新发展阶段,人工智能、虚拟技术等赋能的数字文化新业态建设也成为我国文化产业高质量发展的重要内容和力量源泉。进入数字经济发展新时期,深圳正迎来文化产业转型升级和以质量型内涵式发展为特征的现代文化产业体系构建的重要历史机遇期。深圳文化产业要实现稳中向好的高质量发展,就需要加大推进文化数字化战略,在遵循和把握数字经济发展趋势和规律下谋求文化产业转型升级,开辟新航道,以满足人们数字化、虚拟化、移动化和个性化的精神文化需求,有效推动文化产业从过去铺摊子式的粗放发展模式向高质量、高层次、精细化发展模式转换。笔者认为,深圳可以通过政策引导、技术赋能、主体培育、空间保障、金融支撑以及扩大传播等途径,尽快建立符合数字时代要求的现代文化产业体系和市场体系,以抢占未来文化产业新业态发展机遇。

一 政策层面:推动高精尖文化产业体系布局

产业政策对产业结构的优化、调整以及"加速"发展具有重要影响,这已成为社会共识,并被世界许多国家的成功实践证明。当前,深圳文化产业新业态处于规模形成初期,对其发展规划、顶层设计,尤其是政策的导向尤为重要。进入数字经济发展新时代,深圳的文化产业规划、政策和资金配套扶持要在顺应数字文化产业和产业数字化大趋势下做好相关规划和部署,围绕"高精尖"产业体系布局,通过财政、税收政策加大对文化产业新业态扶持力度,加强资金、载体、人才等要素对新兴文化产业的导入,进一步为文化产业新业态高质量发展指明方向。

（一）加强政策规划，完善以高质量发展为导向的文化产业政策

深圳要抓住"双区"驱动、"双区"叠加的重大历史发展机遇，在深度服务国家构建数字化新发展格局的要求下，充分围绕文化产业的数字化或数字化的文化产业进行顶层设计，为文化产业新业态发展提供规划、土地、财税、金融等政策优惠，支持其快速发展。制定实施好《深圳市文化产业高质量发展规划（2021—2025）（征求意见稿）》《深圳市关于加快培育数字创意产业集群的若干措施》以及文化产业中长期发展规划，高起点布局游戏电竞、影视动漫、智能文化装备制造等文化产业新业态前沿领域。建议"十四五"时期，在深圳市级层面统筹下尽快展开对各区数字文化资源优势和产业发展基本情况的摸底调研，通过出台、实施更具针对性的文化产业专项发展规划及配套扶持政策，推进产业要素和资源要素向数字影视、数字音乐、直播电竞等"高精尖"文化产业体系布局，充分发挥政策规划在产业布局方面的宏观引领作用。同时，要继续夯实并强化"文化+科技"的产业发展优势，支持深圳在原创游戏研发、网络视听基地建设、影视作品播出、MCN机构经营和直播空间载体建设等领域加速发展，加快形成与深圳城市发展定位相匹配的产业发展新格局，构筑深圳文化发展新优势。

（二）加强政策精准扶持，有效引导传统文化产业转型升级

迈入数字经济发展新时期，深圳的文化产业实践也出现了新趋势、新情况，特别是数字经济时代下深圳文化产业发展也面临新的发展问题。这就需要文化相关管理部门在产业实践中不断完善文化发展的政策体系，通过调整资金政策、修订现有的文化产业分项资金政策等措施，在鼓励新兴文化产业繁荣发展的同时，更要充分发挥政策精准扶持与引导作用，加快推进传统文化业态的数字化改造和转型升级。

以智能化、大数据和互联网为代表的新技术所促成的智能化、大规模、个性化的文化定制生产与服务将是文化制造业和新一代信息技术融合发展产生的产业新业态。

深圳各区，特别是以传统文化制造业为主的区域，可以通过适当的政策"倾斜"和资金扶持，加快推进深圳传统文化产业链向高端环节的转换，助力传统产业数字化、智能化转型升级。一方面要继续"巩固基础"，加速推动深圳在印刷、电视音响设备、影视录放设备、照相机及器材制造等传统制造领域的数字化、智能化升级；另一方面，要继续"培育优势"，

深圳可以重点推动其在 VR 摄影机、艺术数位屏、骨传感耳机等新型文化智造领域的发展，有效构建深圳文化"智造"产业发展新优势。同时，建议在深度挖掘、整合、联动文化产业相关产业资源基础上，进一步创新发展思路、发展模式和产业形态，通过有效激发数字科技优势，推进传统文化产业数字化建设，有效促进传统文化产业实现业态更新与转型升级。

此外，建议在深度挖掘、整合、联动文化产业相关产业资源基础上，通过政策赋能，不断创新发展思路、发展模式和融合产业形态，充分激发并整合"互联网+""科技+""创意+"等路径要素活力，把"文化+科技""文化+旅游""文化+金融""文化+创意"等融合产业新业态耕深做强，通过打造新型文体旅商综合示范体等实际举措，有效推进产业之间跨界融合新业态的发展。

（三）加强政策引导，有效促进数字创意产业集群规划布局

文化产业新业态是文化产业发展的重要内容，发展"高精尖"的文化产业新业态则是实现文化产业高质量发展的重要保障。所谓"高"，重点是指文化新业态要有高端创意、高端科技的支撑，代表着产业发展的新高度。所谓"精"，就是培育具有世界竞争力的"独角兽"企业或园区。所谓"尖"，是指能承接国家或地区重大发展战略和引领世界文化产业发展的尖端技术、尖端创新。所以，围绕"高精尖"打造文化产业新业态，是从战略上优化文化产业体系，实现文化产业提质增效、高质量发展的必然选择。[1] 深圳可以通过抢抓"数字创意产业集群"等重大项目或数字创意产业园区等重大载体、平台建设新机遇，有效引导各区重点支持一批最具代表性的数字产业新业态的发展，以推进数字文化产业区域协同发展生态体系构建。

基于深圳文化产业发展仍存在着不平衡、区域差距较为明显的问题，建议充分发挥南山区、福田区等部分区域数字文化产业高地"领头雁"作用，通过推进产业要素和资源要素向重点区域、重点组团布局，激发数字文化产业集聚的规模效应，通过形成"头雁效应"，有效引导深圳文化产业繁荣发展和"高精尖"产业体系布局。同时，要积极推动深圳其他区域协调发展，继续支持新型文化企业集聚、新型园区集聚、新型文化产业集

---

[1] 王林生：《"十四五"时期文化新业态发展的战略语境、历史机遇与行动路线》，《行政管理改革》2021 年第 8 期。

聚向坪山区、光明区、大鹏新区等地区扩散，逐步实现"实体地理集聚"发展，建议如下。

1. 南山区

南山区一直是深圳科技文化强区。南山区要继续发挥高新技术引领优势，以高质量打造国家文化和科技融合示范基地为契机，高质量规划高新区、华侨城、深圳湾、西丽湖等四大组团（占地共2129.7万平方米），重点打造"数字创意创新中心""数字软件研发中心"；以数字内容服务为主要发展方向，重点发展创意设计、文化软件、动漫游戏、数字音乐、新媒体和网络文化、高端文化装备等六大类别。建议一是充分依托腾讯、星河互动、创梦天地等游戏动漫龙头企业，做强做优动漫游戏、数字音乐等领域原创内容，高起点布局电竞产业、云游戏等游戏产业新业态，推进以"文化+5G+VR"为基本核心的多样新场景在游戏线上线下应用，加速推进云游戏基础设施试点建设，有效为游戏产业链条强链补链；二是依托大疆创新、光峰科技等智能设备制造龙头企业，完善数字创意装备制造链条，优化无人机、柔性显示、可穿戴设备等智能显示终端性能，做大做强超高清应用显示场景、沉浸式即时体验、"云端"链接与感知科技等智能终端产业新业态；三是依托南山高新技术研发优势，积极推进区块链技术在网络版权等领域的应用，建立健全知识产权登记保护和快速维权机制，开展数字创意产业关键领域发明专利优先审查和专利快速预审、确权、维权和协同保护，提高数字创意产业和企业知识产权保护水平。全面围绕数字创意内容、数字创意设备、创意设计、网络视听融合等四大业态，构建创意引领、技术先进、链条完整的数字创意产业核心集聚区。

2. 宝安区

宝安区充分依托传统制造优势和政策支撑，做强做优"数字创意装备智造中心"和"数字影视创制中心"，推进影视资源集聚和"智造"转型；重点打造以沙井新桥片区、西乡片区为主的数字影视产业集聚区和以福永、石岩和燕罗片区为主的数字创意设备制造集聚区。建议一是充分发挥"宝安影视十条"产业政策优势和影视产业基础作用，依托"深圳宝安新桥影视产业小镇""中宣部电影技术质量检测所南方分中心""中国国际动作电影总部基地""宝港电影城"等重大项目建设，重点发展影视拍摄制作、电影技术质量检测、影视文化街区和新型特色影视产业；依托深圳市定军山科技有限公司、深圳谜谭数字文化创意有限公司等创新型影视企业，积极拓展"5G+4K/8K"节目数字影视内容制作和网络剧发展，大力支持短

第十二章 新技术新媒体下深圳文化产业新业态的发展路径

视频、微电影等新兴影视业态；推进宝安世界电影取景地标城区建设。二是加速推进宝安传统制造业转型升级，通过"5G+工业互联网"赋能，创意"赋智"，加速推进宝安"制造"向"智造"转型升级，大力发展VR设备、可穿戴设备、智能终端等新型数字创意设备制造，引导制造业从生产型制造向创意服务型"智造"转变，特别是在影视高端设备研制领域，强化宝安数字创意产业设备制造支撑基础。三是依托易尚展示等重点企业，有效引导宝安在数字在线展示、传统文博资源数字化创新发展领域的新业态布局，积极发挥深圳在传统资源创造性转化、创新性发展中的示范和引领作用，有效搭建、延伸现有数字创意产业链。四是依托大铲湾"互联网+"未来科技城建设契机和腾讯龙头企业，带动宝安区大数据、5G等数字经济与文化产业领域的融合发展，推进宝安区在4K/8K高清视频内容制作、直播短视频、动漫音乐、游戏电竞等数字视听领域重点布局，探索建设具有全球影响力的数字视听产业基地。

3. 福田区

福田区一直是深圳创意设计强区，其设计产业优势还体现在建筑装饰设计行业领域。"全国建装看深圳，深圳建装看福田"，福田建筑装饰设计占据全国建筑装饰设计百强企业的半壁江山，不仅孕育了多家上市公司，还涌现出了大批行业龙头企业。福田区可以继续发挥创意中心城区优势，构建以装饰设计、数字内容、数字融合为主导的数字创意生态圈，打造"数字设计中心区"和具有国际影响力的建筑装饰设计产业高地。继续坚持深耕文化产业转型升级，大力推进香蜜湖片区、车公庙—天安片区、金地—沙头片区以及八卦岭片区的数字创意产业集聚区建设，重点发展数字媒体、创意设计、影视演艺、文化会展、建筑装饰五大领域，积极推进数字设计、智慧媒体、网络会展、虚拟展演等数字文化新业态发展。建议一是提升"中国（深圳）新媒体广告产业园""青苹果直播电商产业园"等数字园区和直播基地的孵化功能，以移动互联网为核心，以直播为载体，聚焦媒体影视产业领域，进一步完善优化媒体影视产业相关产业链条；二是做强做优福田创意设计产业，充分发挥洛可可、杰尔斯展示等龙头企业的引领作用，推进创意设计行业数字化、信息化转型升级；三是依托中国建筑装饰协会和福田建筑装饰协会，共同打造全国建筑装饰大数据中心和设计产业研究中心，加大推进福田数字创意中心先导区建设。

4. 罗湖区

罗湖区依托现有点石数码等骨干企业，聚焦视觉视效创意领域，加速推进梧桐视效创意产业园建设，打造国际一流的"数字视效中心"和视效创新基地。可以以梧桐视效创意产业园建设为契机，通过打造国际领先的高科技数字化影棚，构建国际一流的视效创意产业平台和顶尖"内容生态链"，形成罗湖区在视效创意产业的先发优势；积极推进罗湖区在高端工艺美术、包装印刷等传统优势文化产业的数字化、智能化转型；提升深圳国家动漫画产业园孵化、集聚功能，打造国际化的影视动漫产业集聚中心，加大影视和动漫原创内容产品的研发与宣发力度。此外，罗湖区在版权产业建设方面优势初显，依托中国版权保护中心粤港澳版权登记大厅落户深圳（罗湖）的契机，进一步发挥好粤港澳大湾区版权产业园吸引优质版权企业集聚优势，推进版权产业价值转化，打通文化领域"确权—维权—授权"全链条，推进版权产业高质量发展，为数字创意产业发展保驾护航。

5. 龙岗区

龙岗区充分发挥"龙岗数字创意产业走廊"全产业链布局优势，重点打造"数字创意装备智造中心"和"影视后期制作中心"。一是可以重点规划以五和路—布澜路—龙岗大道—盐龙大道等为发展干道，拓展至西起五和大道、东至富坪路、北起盐龙大道、南至布沙路的产业片区，有效串联天安云谷、万科星火ONLINE、华侨城甘坑新镇、深港国际合作中心等29家文化科技类产业园区和155家规模以上文化企业，侧重在数字装备、影视动漫、游戏电竞、创意设计、网络视听等数字创意发展领域加强产业布局，加大龙岗产学研孵化区、数字创意总部和数创装备智造核心建设力度。二是依托甘坑客家小镇等创新载体，打造"科技+智慧"景区，推进人工智能、虚拟现实技术在智慧文旅多样新场景的应用，加速推进多产业要素和多行业的文旅智慧融合示范区建设。同时，以龙岗数字创意走廊创建国家级文化产业示范园区为契机，构建"一芯（产学研孵化区）、两区（总部区和装备智造区）、多支点（'数字创意园区—数字创意楼宇—数字创意专类空间'的空间体系架构）"的产业发展格局。

此外，建议积极支持各区相关企业开展线上协作模式，打破合作企业间的信息交流壁垒，实现"虚拟地理集聚"，解决虹吸效应、马太效应所带来的区域文化产业发展不平衡的问题。

二 技术层面：探索创新型引领型文化新业态

科技创新是数字赋能下文化产业高质量发展的源头活水。深圳要实现文化产业新业态快速发展,就需进一步加大数字文化新型基础设施建设和数字文化科技创新的投入力度,形成与深圳高新科技之城定位相匹配的文化产业发展新格局。当务之急就是要强基础、补短板,继续加强共性关键技术研究,解决技术为文化产业赋能的问题,破解5G、大数据、云计算、物联网、虚拟现实、人工智能等核心技术与文化产业深度融合发展中关键技术的"卡脖子"问题,充分发挥数字技术对文化产业内容创作、产品研发、模式创新的深度渗透和核心支撑作用,推进高科技在文化产业生产、传播和消费各个环节的全面赋能,建议从以下几个方面加快促进文化科技融合发展。

(一)构建技术创新体系,加强共性关键技术研究

实践证明,领军企业对世界科技前沿技术研发有着不可替代的重要作用,要鼓励和支持华为、腾讯等领军企业在重大技术研发与"卡脖子"关键核心技术方面实现新突破,通过构建以华为、腾讯等民营科技文化企业为主的技术创新体系,充分发挥深圳大学、南方科技大学以及国内外各大高校深圳研究院的文化科技研发作用,共同推进人工智能、大数据、增强现实、虚拟现实、云计算、区块链等先进技术研发与应用,强化文化共性关键技术研究,有效降低在数字建模、交互引擎、后期特效系统等开发工具、基础软件等方面的对外依赖程度。[1] 与此同时,也要关切到、解决好深圳中小微文化企业在科技研发、创新诉求与现实资金投入方面的瓶颈问题。众所周知,数字技术研发与创新往往需要巨额的投资成本,而中小微文化企业往往不具备投入条件,可以加大对中小微原创研发的政策、资金扶持力度,推行开源战略,采用均摊制将巨额的研发成本有效降低,大幅减少文化企业使用专利的授权费用,[2] 更好地推动文化科技深度融合,助力深圳文化产业新业态高质量发展。

(二)强化科技赋能,推动传统文化产业转型升级

数字化是文化产业发展的必然趋势,特别是在数字经济全球化的当下,以科技推动文化产业变革势在必行。深圳要充分把握数字经济发展趋势和

---

[1] 彭思思:《跑出深圳文化产业高质量发展"加速度"》,《深圳特区报》2021年12月14日。
[2] 戚聿东、纪长青:《开源:数字技术扩散促进数字技术创新》,《光明日报》2019年9月10日。

规律，加强自主研发，通过投资孵化、产研联盟等多措并举，加快推进高新技术最新成果转化到传统文化产业相关领域。一方面，可以通过数字赋能，激发"科技+""创意+""媒体+"等路径要素活力，积极推动新闻出版、广播影视、演艺乃至文博等传统业态向数字出版、数字影视、数字演艺、数字博物馆等加速转型，进一步创新文化发展思路、发展模式，完善产业形态。另一方面，可以通过"上云用数赋智"，加快推进传统文化制造业对接前沿技术和创新资源，有效提升印刷、文化装备制造以及传统工艺品等传统领域的科技含量和附加值，解决文化产品科技含量低和低端无效、重复供给等结构失衡问题，有效推动深圳文化产业结构的持续优化与转型升级。建议以深圳市数字创意产业集群的载体平台搭建和重大项目建设为抓手，加速推进国家级实验室、文化企业孵化器、国际创意产业中心、"哈工大（深圳）—杰恩"数字设计与智能建造联合实验室等载体平台以及数字动漫影视基地总部等重大项目建设，深化文化科技融合发展。

（三）实施数字化战略，加快培育"数字文化+"新业态

以数字技术和互联网为主要驱动力的文化新业态，是未来一段时期深圳文化产业发展的重大任务和主攻方向。深圳市要顺应产业数字化和数字产业化发展时代大趋势，充分发挥深圳高科技之城优势，加大新型"数字文化+"新业态培育力度，政策向深圳市《关于加快文化产业创新发展的实施意见》、《深圳市文化产业高质量发展规划（2021-2025）（征求意见稿）》以及《深圳市关于加快培育数字创意产业集群的若干措施》等重点支持的文化科技化产业门类适度倾斜，加强对游戏电竞、动漫开发、智能文化装备、终端柔性显示等智能显示终端性等先进技术的研发与应用，充分激活科技在文化内容创作、产品研发、模式创新方面的深度渗透和核心支撑作用。同时，要进一步深化虚拟现实（含增强现实、混合现实）、人机交互、三维显示等数字技术在游戏影视、旅游会展等领域的应用，通过挖掘、整合、联动相关行业资源，加快推进深圳文化新业态的结构创新、链条创新和形态创新，有效推动文化与旅游、体育等行业的融合新业态发展。

此外，以新技术、新平台赋能传统媒体是推进新旧媒体融合的重要方式。深圳在推进媒体融合方面，要大力推动5G、云计算、人工智能、大数据等新一代信息技术在广播电视网络中的部署和应用，助力传统媒体转型升级，加快推进IPv6在有线电视网络中运用，推动"广播电视+5G+千行

百业"等项目落地实施，通过数字赋能，推进智慧广电服务体系建设，用科技力量推进深圳报业在全媒体时代的传播形式创新、手段创新、内容创新，有效激发媒体发展活力，赋能新闻生产。以新技术、新平台占据新的重要舆论场。在深度整合、联动文化产业与其他产业资源基础上，创新发展思路、发展模式和产业形态，激发"数字+""科技+""创意+"等路径要素活力，推动"文化+科技""文化+旅游""文化+金融"等产业新业态的发展，推进文化产业向规模化、特色化和品牌化方向快速发展。

三 企业层面：加大新型市场主体培育力度

龙头企业能有效带动产业链运转，引领行业发展，是经济稳定运行的"定海神针"，而"专精特新"企业、隐形冠军企业是中小型企业的中坚力量，对推动产业数字化转型、推进文化产业新业态的发展发挥着重要的作用。未来，深圳在文化新业态的市场主体培育上要进一步坚持"两手都要抓，两手都要硬"，建议从以下几个方面推进市场主体转型发展、创新发展。

（一）充分依托龙头企业，做强做优文化新业态"四链"建设

深圳拥有腾讯、华强方特、环球数码、创梦天地、中青宝等一批在国际市场颇具竞争力的龙头企业，这些龙头企业不仅能有效吸引上下游企业集聚发展，还能在数字游戏、数字音乐、直播电竞等新业态的模式创新和融合发展中成为引领者、牵头者，对深圳未来文化产业的数字化转型具有很强的带动引领作用。建议深圳相关管理部门尽快展开对这些龙头企业项目建设情况及未来业务布局的调研摸底，重点对云游戏、电竞直播、新媒体、数字出版等产业实际发展情况展开深入调研，充分发挥龙头企业在"四链"建设中的突出优势，积极探索构建大中小企业和各类创新主体紧密协同、利益共享的创新机制和模式。同时，要充分发挥政策的引导作用，有效推动龙头企业、互联网平台巨头通过共享资源、开放平台、产业协作等方式，带动产业链协同发展，做强做优产业链"四链"建设；积极支持数字科技与文化产业龙头企业跨行跨界整合研发力量，打造从技术研发、产品开发到业态的文化与技术融合创新产业链，通过补链、延链、强链，充分发挥龙头企业的带动、集聚作用。

同时，建议尽快完善"深圳文化企业100强""优秀新型文化业态企

业"认定发布制度，通过催化一批掌握核心技术、拥有原创品牌、具有国际竞争力的龙头文化企业，支持龙头文化企业实施跨地区、跨行业、跨所有制兼并重组，发挥"链主"的领军示范和生态整合作用，从而有效增创深圳文化产业高质量发展新优势。

（二）大力扶持骨干龙头文化企业进军新业态，不断创新体制机制

建议参照特殊管理股制度设计，在政策上支持鼓励大型国有文化企业、省级传媒集团入股文化新业态企业，在与新型互联网公司、新业态公司共同壮大的同时，进行意识形态把关和提升社会效益。[①] 同时，积极推动国有文化集团建立现代法人治理结构，促进创新发展、转型发展和融合发展。深圳拥有深圳广电集团、深圳报业集团与深圳出版集团三大国有文化企业，三大集团关联数字文化产业，拥有五大国家级授予的平台优势，对深圳数字文化产业新业态发展具有举足轻重的作用，建议充分发挥国有文化企业在产业新业态领域的创新引领作用；进一步加大对深圳三大国有文化集团政策、资金扶持力度，重点引导、推进新媒体新业态的培育发展，促进现代传媒业发展壮大；积极推动深圳报业集团、深圳广电集团的网络化改造和技术升级，推进"内容＋平台＋终端"的新型新闻内容生产和传播体系构建；顺应移动智能终端加速普及趋势，鼓励深圳出版集团加强数字出版核心技术的研发和应用，加快数字出版业发展，做强做优数字出版新业态。

（三）出台相关扶持政策，加强总部经济引领战略实施

深圳要充分发挥目前拥有的成千上万家高科技企业、上百家高科技上市公司的优势，有效引导数字互联网及其他领域龙头企业加大对以数字为主的文化产业新业态的布局力度，为深圳文化产业转型发展持续赋能。同时，建议进一步加强政策引导，有效吸引国内外龙头文化企业把总部或地区总部、高附加值的制造环节、研发中心、采购中心和服务外包基地设在深圳，加强总部经济建设；加速推进华强方特数字动漫影视基地总部、腾讯数字音乐文化产业总部、福田创意设计总部大厦等重点项目建设，有效

---

① 侯梦菲、董柳、沈婷婷：《省人大代表刘涛：政府应加大扶持力度破解文化新业态困境》，百度，https://baijiahao.baidu.com/s?id=1689850510611550255&wfr=spider&for=pc，最后访问日期：2021年6月8日。

带动上下游企业协同发展。

（四）重视"专精特新"企业，加速培育经济新动能

无论是"专精特新"小巨人企业、隐形冠军企业还是颇有创新爆发力的"瞪羚企业"都对全产业链条的发展有着至关重要的作用。特别是在新发展格局下，推动中小型企业向专业化、精细化、特色化、新颖化（简称"专精特新"）方向发展已经提升至国家战略层面。深圳要培育数字经济新动能、推动文化产业转型发展，需要进一步加大对墨麟游戏、韶音科技等一批专注于细分市场、拥有核心竞争力和明确战略的企业的扶持力度，引导中小型企业围绕文化新业态细分领域强化"专精特新"方向的发展，形成文化新兴产业梯次的发展格局。同时，要持续出台中小微数字创意企业房租补贴、空间支持、金融扶持、公共服务平台和技术服务平台建设等扶持计划，切实减轻中小微数字创意企业负担，全方位赋能中小企业，并为其快速发展保驾护航。

四 载体层面：推进新型文化产业集聚化建设

引导产业集群化发展有利于文化企业间的资源共享，能形成产品内容互补、产品档次齐全、上下游产业衔接紧密的良性发展格局。党的二十大报告明确提出建设数字中国，加快发展数字经济，促进数字经济和实体经济深度融合，打造具有国际竞争力的数字产业集群。面对数字时代文化产业园区发展新形势、新趋势，深圳要继续"坚持市场化导向、坚持政府扶持与规范引导并举、坚持开放合作的发展路径、坚持园区运营模式创新"的发展路径，通过增量创新、存量改造、打造数字化与智慧化产业园区等方式为新时期文化产业新业态集聚化发展保驾护航。

（一）加强产业载体增量创新，积极推进新型产业集聚化建设

空间载体是促进文化产业快速发展的重要手段和必要保障。"十四五"期间，深圳要积极鼓励各区充分根据自身文化资源禀赋、综合优势及整体需要，规划、置换出一批新的文化产业发展空间，特别是对数字创意产业重点领域园区的建设规划和布局，有效引导和推动数字经济类、影视动漫类、电子竞技类等与深圳城市定位相匹配的现代新型文化产业园区建设，同时对于租赁期限较短的园区加强规划与引导，做好园区"迭代"工作。

同时，深圳文化相关管理部门要持续深化国家级、省级文化产业园区创建、评估及验收工作，加快推进龙岗数字创意产业集聚示范区、前海深港设计创意产业园等一批重大园区示范项目建设，积极组织申报国家广播电视和网络视听产业基地以及广东省"5G+智慧视听"产业基地，争取在全国范围内形成一大批覆盖文化产业新业态领域的园区品牌，有效引领深圳新兴业态产业集聚化建设；有效完善对新型文化产业园区的扶持奖励政策，加强对深圳智美·汇志产业园、青苹果直播电商产业园、新桥影视产业基地、定军山电影科技产业园、T-PARK深港影视创意园等深圳现有新兴业态产业空间载体的建设与培育力度，推进深圳新型业态产业的集聚化建设。

此外，要加快促进文旅深度融合，充分开发文化产业园区旅游休闲功能，通过将公共文化服务、休闲旅游等新元素融入文化产业园区建设，推动产业园区从功能单一的产业园区向汇集生产、消费、生活、休闲、生态等现代化综合功能区转型。可以尝试引导传统工业园区从单一的工业制造空间向多元的文化创意空间和旅游观光转型，通过与文旅产业融合，发展成为工业旅游基地、特色创意休闲基地，从而实现从单一的工业制造空间向多元的文化创意空间和旅游观光转型。通过打造具有综合效益的新型文化产业园区，有效推动产业园区资源与城市社区实现共建共享。

（二）加大园区智慧化建设力度，加速推进网络虚拟集聚区建设

在数字经济的背景下，文化产业的集聚发展在现实世界和网络世界的两维空间展开。未来，依托实体文化产业集聚区构建的无界域、国际化"虚拟文化产业集聚区"或"文化创意信息数字交易港"将成为文化产业集聚区的高级形态和未来发展新趋势[1]。深圳市政府可以充分发挥其在智慧、虚拟文化产业园区建设中的统筹与规划作用，在借鉴国际先进经验以及对未来技术趋势的把握和现实产业基础上，探索发展跨越物理边界的"虚拟"产业园区和产业集群建设。可以通过支持龙头企业建设产业"数据中台"等有效措施，以信息流促进上下游、产供销协同联动，有效推进虚实结合的产业数字化集聚生态构建。同时，深圳要尽快完善现有文化产业园区（基地）的扶持政策和措施，通过加大对重大基础平台及智慧化载体建设的支持奖励力度，引导园区投资运营方搭建支撑园区建设、管理、决策、

---

[1] 金元浦主编《数字和创意的融会：文化产业的前沿突进与高质量发展》，中国工人出版社，2021，第67页。

运行、服务等功能的公共服务数据平台。可以尝试探索建立基于"5G+云平台"的市、区和园区联动管理服务平台,加快形成集数据统计、运行监测、安全监管、融资服务等功能于一体的市级智慧文化产业园区管理和服务平台,通过建立市级园区统计信息监测体系和快报机制,有效推进全市文化产业园区智慧化管理,提升园区管理、服务水平。建议在深圳全市范围内遴选一批具有良好产业发展基础、管理服务规范的园区进行智慧化先行示范试点,探索建设"文化智慧园区示范"样板工程,为后续全面推进特色突出、水平领先的智慧文化产业园区建设奠定基础,更好地推进园区从"聚合"到"聚变",实现智慧化"迭代"发展。

五 金融层面:构建创新文化新业态投融资体系

金融作为社会经济的核心和血脉,与文化产业新业态的高质量发展相辅相成。迈入数字经济发展新时期,深圳要发挥好金融的杠杆作用,通过畅通文化产业投融资渠道,有效引导金融机构对文化企业形成"敢贷、愿贷、能贷"机制,构建更加符合数字经济发展需要的文化金融支持体系,解决好文化类企业实际融资难、融资贵的问题。

(一)拓宽融资渠道,构建数字文化金融等投融资体系

深圳大多数文化类中小企业现阶段存在着向银行贷款比较难的问题。建议深圳相关管理部门从顶层设计为金融支持文化产业搭建起可供操作的政策框架,完善金融机构对以知识产权为主的无形资产投资的风险补偿和政策激励,充分发挥深圳商业银行特别是文化银行在金融产品创新方面的作用,积极拓展企业凭借诸如著作权、商标专用权、发明专利权、实用新型专利权等合法有效的知识产权中的财产权作质押、抵押、保证等方式获得贷款的融资模式[1]。重点研究如何将数字文化IP、数字图书的版权以及影视动漫等的改编权这些无形资产证券化,或者通过某种实现方式,使文化企业的IP资产或版权在间接融资过程中也能具有抵押担保的融资作用,[2]

---

[1] 高容、冷艳丽:《关于深圳文化金融融合发展路径的思考》,《深圳文化发展报告(2020)》,社会科学文献出版社,2020,第91~104页。
[2] 杜嘉:《数字化赋能文化企业出圈,与北交所的契合需进一步探索》,新浪网,https://cj.sina.com.cn/articles/view/1644114654/61ff32de02001ijlw,最后访问日期:2023年2月5日。

通过推进以版权质押或者证券化开展融资，积极推进深圳知识产权证券化先行示范。

此外，建议积极探索金融资本、社会资本与文化资源和资产相结合的融资模式，不断拓宽融资渠道。可以尝试以深圳文化产业园区为抓手的金融支持模式建设，通过建立以文化产业园区为载体的文化金融创新试点，支持运营方为企业提供综合化金融服务等方式，有效促进深圳文化企业实现又好又快的发展。同时，建议在充分调研论证并积极借鉴外地成功做法的基础上，利用粤港澳大湾区资本市场与金融创新优势，建立文化金融合作协调机制，积极探索构建多元化、跨区域的文化投融资体系。对合作中遇到的瓶颈和问题，有针对性地予以解决，通过逐步完善和顺畅合作机制，促进跨境文化贸易和投融资便利化，加快塑造文化产业发展新优势。

（二）完善投融资平台，加快推进文化信用数据库建设

建议充分用好深圳市文化产权交易所、粤港澳版权登记大厅等文化平台，提升文化平台为文化产品提供确权、评估和融资等服务水平，加快推进深圳市文化金融公共服务平台文化信用数据库建设。通过大数据、人工智能等最新技术赋能深圳文化企业及法人代表信用数据库建设，构建科学的文化金融信用评价指标体系，以有效降低信息不对称带来的信贷风险，为文化企业的信用体系筑基，为文创企业融资增信。此外，要积极发挥行业协会等社会组织力量，加强文化金融宣传，有针对性地开展金融政策宣讲活动，增强企业对文化金融知识的认知，发挥金融支持文化产业效应。

此外，要进一步引导银行担保机构组织专业力量加强行业研究，有针对性地对深圳民营文化企业在融资过程中的"难点""痛点"问题展开研究，针对文化企业、文化重大项目的融资需求特点，找"病根"，开"药方"，破"梗阻"，打通融资渠道"最初一公里"，做到精准施策、标本兼治，促进深圳文化新型企业又好又快的发展。

六 传播层面：积极构建文化交流互鉴新格局

深圳一直高度重视文化"走出去"，将之作为提高深圳文化软实力的重要战略举措。近年来，随着数字游戏、影视动漫等文化产业的异军突起，这些新兴文化产业已经成为我国优秀文化对外传播的重要载体，在推动深

圳对外文化贸易发展、推进"人文湾区"建设、构建数字经济时代文化交流互鉴新格局等方面发挥着至关重要的作用。

（一）加强文化品牌建设，推动对外文化贸易高质量发展

文化品牌是提高国际传播能力、增强国际传播话语权的重要手段。纵观发达国家的文化贸易成功经验，都是先从文化上渗透融入目标市场，然后再将商品源源不断地输入目标市场，最后走集团化、品牌化、产业化经营的道路。所以，深圳要推动对外文化贸易高质量发展，有效提升深圳文化产业贸易的国际竞争力，首要任务就是要加快培育一批面向国际市场的大型文化产业集团和具有国际影响力的文化品牌。

第一，深圳要充分依托华强方特、环球数码、腾讯等重要领军文化企业，打造富有中国特色、国际影响力的深圳文化IP，通过构建覆盖影视、动漫、游戏、主题乐园以及衍生产品的文化IP全产业链，着力打造一批具有较强国际影响力、较高国际市场占有率的文化企业和品牌，让更多彰显中国精神和深圳力量的文化IP，为推动深圳文化"走出去"、拓展全球文化贸易市场"赋能赋智"。

第二，深圳要根据国际文化贸易方式的最新发展趋势，加大对数字文化产业新业态"出海"的政策扶持力度。通过激励文化企业持续打造与国际接轨的新型文化产品和服务，重点培育一批与数字经济相结合的国家对外文化出口重点企业和重点项目，加速推动广播影视产品、游戏动漫、网络文学等"走出去"。通过有效调整、优化深圳现有对外贸易结构，积极培育深圳在数字时代新时期对外文化贸易的新增长点和新优势。同时，建议深圳进一步加大对企业搭建海外市场拓展渠道的扶持力度，完善现有企业境外参展机制，优化企业在运作过程中的相关流程，有效降低企业文化贸易成本；鼓励有条件的文化创意产业园区"走出去"，设立国家创意产业孵化中心和分支机构，全方位多角度保障文化"出海"，以有效引导企业扩大对外文化贸易。

第三，深圳要充分用好国家对外文化贸易基地（深圳）、中国（深圳）国际文化产业博览交易会、深圳文化产权交易所等一系列国家级文化平台。通过整合深圳全市主要对外文化贸易资源，积极承接国家重大交流项目，形成文化出口联合体；要与国际专业会展机构、经纪代理机构等展开密切合作，通过建立高层次合作伙伴关系，推动对外文化交流与文化贸易相结合，有效提升深圳在文化贸易的国际竞争力、影响力。

（二）深化大湾区合作，积极推动粤港澳文化交融互通

在"双区驱动"背景下，深圳应充分借助粤港澳区域特有平台优势，把握好千载难逢的绝佳历史机遇，发挥增长极效应，全力推动深圳文化产业新业态的快速发展。

第一，积极开展常态化文化交流与合作。文化领域的融合可以促进粤港澳大湾区物理和心理的连通和整合。深圳作为粤港澳大湾区区域发展的核心引擎之一，应以文化带动产业的发展，除开展湾区城市文化交流、联手打造具有一定影响力的文化项目之外，还应积极促进与粤港澳在数字创意产业、影视动漫、文化会展、演艺音乐以及文化旅游等领域的深入合作，以此促进人才、技术和资本等要素的有效流动。建议由主管部门牵头，形成三地四城影视文化行业协会等非官方影视文化组织和个人参与的分会机制，在"粤港澳文化合作会议"的机制下探索共建人文湾区，围绕粤港澳大湾区"人文电影"工程或电影工业化主题，打造大湾区"人文电影"创作平台、人才教育与培训平台、传播平台及投融资平台，通过推进粤港澳大湾区"人文电影"工程或工业化体系建设，进一步推进粤港澳大湾区人文交流，凝聚人心。

第二，用好现有产业合作交流平台。合作办好深港城市/建筑双城双年展、深港设计双城展、深港澳数字创意设计三城展等会展活动，充分利用港澳地区会展资源以及海外宣传平台和销售渠道，提升深圳在粤港澳地区的文化影响力和海外市场知名度。此外，要充分借助5G信息技术，推进湾区文化产业的协同发展。目前，信息技术变革正如火如荼地向前推进，"华为"等信息通信技术在世界范围内占有重要一席之地，在粤港澳大湾区框架下，深圳应迅速普及5G信息技术，促进湾区数据信息共享，有效推进区域文化联动与交流，强化数字信息时代下区域文化交流的互融互通。

（三）推进智能媒体终端建设，加强主流媒体国际传播能力建设

迈入数字经济时代，媒体行业进行数字化、智慧化融合是大势所趋。建设智慧全媒体，构建新型国际传播体系，加强主流媒体国际传播能力建设是现今阶段媒体行业的主要任务。深圳市委、市政府一直强调，一流城市，需要一流媒体、一流传播力。先行示范的深圳，媒体融合也要走在前列，做出示范。

第一，要深入推进深圳三大国有文化集团（深圳报业集团、深圳广电

第十二章 新技术新媒体下深圳文化产业新业态的发展路径

集团、深圳出版集团)体制机制改革,推动广播电视、网络视听以及数字出版等在内容形式、传播手段方面的数字化改革和创新;大力实施移动优先战略,顺应媒体交互化、个性化、移动化发展新趋势,重点引导和推进"内容+平台+移动终端"新型移动智能媒体终端等项目建设,构建以内容建设为根本、先进技术为支撑、创新管理为保障的全媒体传播体系,不断推动深圳三大国有文化集团讲好"深圳故事",传播好"深圳好声音"。

第二,要全方位完善外宣工作机制,有效提升城市文化对外影响力。城市发展的实践证明,外宣工作是提高城市对外传播能力建设的有效路径和方法,在推动城市发展、提高城市竞争力、塑造城市形象方面发挥着重要的作用。深圳要充分依托"一带一路"和"粤港澳大湾区"建设重大机遇,以筹办"一带一路"国际音乐季、深圳设计周暨环球设计大奖、中国设计大展及公共艺术专题展、深圳时装周等重大活动为契机,积极运用国外主流社交平台,全力塑造、推广深圳全球区域文化中心城市和国际文化创意先锋城市形象。积极关注互联网、物联网最新发展趋势,加强具有全球影响力的信息宣传平台建设,通过深化与谷歌、美国CNN等机构的相关合作,开辟国际文化宣传新窗口,有效拓展深圳城市文化的海外宣传渠道同时,要进一步有效完善大外宣机制,通过加强部门联动,整合经贸、教育、科技、文化广电旅游体育等政府部门的对外宣传资源,深化大外宣合作机制,全方位、多维度推介深圳城市文化形象,有效提升深圳文化的国际传播力、影响力和辐射力。

参考文献

中文文献

著作

[1] 〔美〕阿尔文·托夫勒：《第三次浪潮》，黄明坚译，中信出版集团，2018。

[2] 鲍宏礼主编《产业经济学》，中国经济出版社，2018。

[3] 〔美〕博妮塔·M. 科布尔：《文创产业创业学》，赵子剑译，东北财经大学出版社，2018。

[4] 〔美〕布莱恩·阿瑟：《复杂经济学：经济思想的新框架》，贾拥民译，浙江人民出版社，2018。

[5] 〔美〕布莱恩·阿瑟：《技术的本质》，曹东溟、王健译，浙江人民出版社，2018。

[6] 蔡湫雨：《电竞经济：泛娱乐浪潮下的市场风口》，人民邮电出版社，2018。

[7] 蔡皖东编著《网络舆情分析技术》，电子工业出版社，2018。

[8] 巢乃鹏、王建磊、冯楷：《全力抓住媒体融合的风口：来自深圳特区一线的考察》，《中国媒体融合发展报告（2021）》，社会科学文献出版社，2021。

[9] 程栋主编《智能时代新媒体概论》，清华大学出版社，2019。

[10] 〔英〕大卫·赫斯蒙德夫：《文化产业（第三版）》，张菲娜译，中国人民大学出版社，2016。

[11] 〔美〕戴安娜·克兰：《文化生产：媒体与都市艺术》，赵国新译，译林出版社，2012。

[12] 戴国强、赵志耘主编《科技大数据：因你而改变》，科学技术文献出版社，2018。

[13] 〔美〕戴维·迈尔斯：《社会心理学》，侯玉波等译，人民邮电出版

社，2016年。

[14] 〔美〕丹尼尔·贝尔：《后工业社会的来临》，高铦、王宏周、魏章玲译，江西人民出版社，2018。

[15] 〔美〕多米尼克·鲍尔、艾伦·J.斯科特编《文化产业与文化生产》，夏申、赵咏译，上海财经大学出版社，2016。

[16] 付晓青：《文化产业新业态研究》，福建人民出版社，2015。

[17] 付晓岩：《银行数字化转型》，机械工业出版社，2020。

[18] 胡玉兰等：《智能信息融合与目标识别方法》，机械工业出版社，2018。

[19] 贾哲敏：《互联网时代的政治传播：政府、公众与行动过程》，人民出版社，2017。

[20] 〔美〕杰夫·霍金斯、桑德拉·布拉克斯莉：《智能时代——当所有的机器都能学习思考，我们的生活会如何改变》，李蓝、刘知远译，中国华侨出版社，2014。

[21] 金青梅主编《文化产业项目管理》，西安交通大学出版社，2011。

[22] 李凤亮主编《文化科技创新发展报告（2018）》，社会科学文献出版社，2018。

[23] 李钰靖、王学峰、田丹主编《文化和创意产业文献选译》，社会科学文献出版社，2018。

[24] 厉以宁：《文化经济学》，商务印书馆，2018。

[25] 廖宏勇编著《新媒体信息架构设计》，西安交通大学出版社，2017。

[26] 〔美〕琳恩·谢弗尔·格罗斯：《电子媒体导论（第十一版）》，傅正科等译，浙江大学出版社，2017。

[27] 刘海龙主编《解析中国新闻传播学》，中国人民大学出版社，2019。

[28] 刘秀梅、冯羽：《数字媒体科技传播创意设计研究》，中国科学技术出版社，2020。

[29] 刘志明、徐滔、杨斌艳主编《中国微传播指数报告2018》，中国社会科学出版社，2018。

[30] 〔德〕马克斯·霍克海默、〔德〕特奥多·威·阿多尔诺：《启蒙辩证法：哲学片断》，洪佩郁、蔺月峰译，重庆出版社，1990。

[31] 〔美〕曼纽尔·卡斯特：《网络社会的崛起》，夏铸九等译，社会科学文献出版社，2006。

[32] 〔美〕尼古拉·尼葛洛庞帝：《数字化生存》，胡泳、范海燕译，电子工业出版社，2017。

[33]〔美〕尼克:《人工智能简史》,人民邮电出版社,2017。

[34] 朴春慧、王正友编著《信息技术融合新进展》,武汉大学出版社,2018。

[35] 芮明杰等:《产业创新理论与实践》,上海财经大学出版社,2019。

[36] 数字原野工作室编《有数:普通人的数字生活纪实》,南方日报出版社,2022。

[37] 司占军、高淑印、王颖主编《新媒体技术》,高等教育出版社,2017。

[38] 宋奇慧主编《中国数字文化产业研究》,北京邮电大学出版社,2013。

[39] 宋万女:《信息技术应用研究》,中国商业出版社,2018。

[40] 谭铁牛主编《人工智能:用AI技术打造智能化未来》,中国科学技术出版社,2019。

[41] 谭营:《人工智能之路》,清华大学出版社,2019。

[42] 唐威主编《电子竞技产业概论》,华东师范大学出版社,2020。

[43] 涂子沛:《数据之巅:大数据革命,历史、现实与未来》,中信出版集团,2014。

[44] 王建军编著《现代产业分析:原理 方法 案例》,经济管理出版社,2019。

[45]〔荷〕西奥·范德克伦德特:《增长的动力》,刘文祥、方伶俐译,中信出版集团,2020。

[46] 于平、李凤亮主编《文化科技创新发展报告(2016)》,社会科学文献出版社,2016。

[47] 袁飞、蒋一鸣编著《人工智能:从科幻中复活的机器人革命》,中国铁道出版社,2018。

[48]〔美〕约翰·布罗克曼编著《AI的25种可能》,王佳音译,浙江人民出版社,2019。

[49] 张泊平:《虚拟现实理论与实践》,清华大学出版社,2017。

[50] 张军、何曼主编《传媒产业无形资产管理》,中国经济出版社,2018。

[51] 钟雅琴编著《深港台及海外文化创意产业参考》,海天出版社,2017。

[52] 周晓垣:《人工智能:开启颠覆性智能时代》,台海出版社,2018。

期刊

[1] 范玉刚:《关于当前文化产业发展转型方向的思考》,《艺术百家》2017年第1期。

参考文献

[2] 郭巧敏等：《5G 赋能：AR/VR 游戏传播困境与破解》，《传播与版权》2021 年第 1 期。

[3] 金元浦：《走向新业态：高新技术力促文化产业升级》，《中关村》2011 年第 9 期。

[4] 刘萌：《人工智能技术在媒体融合中的运用研究》，《中国传媒科技》2021 年第 11 期。

[5] 卢莉莉、朱杰飞：《国外产业经济学理论的演进》，《中国集体经济》2011 年第 31 期。

[6] 吕尚彬：《媒体融合的进化：从在线化到智能化》《人民论坛·学术前沿》2018 年第 24 期。

[7] 强月新、孔钰钦：《后真相时代下的回避新闻及其现实影响：基于一种辩证视角》，《编辑之友》2022 年第 1 期。

[8] 冉华、黄一木：《作为叙事的传播："媒介事件"研究被忽视的线索》，《新闻界》2022 年第 4 期。

[9] 宋阳：《深圳文化"走出去"的现状和问题探析》，《中国文化产业评论》2022 年第 2 期。

[10] 唐君仪、唐英、彭佩韦：《深圳对外文化贸易发展策略研究》《北京文化创意》2022 年第 6 期。

[11] 屠玥：《基于 SCP 视角的中美流媒体平台比较——以网飞与爱奇艺为例》，《当代电影》2020 年第 5 期。

[12] 王晨：《专家热议文化产业新业态》，《中国文化报》2008 年 5 月 16 日。

[13] 萧俊明：《法兰克福学派的文化理论与文化解读》，《国外社会科学》2000 年第 6 期。

[14] 曾梓铭、张文静、魏德样：《拥抱元宇宙：电子竞技未来图景探赜》，《体育教育学刊》2023 年第 3 期。

[15] 张涵：《从"大众文化"到"文化工业"——法兰克福学派关于西方资本主义变化着的文化模式的思想评析》，《理论学刊》2009 年第 2 期。

[16] 周建新、胡鹏林：《中国文化产业研究 2017 年度学术报告》，《深圳大学学报（人文社会科学版）》2018 年第 1 期。

外文文献

[1] Beyer, J. L., "The Emergence of a Freedom of Information Movement: Anonymous, WikiLeaks, the Pirate Party, and Iceland", *Journal of Computer-mediated Communication*, 2014, 19 (2): 141, 154.

[2] Culnan, M. J. Markus, "M. L. Information Technologies", in F. M. Jablin, et al. Eds., *Handbook of Organizational Communication: An Interdisciplinary Perspective*, Newbury Park, CA: Sage, 1987: 15–17.

[3] Denis McQuail, *McQuail's Mass Communication Theory (6th edition)*, London: SAGE Publications Ltd., 2010.

[4] Everett M. Rogers, James W. Dearing, Dorine Bregman, "The Anatomy of Agenda-Setting Research", *Journal of Communication*, 1993, 43 (2), Spring: 72.

[5] Maxwell E. McCombs, Donald L. Shaw, "The Evolution of Agenda-Setting Research: Twenty-Five Years in the Marketplace of Ideas", *Journal of Communication*, 1993, 43 (2), Spring: 58–67.

[6] Mutz, D. C., *Hearing the Other Side: Deliberative Versus Participatory Democracy*, New York, NY: Cambridge University Press, 2006.

[7] Myers, D. J., "Communication Technology and Social Movements: Contributions of Computer Networks to Activism", *Social Science Computer Review* 2: 25–60, 1994.

[8] Myers, D. J., "Media, Communication Technology, and Protest Waves", Presented at *the Social Movement Analysis: The Network Perspective*, Loch Lomond, Scotland, 2000.

[9] Norris, P., *Digital Divide: Civic Engagement, Information Poverty, and the Internet Worldwide*, Cambridge University Press, 2001.

[10] T. W. Adorno, "Culture Industry Reconsidered", in Larry Ray (ed.), *Critical Sociology*, Edward Elgar Publishing Limited, 1990.

[11] Whyte, M. K. (ed.)., *China's Revolutions and Intergenerational Relations*, Ann Arbor: University of Michigan, Center for Chinese Studies, 2003.

[12] Williams, B. A., Carpini, M. X. D., *After Droadcast News: Media Regimes, Democracy, and the New Information Environment*, Cambridge University Press, 2011.

附　录

一　关于推进实施国家文化数字化战略的意见

为贯彻落实党中央关于推动公共文化数字化建设、实施文化产业数字化战略的决策部署，积极应对互联网快速发展给文化建设带来的机遇和挑战，满足人民日益增长的精神文化需要，建设社会主义文化强国，现就推进实施国家文化数字化战略提出如下意见。

一　总体要求

（一）指导思想

以习近平新时代中国特色社会主义思想为指导，深入贯彻落实党的十九大和十九届历次全会精神，坚持马克思主义在意识形态领域的指导地位，坚定文化自信，以培育和践行社会主义核心价值观为引领，以国家文化大数据体系建设为抓手，推动中华民族最基本的文化基因与当代文化相适应、与现代社会相协调，发展中国特色社会主义文化，凝魂聚气、强基固本，建设中华民族共有精神家园，提升国家文化软实力，维护国家文化安全和意识形态安全，推进社会主义文化强国建设。

（二）工作原则

——以人为本，全民共享。坚持以人民为中心，坚持把社会效益放在首位，文化数字化为了人民，文化数字化成果由人民共享。

——供给发力，激活资源。深化供给侧结构性改革，推动文化存量资源转化为生产要素，加快发展新型文化企业、文化业态、文化消费模式。

——科技支撑，创新驱动。促进文化和科技深度融合，集成运用先进适用技术，增强文化的传播力、吸引力、感染力。

——统筹规划，分步实施。加强顶层设计和统筹指导，制定实施方案，分解年度重点任务，以重点工程为牵引，稳步推进。

——中央主导，地方主责。正确处理中央和地方的关系，中央层面统一规划、领导，地方分级实施。尊重基层首创精神，调动各方面积极性。

（三）主要目标

到"十四五"时期末，基本建成文化数字化基础设施和服务平台，基本贯通各类文化机构的数据中心，基本完成文化产业数字化布局，公共文化数字化建设跃上新台阶，形成线上线下融合互动、立体覆盖的文化服务供给体系。

到2035年，建成物理分布、逻辑关联、快速链接、高效搜索、全面共享、重点集成的国家文化大数据体系，文化数字化生产力快速发展，中华文化全景呈现，中华文化数字化成果全民共享、优秀创新成果享誉海内外。

二 重点任务

（一）关联形成中华文化数据库

统筹利用文化领域已建或在建数字化工程和数据库所形成的成果，全面梳理中华文化资源，推动文化资源科学分类和规范标识，按照统一标准关联零散的文化资源数据，关联思想理论、文化旅游、文物、新闻出版、电影、广播电视、网络文化文艺等不同领域的文化资源数据，关联文字、音频、视频等不同形态的文化资源数据，关联文化数据源和文化实体，形成中华文化数据库。

依托信息与文献相关国际标准，在文化机构数据中心部署底层关联服务引擎和应用软件，按照物理分布、逻辑关联原则，汇集文物、古籍、美术、地方戏曲剧种、民族民间文艺、农耕文明遗址等数据资源。开展红色基因库建设。贯通已建或在建文化专题数据库，聚焦社会主义先进文化、革命文化、中华优秀传统文化，提取具有历史传承价值的中华文化元素、符号和标识，丰富中华民族文化基因的当代表达，增强对伟大祖国、中华民族、中华文化、中国共产党、中国特色社会主义的认同。

（二）夯实文化数字化基础设施

依托现有有线电视网络设施、广电5G网络和互联互通平台，部署提供标识编码注册登记和解析服务的技术系统，完善结算支付功能，形成国家文化专网以及国家文化大数据体系的省域中心和区域中心，服务文化资源数据的存储、传输、交易和文化数字内容分发。规划建设国家文化大数据体系全国中心。

建设具备云计算能力和超算能力的文化计算体系，布局具有模式识别、机器学习、情感计算等功能的区域性集群式智能计算中心，构建一体化算力服务体系，为文化数字化建设提供低成本、广覆盖、可靠安全的算力服务。

（三）搭建文化数据服务平台

鼓励多元主体依托国家文化专网，共同搭建文化数据服务平台，汇聚文化数据信息，集成同文化生产适配的各类应用工具和软件，提供文化资源数据和文化数字内容的标识解析、搜索查询、匹配交易、结算支付等服务，实现跨层级、跨地域、跨系统、跨业态的数据流通和协同治理，并与互联网消费平台衔接，为文化数字内容提供多网多终端分发服务，对平台消费数据进行分析加工，提供精准数据分析服务。支持法人机构和公民个人在文化数据服务平台开设"数据超市"，依法合规开展数据交易。

文化产权交易机构要充分发挥在场、在线交易平台优势，推动标识解析与区块链、大数据等技术融合创新，为文化资源数据和文化数字内容的确权、评估、匹配、交易、分发等提供专业服务。公共文化资源数据要依法向公众开放，公共文化资源数据开发后的交易要把社会效益放在首位。

（四）促进文化机构数字化转型升级

鼓励和支持文化旅游、文物、新闻出版、电影、广播电视、网络文化文艺等领域的各类文化机构接入国家文化专网，利用文化数据服务平台，探索数字化转型升级的有效途径，改造提升传统动能，培育发展新动能。

推动文化机构将文化资源数据采集、加工、挖掘与数据服务纳入经常性工作，将凝结文化工作者智慧和知识的关联数据转化为可溯源、可量化、可交易的资产，分享文化素材，延展文化数据供应链，推动不同层级、不同平台、不同主体之间文化数据分享，促进关联数据评估和交易的专业化、公开化、市场化，以及文化数据解构、重构和呈现的社会化、专业化、产业化。

鼓励和支持文化机构拓宽文化数字内容分发渠道，加强供需调配和精准对接，培育新用户群体，扩大经营业务规模。加强对文化数字内容需求的实时感知、分析和预测，探索发展平台化、集成化、场景化增值服务。

（五）发展数字化文化消费新场景

集成全息呈现、数字孪生、多语言交互、高逼真、跨时空等新型体验技术，大力发展线上线下一体化、在线在场相结合的数字化文化新体验。

创新数字电视、数字投影等"大屏"运用方式，提升高新视听文化数字内容的供给能力，增强用户视听体验，促进"客厅消费"、亲子消费等新型文化消费发展。为移动终端等"小屏"量身定制个性化多样性的文化数字内容，促进网络消费、定制消费等新型文化消费发展。推动"大屏""小屏"跨屏互动，融合发展。

利用现有公共文化设施，推进数字化文化体验，巩固和扩大中华文化数字化创新成果的展示空间。充分利用新时代文明实践中心、学校、公共图书馆、文化馆、博物馆、美术馆、影剧院、新华书店、农家书屋等文化教育设施，以及旅游服务场所、社区、购物中心、城市广场、商业街区、机场车站等公共场所，搭建数字化文化体验的线下场景。

（六）提升公共文化服务数字化水平

推动公共图书馆、文化馆、博物馆、美术馆、非遗馆等加强公共数字文化资源建设，统筹推进国家文化大数据体系、全国智慧图书馆体系和公共文化云建设，增强公共文化数字内容的供给能力。

依托文化数据服务平台，优化基层公共数字文化服务网络，扩大服务覆盖面，推动服务普惠应用，提升公共文化服务的到达率、及时性，增强人民群众获得感。

通过数字化手段促进城乡公共文化服务一体化发展。创新公共阅读和艺术空间，实施智慧广电固边工程，推进广播电视直播卫星公共服务升级，升级完善电影数字节目管理平台，探索公益电影多样化供给方式，加快农家书屋数字化建设，加强面向困难群体的公共数字文化服务。

（七）加快文化产业数字化布局

创新文化表达方式，推动图书、报刊、电影、广播电视、演艺等传统业态升级，调整优化文化业态和产品结构。鼓励各种艺术样式运用数字化手段创新表现形态、丰富数字内容。培育以文化体验为主要特征的文化新业态，创新呈现方式，推动中华文化瑰宝活起来。

在文化数据采集、加工、交易、分发、呈现等领域，培育一批新型文化企业，引领文化产业数字化建设方向。以企业为主体、市场为导向，推动文化产业与新型农业、制造业、现代服务业以及战略性新兴产业融合发展，培育新型文化业态，加快文化产业结构调整。发展乡村文化新产业，延续乡村文化根脉，助力乡村全面振兴。

（八）构建文化数字化治理体系

构建与文化数字化建设相适应的市场准入、市场秩序、技术创新、知识产权、安全保障等政策法规体系。提高文化数字化政务服务效能，全面推进政府运行方式、业务流程和服务模式数字化，实现文化数字化治理。

完善文化市场综合执法体制，强化文化数据要素市场交易监管。深化文化行业协会、商会和中介机构改革，充分发挥行业协会等社会组织的行业协调、自律作用，做好文化数字化信用评价，营造良好市场发展环境。健全文化数字化统计监测体系。

三　保障措施

（一）加强文化数据安全保障

依照国家有关数据安全的法律法规，在数据采集加工、交易分发、传输存储及数据治理等环节，制定文化数据安全标准。建立健全全流程文化数据安全管理制度，确定重要文化数据目录，明确重要文化数据出境安全管理举措，切实加强文化数据安全保护。

（二）加强文化数字化全链条监管

强化中华文化数据库数据入库标准，构建完善的文化数据安全监管体系，发挥好国家文化专网网关物理隔离作用，对数据共享、关联、重构等主体实行准入管理。完善文化资源数据和文化数字内容的产权保护措施。加强文化消费新场景一体化监管，确保进入传播或消费渠道的内容可管可控。

（三）建立文化数字化标准体系

加强标识解析体系建设，推广信息与文献相关国际标准。加快文化数字化建设标准研究制定，加大对相关机构和人员培训力度。加强国际合作，积极参与、主导文化数字化国际标准研究制定。

（四）健全文化资源数据分享动力机制

建立文化资源数据授权体系，引导法人机构和公民个人有偿授权。将文化资源数据分享纳入国有文化企事业单位绩效考核范围，鼓励公益性文化机构积极探索将文化资源数据分享和开发取得的收入用于事业发展的办法，合理确定绩效工资水平。

（五）调整优化政府投入

研究制定扶持文化数字化建设的产业政策，落实和完善财政支持政策，统筹现有资金渠道，调整支出结构，优化投入机制，重点支持本意见明确的任务。充分调动市场力量，发挥中国文化产业投资基金作用，引导社会资本积极、有序参与文化数字化建设。

（六）提升科技支撑水平

将文化数字化共性关键技术纳入国家重点研发计划和地方科技计划的

重点支持范围。在文化数字化建设领域布局国家技术创新中心、全国重点实验室等国家科技创新基地，鼓励相关部门、地方结合需求布局文化数字化科技创新平台。发挥国家文化和科技融合示范基地引领作用。推动文化数字化装备的规模化生产和应用。

（七）加大金融支持力度

鼓励金融机构开发适应文化数字化建设特点和需求的信贷产品，引导文化企业合理运用各类债务融资工具优化融资结构。支持符合科创属性的数字化文化企业在科创板上市融资。探索建立文化资源数据价值评估体系，健全与资金需求和期限相匹配的筹资渠道。

（八）激活智力智库资源

加大文化数字化人才在文化名家暨"四个一批"人才培养选拔中的比重，加快培育一批领军人才。推进文化数字化相关学科专业建设，建设一批高端智库，加强文化数字化理论和实践研究。用好产教融合平台。

四 组织实施

（一）加强组织领导

成立由中央宣传部牵头，中央网信办、国家发展改革委、教育部、科技部、财政部、人力资源和社会保障部、文化和旅游部、中国人民银行、广电总局、国家文物局等部门参加的推进实施国家文化数字化战略工作领导小组，在中央文化体制改革和发展工作领导小组的指导下开展工作。推进实施国家文化数字化战略工作领导小组具体工作由中央宣传部承担。中央网信办、文化和旅游部、广电总局、国家文物局等部门和各省、自治区、直辖市以及各文化机构建立健全相应的领导体制和工作机制。

（二）推动政策实施

各地要把推进实施国家文化数字化战略列入重要议事日程，根据本意见因地制宜制定具体实施方案，相关部门要细化政策措施，确保各项任务落到实处。实施方案和重大举措要按规定程序报批。各地区各有关部门要加强对本意见实施情况的跟踪分析和协调指导，注重效果评估。推进实施国家文化数字化战略工作领导小组适时对工作进展及任务落实情况进行督查。严格工作纪律要求，重大问题要及时请示报告，积极稳妥推进文化数字化建设各项工作。

二 国家广播电视总局印发《关于加快推进广播电视媒体深度融合发展的意见》的通知

广电发〔2020〕79号

各省、自治区、直辖市广播电视局，新疆生产建设兵团文化体育广电和旅游局，总局机关各部门、直属各单位，中央广播电视总台办公厅、电影频道节目中心、中国教育电视台：

现将《关于加快推进广播电视媒体深度融合发展的意见》印发给你们，请结合实际认真贯彻落实。

国家广播电视总局
2020 年 11 月 13 日

关于加快推进广播电视媒体深度融合发展的意见

推动全媒体时代媒体深度融合，事关广播电视高质量创新性发展，事关壮大主流舆论，事关国家长治久安。党的十八大以来，以习近平同志为核心的党中央作出推动媒体融合发展的重大决策部署，各级广播电视机构积极落实，媒体融合取得重要进展。为加快推进广播电视媒体深度融合发展，提出如下意见。

一 总体要求和目标任务

坚持以习近平新时代中国特色社会主义思想为指导，全面贯彻党的十九大和十九届二中、三中、四中、五中全会精神，增强"四个意识"、坚定"四个自信"、做到"两个维护"，全面贯彻落实习近平总书记关于媒体融合发展的重要论述，特别是在十九届中央政治局第十二次集体学习时重要讲话精神，深入贯彻落实中央《关于加快推进媒体深度融合发展的意见》，加强党的全面领导，坚持正能量是总要求，管得住是硬道理，用得好是真本事，坚持深化改革、激发活力，坚持深度融合、整体转型，坚持科技引领、创新驱动，坚持移动优先、一体发展，坚持多屏互动、矩阵传播，坚持平台与网络并用、内容与服务并重，加快推进广播电视媒体深度融合发展，打造一批具有强大影响力和竞争力的新型广播电视主流媒体，占据舆论引导、思想引领、文化传承、服务人民的传播制高点。力争用1至2年时间，新型传播平台和全媒体人才队伍建设取得明显进展，主流舆论引导能力、精品内容生产和传播能力、信息和服务聚合能力、先进技术引领能力、创新创造活力大幅提升。用2至3年时间，在重点领域和关键环节的改革创新取得实质突破。着眼长远，广播电视行业逐步建立以内容建设为根本、先进技术为支撑、创新管理为保障的全媒体传播体系。

二 打造具有强大影响力和竞争力的新型主流媒体

1. 优化资源配置。按照主力军全面挺进主战场的要求，以互联网思维优化媒体资源配置，加快把分散的、优质的资源要素向互联网主阵地聚合、向移动端倾斜。加快推进频率频道和节目栏目的供给侧结构性改革，坚决解决同质化过剩供给问题，强化需求导向、服务实效。精办频率频道、优化节目栏目、整合平台账号，对定位不准、影响力小、用户数少的坚决关停并转。打通各个领域、统筹各种资源、形成建设新型主流媒体的整体合力。

2. 大力建设新型传播平台。积极支持广电机构发挥整体优势和视听特长，运用市场机制加快打造技术先进、特色突出、用户众多、自主可控的新型传播平台，引入多方资源，加强多方合作，面向各类终端，形成强大聚合力引领力。大力增强平台信息服务聚合与精准分发能力，提供专业性、针对性、亲民性强的媒体服务，拓展广电+政用、民用、商用服务，提高平台价值和用户活跃度。

3. 完善全媒体传播格局。推进各级广电媒体协同联动，整合网上网下资源渠道，一体运营网上网下业务，集中力量做优主平台、拓展主渠道、做强主账号，建立健全资源集约、协同高效、方式创新、内宣外宣联动的全媒体传播矩阵，占据全媒体传播主流地位。中央级广电媒体围绕自身定位，加快打造新型主流媒体"旗舰"，形成引领效应和示范效应。省级广电媒体立足服务地方经济社会发展，加快资源整合步伐，推进品牌化和规模化运营，打造区域性传播平台。市级广电媒体因地制宜，加强上下联动和横向合作，加快自身融合发展步伐。发挥广电媒体的特色和优势，积极参与县级融媒体中心建设。以有条件、有实力的广电媒体为龙头，推进多种形式的集群化发展，建设形态多样、手段先进、优势突出、竞争力强的新型主流媒体"航母"。

4. 协同推进融媒体中心建设。加快省级和地市级广电融媒体建设，建立长效运营机制，健全与县级融媒体中心的协同发展机制。充分发挥广播电视行业优势，加强广电播出机构与传输网络的深度协作，落实标准规范，做省级技术平台和地市、县级融媒体中心建设的主力军、排头兵，提高省级、地市级广电机构对县级融媒体中心的人才培养、技术支撑、内容供给能力。探索"一云多厨房"，构建统分结合、互为支撑、纵横联通、协同发展、充满活力的业务体系。鼓励地市广电机构和县级融媒体中心精耕本地内容，强化本地服务和社交互动，建成本地主流舆论阵地、综合服务平台和社区信息枢纽，做强做实基层党的宣传思想工作新平台、新载体、新阵地。

5. 塑造全媒体知名品牌。保持战略定力和发展自信，完善自有平台功能，一体推进优质内容、优质平台和优质全媒体品牌建设，大力发展新业态新应用。完善品牌管理体系，深度挖掘传统媒体品牌价值，全面加强新媒体领域品牌创建，发挥品牌引领作用，扩大主流价值影响力版图。构建涵盖内容和服务、技术和平台等的全业务链品牌矩阵，增强在主阵地和新兴传播阵地的综合优势，提升核心竞争力、品牌辐射力、社会影响力。

三 满足人民群众美好生活新需要

6. 贴近群众服务群众。坚持以人民为中心的工作导向，充分发挥广电媒体作为党和政府联系群众的桥梁纽带作用，强化媒体与用户的连接，建构群众离不开的平台和渠道。深入生活、扎根人民，生产和传播群众喜闻乐见的精品内容，提倡求实求新，高质量满足人民群众精神文化生活需求。大力推行"开门办台"，用好客户端、用户社群、网络问政等联系群众平台，加强深度互动，吸引用户参与新闻信息等内容生产传播，提供线索素材、分享交流评论。加强舆情收集分析研判，更好地服务党政部门。充分尊重和发挥基层干部群众拓展媒体融合实践的积极性创造性。

7. 持续提高服务能力水平。完善应急广播体系，全面推进"智慧广电+公共服务"，提升惠民工程实效。加快广播电视服务升级，健全全媒体公共服务体系，完善公共服务网络，推进基本公共服务均等化。更多更好链接融合各类资源，统筹线上线下、公共服务与市场运营，全场景提供高质量综合服务，协调发展空中课堂、智慧城市、电视会议、远程医疗、物联网等消费性服务和生产性服务，主动对接新时代文明实践中心和智慧城市建设、乡村振兴战略、新型城镇化战略等，加快成为服务经济社会治理和发展的"枢纽"平台，在拓展服务供给中育新机开新局。支持立足优势，提供政务新媒体等平台账号托管运营、内容审核、舆情应对和媒介素养培训等专业化服务。

8. 全面提升用户体验。坚持为民、惠民、便民，顺应万物互联、万物皆屏、万物皆媒趋势，创造更好体验。推动固移融合、台网协同，加快新型广电智能终端和应用的研发推广部署，优化互动体验，发展大屏连小屏、小屏回大屏、多屏连用户等新模式，加快推动高质量视听和综合服务终端通、人人通、时时通，推动服务的智慧化、便捷化、个性化，满足用户跨屏、跨域、跨网、跨终端无缝衔接服务的需求。

四　全面加强内容建设与供给

9. 提高精品内容的持续供给能力。深入实施舆论引导能力提升工程和新时代精品工程，从创作生产的源头发力，做精做强全媒体内容，不断创新新闻宣传和文艺宣传。强化主题主线宣传，多层次、多角度、多方式宣传阐释习近平新时代中国特色社会主义思想，推动党的声音传得更开更广更深入。准确及时发布融媒体新闻信息，为其他媒体转载提供新闻信息源，牢牢掌握网络舆论场主动主导权。加强现实题材创作生产，运用新方法讲好故事，提高亲和力表现力感染力，推出更多讴歌党、讴歌祖国、讴歌人民、讴歌英雄的扛鼎之作。提高定制化、个性化、精准化供给能力，提升内容传播效果。深耕专业化、垂直化、场景化内容服务，推动视听科创与文创应用，提高精品内容成果转化率、社会影响力和市场占有率。

10. 加大高新视听内容供给。加快建设全媒体内容供给体系，统筹考虑音频节目、短视频、竖屏节目等形式，针对不同场景和需求提供丰富多彩的内容。强化艺术与技术深度融合，加大移动端内容产品制播力度，加强超高清视频、沉浸式视频、互动视频、VR/AR/MR 视频等高新视听内容供给，提供全息化、沉浸式、交互式视听体验。用新理念新技术支持云端化、智能化、专业化、社会化生产，提高内容质量和供给效率。

11. 充分开发利用版权。加强对品牌、版权和数据等无形资产的合理开发、规范使用，防范侵权盗用。保护原创积极性，保护开发内容创意、工作室团队、播音员主持人等核心资源。加强媒体资产智能化、规范化开发利用，统筹建设高效信息发布和交易平台，综合利用区块链等先进保护技术，创新完善收益分享制度。

五　强化先进技术创新引领

12. 加快升级传播体系。深入实施智慧广电战略，打造智慧广电媒体，发展智慧广电网络，一体化推动广电 5G 网络建设和全国一网整合。围绕高新视听、多终端融合传播等典型场景，推出一批应用示范标杆项目，加快广电新基建和 5G 应用，打造广电 5G 应用平台，建设智慧广电数据中心，推进相关工程建设标准化。加快有线、地面无线、卫星等相互融通、智能协同，构建高速、泛在、智慧的新型传输覆盖体系，形成广播通信协同、大塔小塔联动、有线无线融合、大中小屏互动的全媒体传播格局和用户服务体系。智能配置"云、网、边、端、业"要素，提升综合业务承载能力。

13. 加快大数据创新应用。构建数字经济环境下以数据为关键要素的新业务模式，加快用户服务、政务服务、社会服务等大数据汇聚应用，构建互联互通互用的大数据系统，做好各类数据保护，丰富开源工具和数据服务，推动内容生产、服务、流程和运营的转型升级，增强传播平台一站式服务和灵活应对新业务场景能力。建立行业大数据基础信息平台，打通广播电视和互联网传播之间、视听节目制作传播各环节之间的信息孤岛，加快行业信息服务的网络化、数据化、智能化。

14. 提升核心技术能力。大力实施"广播电视迭代行动计划"，坚持需求牵引、适合管用、安全可靠原则，运用新一代信息技术革命成果，多技术集成创新，加强关键技术自主创新和专业团队培养，注重关键技术标准、专利转化，构建新技术生态。引导多元主体参与智慧广电科技创新体系建设，产学研用深度结合、全产业链协同推进，鼓励技术工具和平台能力共享，深化与高校、科研机构、科技企业、行业组织等协同创新，补齐短板，加强成果转化和优势输出，为高质量创新性发展提供持续动能。

15. 保持对新技术的战略主动。高度关注新技术发展，深入研究颠覆性技术可能带来的技术变革，主动跟进、兴利除弊、为我所用，防范新技术应用引发风险，确保技术和内容安全。将技术应用与行业需求有机结合、业务研发与产品开发有机结合，运用主流价值导向驾驭"算法"。培育更高技术格式、更新应用场景、更美视听体验的高新视听新业态，拉动相关设备生产及消费。加强 5G、4K/8K、大数据、云计算、物联网、区块链、人工智能等在全流程各环节的综合应用，抢占全媒体时代战略高地。

六　加快深化体制机制改革

16. 优化媒体组织架构和运行机制。以全媒体思维重塑广电媒体组织架构，以全媒体产品和服务为核心，以互联网为主阵地，优化生产传播各环节，整合采编制作力量，构建集约高效的新型采编制作播发流程，建立全媒体指挥调度体系。健全全媒体绩效考核，移动端首发、优发相关指标权重总和一般应高于50%。用好项目制、工作室、产品事业部等各种内容生产组织和运营方式，实行灵活运行机制，赋予必要的人财物使用支配等自主权，打造自有优质网生内容、网红队伍和社交圈，形成个性化品牌集群，具备条件的可以全资或控股形式公司化运营。

17. 用好市场机制。增强市场竞争意识和能力，鼓励通过合资合作、兼并重组、利用多层次资本市场融资上市等打造形成一批拥有知名品牌、主业突出、核心能力强的新型广电企业。创新完善多渠道投融资机制，支持广电机构控股或参股互联网企业、科技企业，推动媒体融合项目技术研发、市场开拓与金融资本、社会资源有效对接。支持符合条件的广电企业混合所有制改革，积极稳妥开展跨所有制并购重组。开展"媒体+"多元业务，构建"广电+"生态体系，实现事业产业有机统一、良性互动，增强自我造血机能，推动可持续发展。

18. 构建区域协同发展新格局。积极对接国家重大区域战略，在宣传、技术、产业、对外合作交流上整合资源、协同发展，服务国内大循环为主体、国内国际双循环相互促进的新发展格局。强化制度保障，支持结合区域优势特点，推进节目联合制播、服务便利互通、产业联动发展，共建共享新平台、新品牌、新业态。鼓励建立区域协作体，有序推进跨地区、跨层级、跨行业、跨媒体资源整合，逐步建成几家区域级乃至全国性、骨干型新型主流媒体集团，充分发挥规模效应，提高行业整体竞争实力。

七　推动全媒体人才队伍建设

19. 创新人事和分配制度。健全成就、机会、报酬三位一体的激励机制。支持建立首席制、领衔制等岗位聘用制度，拓宽各类人才发展通道。落实中央有关事业单位改革政策，支持广播电视企事业单位建立符合政策精神和行业特点的薪酬分配制度和人才管理制度。支持建立全员岗位聘用制度，实行定岗定责、同工同酬、能上能下、能进能出，强化轮岗交流、双向选择机制，优化队伍结构。实行分类绩效考核，与评先选优、职称晋级等挂钩，多劳多得、优劳多得、奖优罚劣、奖勤罚懒。鼓励实施高层次人才工资分配激励、科研成果转化奖励。坚持业绩导向，向一线岗位倾斜，拉开二次分配差距。支持广播电视企业实行股权、期权、分红等中长期激励，激发内生活力。

20. 优化人才发展环境。落实人才激励政策，坚持德才兼备、唯才是用，拓宽选人用人渠道，打破身份等限制，建立健全全媒体人才职称制度体系，畅通广电企事业单位人才流动。为高端人才、急需紧缺人才引进提供特殊支持、开辟绿色通道，对特殊人才给予特殊待遇。支持以有效形式吸引外部人才加入各类广电工作室。采取对口支援省市"传帮带"、合法兼职创业等积极措施，加快改善艰苦边远地区、基层一线专业人才匮乏状况。

21. 健全人才培养体系。深化增强"脚力、眼力、脑力、笔力"教育实践工作及全媒体采编制作能力的培训，提高政治能力和专业本领。全面加强培训供给，加大培训投入预算，强化系统性技能培训，匹配不同岗位需求、支持员工转型和技能提升。综合运用线上线下培训、实操演练、比赛选拔等方式，分层分类、按需定制，提高培训效能。深入实施行业"领军人才工程"和"青年创新人才工程"，建好用好专家库，发挥高端人才引领作用，提供干事创业平台，大力培养青年业务骨干、复合型人才。鼓励与高校、科研院所等外部机构规范建立联合培养机制，壮大行业人力资源储备。

八 大力推进管理创新

22. 建立健全一体化管理体系。坚持广播电视和网络视听实行一个标准、一体管理，落实导向管理全覆盖要求，强化主管主办责任和属地管理责任，压实传播平台对内容管理、安全管理的主体责任，推动建立行业从业主体信用激励和惩戒管理机制。引导行业组织在服务媒体融合、规范行业秩序、开展行业自律等方面发挥积极作用。落实"放管服"改革要求，优化完善资质管理。推进广播电视媒体融合智慧监管体系建设，加强监管信息互联互通、资源共享。坚持法治与技术手段并重，提升管理科学化、精细化水平，营造统一、公平、有序的良性竞合环境。

23. 突出改革实效。鼓励广播电视媒体融合改革创新，支持先行先试、应用示范，推动部际合作、部省共建融合发展项目，建好用好广播电视媒体融合发展创新中心、各类实验室、各类支撑服务平台、产业基地（园区）。放大广播电视媒体融合优秀案例和产业重点项目的示范引导效用和带动作用，发挥创新中心、实验室的孵化效应和产业基地（园区）的集聚效应、规模效应，推动产业聚合发展和全产业链发展，支持融媒体产品服务走出去。编制广电媒体融合发展指数，支撑行业管理和服务。

24. 加强媒体融合考评。把推进深度融合发展成效纳入广电机构领导班子和个人考核体系，与年终考核、双先评选、领军人才评选等挂钩。推动建立健全改革创新容错纠错机制，给予新媒体业务和融合平台必要的培育周期，保护推动深度融合的积极性创造性和担当作为。充分利用节目收视综合评价大数据系统、广电视听融合传播基础信息平台，科学评价视听内容融合传播效果。

九　加强组织保障和政策支持

25. 强化党的领导。各级广电部门机构党委（党组）要将推进广播电视媒体深度融合作为落实意识形态工作责任制的重要内容，主要负责同志亲自抓、负总责，加强研究部署、统筹规划、政策制定和工作落实，压紧压实责任。主动争取当地党委宣传部门的指导和政策支持，把好广播电视媒体融合发展的方向导向。

26. 用足用好财税金融政策。强化财政资金引导带动作用，创新现有资金渠道对广电媒体深度融合发展的支持方式，争取各级财政资金对广电媒体融合发展业务的扶持，专款专用，提高配置效率、使用效益。推动财税优惠政策落到实处，为巩固宣传舆论阵地、提升媒体融合效果提供保障。加强要素市场化配置，增加有效金融服务供给，更好发挥各类基金作用，增强发展动能。

27. 强化督察指导。将党的领导的制度优势转化为治理效能，加强媒体融合发展的督察指导。把媒体融合发展作为"一把手"工程，班子成员全员参与、协同配合。深入实际、深入基层，分类指导、强化落实，坚持台账式督察，指导监督与正向激励结合，增强发现问题、解决问题的实效。

28. 加强组织保障。各地积极创造条件，加强辖区内配套政策和具体举措的出台落实，及时向党委政府汇报广播电视媒体融合工作情况，积极纳入各级党委政府发展规划。加强同各部门沟通协调，配套完善联络会商机制，积极争取政策、资金、人才、数据等支持，完善政策法规，优化审批服务，加强扶持引导，面向发展需求不断加强和改善政策供给。

三 深圳市文化广电旅游体育局 深圳市委宣传部 深圳市工业和信息化局关于发布《深圳市培育数字创意产业集群行动计划（2022—2025年）》的通知

各有关单位：

为落实《深圳市人民政府关于发展壮大战略性新兴产业集群和培育发展未来产业的意见》精神，加快实施文化产业数字化战略，推动数字创意产业高质量发展，全面提升深圳数字创意产业综合竞争力，根据《文化和旅游部关于推动数字文化产业高质量发展的意见》《广东省人民政府关于培育发展战略性支柱产业集群和战略性新兴产业集群的意见》，结合深圳数字创意产业发展实际，制定本行动计划。

一 发展基础

数字创意产业是以数字技术为主要驱动力，围绕文化创意内容进行创作、生产、传播和服务而融合形成的新经济，主要包括数字创意技术和设备、内容制作、设计服务、融合服务等四大业态，呈现技术更迭快、生产数字化、传播网络化、消费个性化等特点。加快推进数字创意产业发展，对深化文化产业领域供给侧改革，促进文化产业转型升级，打造更具竞争力的文化产业等具有十分重要的意义，是未来一段时期深圳文化产业发展的重大任务和主攻方向。

（一）发展现状。近年来，深圳依托数字技术发达和文化创意资源汇聚的优势，大力推动文化产业数字化，数字创意产业快速发展，增速显著高于同期全市GDP增速，成为深圳文化产业发展的重要特色和突出亮点。目前，数字创意产业规模和发展水平全国领先，游戏产业占据全国一半以上市场份额，数字信息服务、动漫、网络视听、数字文化装备和消费终端制造等行业实力位居全国前列。数字创意产业链较为完整，初步形成覆盖创作生产、传播运营、消费服务、衍生品制造等较为完整的产业链条。数字创意与相关产业融合发展势头强劲，新型企业、新型业态、新型模式和新型消费不断涌现。数字创意产品和服务出口贸易活跃，动漫、数字装备等领域出口均占全国较大份额。

（二）存在的问题。我市数字创意产业发展在取得成绩的同时，也存在一些问题与不足，主要是内容创作能力不强，产业结构不尽合理，创新型平台数量偏少，基础创新研究能力偏弱，游戏、电竞发展规范管理有待加强等。

（三）面临的形势与机遇。当前，新一轮科技创新和产业革新加速推进，5G、大数据、云计算、虚拟现实、增强现实、人工智能、区块链等新技术加快发展，数字创意应用场景日趋广泛，为数字文化内容创作生产、传播提供了广阔空间。数字创意产品快速迭代，数字创意与相关产业融合发展趋势明显，优质数字文化消费需求日趋旺盛，数字创意产业发展面临重大机遇。

二 发展目标

坚持创新驱动和科技支撑，加快推进数字技术在文化生产、传播、消费等各环节的全面赋能，推动产业升级，促进业态创新，激发消费潜力，加快融合发展，完善数字创意生态体系。到 2025 年，数字创意产业增加值突破 1000 亿元，成为全国数字创意产业创新发展高地。

（一）产业结构与区域布局不断优化。加快促进数字创意产业结构优化，形成完善的数字创意产业内部价值链。内容原创、IP 运营等产业"弱链"变强，数字技术与文化创意深度融合、相互赋能。完善产业集群布局，形成"一核、一廊、多中心"发展格局。

（二）产品质量与创新水平不断提升。塑造一批优质数字内容原创作品和具有鲜明中国文化特色的原创 IP，入选中国民族网络游戏出版工程、国家动漫建设和保护计划的国家级重大项目数量增加一倍以上，打造 20 个以上全国知名数字创意品牌。

（三）平台支撑与服务能力不断增强。高标准建成一批数字创意孵化和服务平台，重点培育或引进 2—3 个国际知名数字创意类展会、活动，建成 10 个以上数字创意主题产业园区，培育 1—2 个国际顶级电竞赛事。

（四）人才供给与培育水平不断提高。加强创作人才和跨学科应用型人才培养，支持高校、科研单位和企业建设 5 个以上数字创意产业产学研用创新基地，推动各优势产业门类龙头企业分别建设 2 个以上人才培训基地，每年引进海内外高端数字创意人才不少于 1000 人。

（五）出口贸易与合作交流不断拓展。深度参与国际数字创意产业分工与合作，引进国际高端数字创意资源，巩固数字创意产品和服务出口全国领先地位。培育 10 个以上境内外合作数字创意产业基地，推动数字创意产业跨区域协同创新。

三 重点任务

（一）加快数字技术研发及应用。加快数字创意共性、关键技术原创研发和集成应用，推出更多引领新型文化消费的数字创意产品。支持数字创意产业创新平台建设，构建以企业为主体、市场为导向、产学研用深度融合的数字创意创新体系。（责任单位：市文化广电旅游体育局、工业和信息化局、科技创新委）

（二）扩大优质内容供给。加快推进传统内容生产业态数字化改造，推动文化文物资源数字化保护和开发。加强原创能力建设，鼓励文化IP培育、输出、衍生和授权。支持网络文化精品创作，推动数字创意与社交电商、网络直播、短视频等在线新经济结合，发展内容生产和消费新模式。（责任单位：市委宣传部、市文化广电旅游体育局、工业和信息化局）

（三）促进业态融合创新。加快推动数字创意和先进制造业、旅游、教育、体育、电子商务等深度融合。支持文化产业"上云、用数、赋智"，培育智能创作、云端文化、交互媒体、科技设计等新型业态。（责任单位：市文化广电旅游体育局、工业和信息化局、发展改革委、科技创新委）

（四）巩固提升优势产业。鼓励精品游戏产品研发，完善互联网广告产业链。加快网络视听、游戏装备及消费终端创新发展，推动创意设计服务持续为数字创意设备制造行业赋能。支持利用数字技术丰富娱乐方式，引领数字创意产业生态布局实现跨媒介、跨平台、跨领域发展。（责任单位：市文化广电旅游体育局、工业和信息化局）

（五）培育壮大市场主体。加快培育数字创意骨干企业，引导互联网及其他领域龙头企业布局数字创意产业。支持"新技术、新业态、新模式"企业发展，扶持中小微数字创意企业成长。发挥文化企业孵化器和龙头企业作用，带动产业链上下游中小企业高质量发展。（责任单位：市文化广电旅游体育局、工业和信息化局、科技创新委、中小企业服务局）

（六）促进区域交流合作。积极参与国际数字创意产业分工与协作，构筑互利共赢的数字创意产业合作体系。整合粤港澳大湾区数字创意产业资源，深化与周边城市产业合作。充分发挥中国（深圳）国际文化产业博览交易会等平台作用，促进数字创意产业投融资合作和项目交易。鼓励龙头企业开展跨区域、跨领域交流合作。（责任单位：市文化广电旅游体育局、商务局、地方金融监管局）

四　重点行动

（一）数字技术研发与应用促进行动

1. 推进数字技术创新应用。发挥深圳信息技术和智能技术优势，扩大 5G+4K/8K 超高清、大数据、云计算、人工智能、虚拟现实、增强现实、区块链等数字技术在文化领域应用，支持开发更多数字创意应用场景，拓展数字创意产业发展新空间。整合龙头企业、高校院所、研究机构等资源，着力推动基础创新与原始创新。建立产学研用协同合作机制，推动数字技术创新成果转化，带动产业链数字化转型升级，提升产品核心竞争力。（责任单位：市委宣传部、市文化广电旅游体育局、工业和信息化局、科技创新委）

2. 提升数字创意设备实力。加强工业互联网、物联网、车联网在数字创意设备生产各环节的应用，提升沉浸式设施、无人智能游览、可穿戴设备、内容采集制作设备等数字创意设备技术水平。加强新一代智能化家用视听设备、移动视听设备、柔性显示设备等的研发生产。加快舞台演艺设备、数字化影院视听系统的集成设计和应用推广，支持 4K/8K 超高清电视制播平台建设、终端置换以及节目制作与运营。（责任单位：市委宣传部、市文化广电旅游体育局、工业和信息化局）

3. 加快传统业态数字化升级。推进数字电影、数字电视、数字出版、数字印刷等创新发展，进一步推动数字技术与传统文化设备制造业融合。加强数字化技术在博物馆、图书馆、工艺美术、演艺娱乐和创意设计等行业的应用。鼓励对传统工艺、非遗的数字化保护与开发创新，促进戏曲、曲艺、民乐等传统艺术的数字化转型与线上发展。（责任单位：市委宣传部、市文化广电旅游体育局）

（二）内容创作生产提升行动

1. 加强内容生产。实施文艺作品质量提升工程、出版融合发展工程和影视精品工程，着力提升优质数字内容产品供给能力，支持人工智能内容生成技术在内容生产领域的创新应用，强化文化创意对互联网信息服务业的内容支撑和创意设计提升。促进移动互联网与文化内容的结合，鼓励线下文艺资源、文娱模式数字化，创新表现形式，提高创意水平，满足网络化、智能化、定制化和体验式的消费需求。（责任单位：市委宣传部、市文化广电旅游体育局）

2. 加强原创 IP 培育。深入挖掘、开发优秀文化资源，支持利用中华优秀传统文化、改革开放文化、岭南文化、非遗等文化资源进行数字化转化和开发，运用网络游戏、动漫、网络文学、网络音乐、网络表演、数字艺术、创意设计等产业形态，推出系列数字创意产品。支持对具有深圳特色文化的数字技术应用产品开发，打造具有深圳文化特色的IP。加强国际交流与合作，推动原创IP出海。（责任单位：市委宣传部、市文化广电旅游体育局）

3. 加强知识产权保护和运营。支持国家版权创新发展基地建设，强化对数字创意企业知识产权的全链条保护。鼓励数字创意企业优化知识产权管理体系，加强知识产权储备和运营，发展IP开发与授权，开展知识产权侵权监测与维权行动。依托大数据、区块链、人工智能等技术，促进数字版权全链条协同发展。支持数字创意企业开展知识产权海外布局，提升国际市场竞争力。（责任单位：市市场监管局、文化广电旅游体育局）

（三）业态融合发展创新行动

1. 培育新型文化业态。加快推进文化企业"上云、用数、赋智"，培育壮大线上演播、线上展览、数字艺术、数字娱乐、沉浸式体验等新型文化业态。鼓励互联网平台与演艺机构、展览机构合作，运用5G+4K/8K超高清、虚拟现实、增强现实等技术，拓展数字创意场景应用。支持发展基于互联网的个性化定制、精准化营销、协作化创新、网络化共享等新型商业模式和文化业态。（责任单位：市委宣传部、市文化广电旅游体育局、工业和信息化局）

2. 深化产业融合发展。深入推进"数字创意+"行动，促进数字创意产业与其他产业跨界融合。推动数字创意向旅游领域拓展，支持文化场馆、景区景点开发数字化产品，拓展文旅融合的数字化新阵地。支持数字创意设备企业开展数字内容生产，实现跨平台、跨领域产业融合。加快工艺美术与数字技术融合。探索基于"非同质化通证"（NFT）技术的创新应用，促进艺术衍生品、艺术授权产品的开发生产。（责任单位：市委宣传部、市文化广电旅游体育局、工业和信息化局）

3. 培育新兴消费模式。推动数字创意在电子商务、社交网络、直播等领域的应用，促进数字创意与虚拟现实购物、社交电商、"粉丝"经济等在线新经济结合，形成线上内容生产及消费新模式。鼓励文化文物单位、旅游景区等与互联网平台合作。支持运用数字技术建设新型消费场景，创作满足"Z世代"年轻用户多样化、个性化需求的产品与服务，引导和支持游戏、动漫、直播、短视频等细分产业推出优质数字创意内容产品。

（责任单位：市文化广电旅游体育局、工业和信息化局、商务局）

（四）优势产业巩固提升行动

1. 加快促进游戏产业健康发展。鼓励原创游戏创作生产，支持充分挖掘中华民族历史与传统文化题材、弘扬优秀传统文化的原创游戏产品，鼓励开发功能游戏，强化价值导向管理。鼓励游戏企业研发虚拟现实、增强现实、混合现实、裸眼3D等前沿科技与游戏相结合的产品，扶持云游戏及高端游戏装备、消费终端发展。深化国际交流合作，鼓励布局海外市场。（责任单位：市委宣传部、市文化广电旅游体育局、工业和信息化局、商务局）

2. 大力提升创意设计能力。加强"设计之都"生态载体建设，加快建设深圳创意设计馆和创新创意设计学院，提升和建设一批创意设计主题文化产业集聚区，打造国际知名创意设计品牌。支持有条件的企业设立创意设计中心、首席设计师，建成一批国家级和省级工业设计中心。支持国际知名创意设计和研究机构总部落户深圳或者在深圳设立研发总部。充分发挥创意设计的赋能作用，促进其他相关产业转型升级。（责任单位：市委宣传部、市文化广电旅游体育局、发展改革委、工业和信息化局、科技创新委、教育局）

3. 加快其它优势行业门类发展。加快动漫产业提质升级，提升内容原创能力，构建涵盖漫画、动画、网络动漫、手机动漫及动漫衍生品等较为完整的动漫产业链。支持直播、短视频平台企业发展壮大。拓展网络视听生态链条，打造网络视听创新基地，建立网络视听创新平台。整合优质IP资源，实现IP运营多元化、多平台跨界联动，不断延伸产业链条。顺应沉浸体验、智能交互、软硬件结合等发展趋势，推动数字技术在数字创意设备制造中的集成应用。（责任单位：市委宣传部、市文化广电旅游体育局、工业和信息化局）

（五）数字创意企业孵化行动

1. 壮大骨干企业。鼓励深圳数字创意企业跨区域兼并重组和外溢发展，共同打造数字创意产业集群。完善"深圳文化企业100强""优秀新型文化业态企业"认定发布制度，催化一批掌握核心技术、拥有原创品牌、具有国际竞争力的行业龙头数字创意企业。鼓励大企业、互联网平台企业通过共享资源、开放平台、产业协作等方式，带动产业链协同发展。（责任单位：市委宣传部、市文化广电旅游体育局、工业和信息化局）

2. 培育中小微企业。引导中小微数字创意企业围绕细分领域强化"专精特新"方向，加强数字创意产业各细分市场的产品创新、产品质量提升和品牌培育，形成数字创意产业梯次发展格局。持续开展中小微数字创意企业房租补贴、空间支持、金融扶持、公共服务平台和技术服务平台建设等扶持计划，切实减轻中小微数字创意企业负担。（责任单位：市文化广电旅游体育局、工业和信息化局、中小企业服务局、市场监管局）

3.建设孵化培育平台。依托龙头文化企业、高校和文化产业园区等资源，建设一批创新与创业、孵化与投资、线上与线下结合的数字创意"双创"服务中心，吸引高校师生、科研人员及创业者入驻，推进市场主体快速成长。引导龙头企业利用其产业资源和产业链条建设孵化器和双创中心，孵化相关数字创意企业。完善国际创意产业孵化中心功能，引入国际数字创意人才和创意资源。（责任单位：市文化广电旅游体育局、工业和信息化局、科技创新委、中小企业服务局）

（六）区域合作协同发展行动

1.加强粤港澳大湾区合作。深化与广州在数字创意领域合作，共同推进关键技术、关键环节的科技攻关。加强与东莞、惠州在数字创意设备、数字印刷、动漫、游戏等领域合作，共同打造先进数字创意制造中心。推进与珠江口西岸城市合作，探索在文化旅游、非遗传承与数字化开发等领域融合发展。强化与香港、澳门在影视、演艺、动漫、游戏等领域的人才交流与业务合作，通过港澳贸易渠道将深圳数字创意产品和服务输出国际市场。（责任单位：市文化广电旅游体育局、商务局、市委大湾区办）

2.加强国际交流合作。在"一带一路"框架下，充分发挥数字创意产业在文化交流与合作中的重要作用，推动动漫、游戏等领域的国际交流合作。支持数字创意企业参加国际性文化展会，拓展国际营销网络。鼓励企业、行业组织与国外有实力的文化机构、研究机构开展项目合作，打造国际数字创意产业资源集聚中心。加强国际人才交流，鼓励数字创意企业建立柔性人才引进使用机制，吸引海外数字创意产业人才及其团队落户深圳。（责任单位：市文化广电旅游体育局、商务局、工业和信息化局、市委外办）

3.发挥合作服务平台作用。加快推进中国（深圳）国际文化产业博览交易会转型升级，突出数字创意产业展示与交易，培育数字创意主题分会场，探索举办数字创意专业展会，促进数字创意产业投融资合作和项目交易。办好深港城市\建筑双城双年展、深港澳设计三城展等大型文创展览和交流活动。支持数字创意企业和行业协会开展互动行业交流，举办数字创意类赛事、论坛等活动，畅通区域间要素流动的通道，推动跨区域、跨

领域发展。(责任单位：市委宣传部、市文化广电旅游体育局、商务局、规划和自然资源局、市场监管局)

五 空间布局

立足各区产业优势、产业空间和现有产业平台培育等实际，加快推进产业要素和资源向重点区域、重点组团布局，逐步形成"一核、一廊、多中心"的数字创意产业发展格局，进一步发挥集聚效应。其中：南山区以建设国家文化和科技融合示范基地为契机，围绕数字创意内容、数字创意设备、创意设计、网络视听融合等四大业态，全面构建创意引领、技术先进、链条完整的数字创意产业核心集聚区；龙岗区以龙岗数字创意走廊创建国家级文化产业示范园区为契机，构建"一芯（产学研孵化区）、两区（总部区和装备智造区）、多支点（'数字创意园区-数字创意楼宇-数字创意专类空间'的空间体系架构）"的产业发展格局；福田区着力打造数字创意设计中心，构建以装饰设计、数字内容、数字融合为主导的数字创意生态圈，打造具有国际影响力的建筑装饰设计产业高地；罗湖区打造数字技术研发和视效创作中心，聚焦视觉视效创意领域，重点建设梧桐视效创意产业园，努力打造国际一流的视效创意产业创新基地；宝安区打造影视内容创作中心和数字创意装备制造中心，加大对原创影视产品创作扶持力度，推动最新数字技术在文化领域中的集成应用，推进影视资源集聚和数字创意设备"智造"转型；盐田区打造数字创意业态融合发展中心，依托丰富的山海旅游资源，促进数字创意向旅游、体育、电子商务等领域拓展，构建有利于初创型数字创意企业孵化培育的发展环境。(责任单位：市文化广电旅游体育局、各相关区政府)

六 保障措施

（一）加强组织协调。各级党委和政府要把数字创意产业发展摆在重要位置，加强宣传、文化、发改、财政、工信、科技、统计等部门沟通协调，及时解决数字创意产业发展重大问题。强化市区联动，形成推动产业发展合力，共同推进数字创意产业高质量发展。(责任单位：市委宣传部、市文化广电旅游体育局、发展改革委、财政局、工业和信息化局、科技创新委、统计局，各区政府、新区管委会、深汕合作区管委会)

（二）完善政策支持。统筹安排现有政策资源，建立健全数字创意产业"六个一"工作体系。整合现有财政专项资金渠道，加强对数字创意产业内容生产、技术研发等的支持。吸引金融资本和社会资本参与数字创意产业投资，建立健全多层次、多元化、多渠道的投融资体系。（责任单位：市委宣传部、市文化广电旅游体育局、发展改革委、工业和信息化局、科技创新委、财政局、市场监管局、地方金融监管局、深圳市税务局、深圳证监局）

（三）加强人才培育。鼓励高校、科研院所设立数字创意学院或开设有关专业学科，加强产学研用协同合作，加快数字创意产业人才的梯度化、规模化培养。鼓励高校、科研机构开展数字创意基础理论研究，设立研究实验室和研究基地。加强数字技能培训，提升全社会数字素养。（责任单位：市教育局、人力资源保障局、文化广电旅游体育局、科技创新委、工业和信息化局）

（四）强化要素支撑。健全数字创意产业统计机制，加强对重点数字创意企业、园区、集群及重点行业的统计监测。充分发挥行业组织作用，促进行业自律，促进规范发展。加强知识产权保护，规范原创内容和版权交易市场秩序，营造尊重和鼓励创新、创意的产业发展环境。（责任单位：市文化广电旅游体育局、发展改革委、民政局、商务局、市场监管局）

四 深圳市文化产业新业态榜单

深圳文化企业100强（2020~2021）

深圳市腾讯计算机系统有限公司	深圳市韶音科技有限公司	深圳华森建筑与工程设计顾问有限公司
腾讯音乐娱乐（深圳）有限公司	丝路视觉科技股份有限公司	德升电子（深圳）有限公司
康佳集团股份有限公司	鸿兴印刷（中国）有限公司	深圳市长丰影像器材有限公司
深圳创维-RGB电子有限公司	深圳市矩阵室内装饰设计有限公司	深圳市杰恩创意设计股份有限公司
周大福珠宝金行（深圳）有限公司	深圳市奋达科技股份有限公司	深圳市灵豹广告有限公司
百度国际科技（深圳）有限公司	深圳市圣德宝实业有限公司	深圳市麦游互动科技有限公司
深圳今日头条科技有限公司	深圳广播电影电视集团	深圳市丝路蓝创意展示有限公司
深圳市裕同包装科技股份有限公司	深圳市神牛摄影器材有限公司	深圳市杰尔斯展示股份有限公司
华侨城集团有限公司	深圳游禧科技有限公司	深圳优依购互娱科技有限公司
深圳市创梦天地科技有限公司	深圳市科彩印务有限公司	广东大地影院建设有限公司
深圳市兆驰股份有限公司	深圳市易尚展示股份有限公司	深圳市迷你玩科技有限公司
深圳市腾讯文化传媒有限公司	中华商务联合印刷（广东）有限公司	深圳市萃华珠宝首饰有限公司
深圳雷霆信息技术有限公司	深圳光峰科技股份有限公司	深圳市柏星龙创意包装股份有限公司
深圳市建筑设计研究总院有限公司	深圳市尚金缘珠宝实业有限公司	深圳掌众网络服务有限公司
深圳市旺盈彩盒纸品有限公司	彩迅工业（深圳）有限公司	深圳市天天爱科技有限公司
深圳市华阳国际工程设计股份有限公司	深圳市冠旭电子股份有限公司	深圳冰川网络股份有限公司
深圳市大疆如影科技有限公司	深圳正峰印刷有限公司	深圳市懒人在线科技有限公司
华强方特（深圳）电影有限公司	深圳微播信息技术有限公司	深圳市润天智数字设备股份有限公司
深圳劲嘉集团股份有限公司	深圳证券时报传媒有限公司	深圳华侨城卡乐技术有限公司
深圳市国富黄金股份有限公司	香港华艺设计顾问（深圳）有限公司	深圳市星河互动科技有限公司

续表

迪阿股份有限公司	深圳TCL数字技术有限公司	奥意建筑工程设计有限公司
深圳市康冠科技股份有限公司	深圳奥雅设计股份有限公司	深圳市卡司通展览股份有限公司
深圳市三诺数字科技有限公司	深圳市中手游网络科技有限公司	深圳市全景网络有限公司
深圳市豆悦网络科技有限公司	深圳出版集团有限公司	深圳机场雅仕维传媒有限公司
艾奕康设计与咨询（深圳）有限公司	深圳尚米网络技术有限公司	柏斯音乐文化有限公司
深圳九星互动科技有限公司	周六福珠宝股份有限公司	华强方特（深圳）动漫有限公司
深圳维京人网络科技有限公司	深圳市新城市规划建筑设计股份有限公司	华强方特（深圳）科技有限公司
深圳报业集团	深圳前海茂佳软件科技有限公司	影石创新科技股份有限公司
深圳市厚拓科技有限公司	深圳市金雅福首饰制造有限公司	深圳市亿科数字科技有限公司
深圳市粤豪珠宝有限公司	梁黄顾建筑设计（深圳）有限公司	深圳市火乐科技发展有限公司
深圳市迅雷网络技术有限公司	深圳市贤俊龙彩印有限公司	深圳市欧博工程设计顾问有限公司
周大生珠宝股份有限公司	深圳宜搜天下科技股份有限公司	深圳市华汇设计有限公司
深圳市景创科技电子有限公司	深圳市宏禧聚信广告有限公司	雅昌文化（集团）有限公司
深圳市中汇影视文化传播股份有限公司		

深圳市市级园区（基地）名称（截至2022年7月）

华侨城创意文化园	INPARK文化创意产业园	南海意库
中国丝绸文化产业园	深圳大视界国际影视文体产业园	深圳动漫园
中国（深圳）新媒体广告产业园	定军山电影科技产业园	南山互联网创新创意服务基地
UTCP大学城创意园集聚区	幸福珠宝文化创意产业园	深圳（南山）互联网产业基地
深圳文化创意园	南头古城	万科云设计公社
深圳国家动漫画产业基地	水贝银座大厦文化产业园	高北十六创意园
满京华艺展中心	T6艺术区	深圳市文化潮汕博览园

续表

2013文化创客园	李朗国际珠宝产业园	西部国际珠宝城（宝立方）文化创意园
DCC展览展示文化创意园	盐田国际创意港	深圳市定军山数字电影文化科技创意园
蛇口滨海文化创意产业带	雪仙丽文化创意产业园	宝福李朗珠宝文化创意产业园
F518创意园	坂田创意文化产业园	182创意设计产业园
大芬油画村	吉虹创意设计产业园	三联水晶玉石文化村
深圳古玩城	T8旅游创意（保税）园	深圳市文博宫
华侨城甘坑新镇	深装总创意设计园	万科星火ONLINE
中国·观澜版画原创产业基地	中芬设计园	注艺影视基地
深圳新桥影视产业基地	T-PARK深港影视创意园	天安云谷数字创意产业园
水贝壹号多功能珠宝展示交易产业园	水贝国际珠宝交易中心	深圳市万众城
珠光文化科技产业服务基地	深圳市楼尚文化创意产业园	127陈设艺术产业园
天健创智中心	C33+珠宝创新产业园	深圳广播电影电视集团文化创意产业园
松岗琥珀文化产业园	水贝万山珠宝产业园	山水田园国画基地
IBC水贝珠宝商务中心	金展珠宝广场	观澜湖艺工场
特力珠宝大厦	水贝金座大厦	1980油松漫城产业园
南山睿园	世外桃源创意园	坪山雕塑艺术创意园
国际婚博园	蛇口网谷	艺象iDTOWN国际艺术区

深圳市2022年优秀新型业态文化企业

深圳市华阳国际工程设计股份有限公司	深圳市中手游网络科技有限公司	华强方特（深圳）科技有限公司
深圳华侨城卡乐技术有限公司	深圳劲嘉新型智能包装有限公司	深圳市丝路蓝创意展示有限公司
深圳九星互动科技有限公司	深圳市汉森软件有限公司	深圳市乾派文化传播有限公司
深圳市大头兄弟科技有限公司	深圳有咖互动科技有限公司	深圳市代宝科技有限公司
深圳市酷看文化传播有限公司	深圳大漠大智控技术有限公司	

附录

2019～2020年度深圳市国家文化出口重点企业和重点项目清单

深圳中华商务安全印务股份有限公司	中国图书进出口深圳公司	深圳市闲云工艺饰品有限公司
雅昌文化（集团）有限公司	深圳市裕同包装科技股份有限公司	深圳中青宝互动网络股份有限公司
中华商务联合印刷（广东）有限公司	深圳广播电影电视集团	深圳市中手游网络科技有限公司
深圳市星河互动科技有限公司	深圳市前海幻境网络科技有限公司	深圳市久美博学科技有限公司
深圳市凉屋游戏科技有限公司	华强方特文化科技集团股份有限公司	腾讯科技（深圳）有限公司

《熊出没》系列作品	华强方特文化科技集团股份有限公司
中航国际非洲总部基地海外设计项目	深圳市杰恩创意设计股份有限公司

2021～2022年度深圳市国家文化出口重点企业和重点项目清单

深圳中华商务安全印务股份有限公司	深圳市中手游网络科技有限公司	深圳易帆互动科技有限公司
雅昌文化（集团）有限公司	深圳市星河互动科技有限公司	深圳视觉科技有限公司
中华商务联合印刷（广东）有限公司	深圳市凉屋游戏科技有限公司	深圳市乐易网络股份有限公司
深圳广播电影电视集团	深圳市前海幻境网络科技有限公司	深圳雅文教育文化传媒有限公司
深圳市闲云工艺饰品有限公司	华强方特文化科技集团股份有限公司	深圳海拓时代科技有限公司
深圳中青宝互动网络股份有限公司	腾讯科技（深圳）有限公司	深圳市绘王动漫科技有限公司
深圳市腾讯计算机系统有限公司		

《熊出没》系列产品	华强方特文化科技集团股份有限公司
新射雕群侠传之铁血丹心	深圳市中手游网络科技有限公司
数字内容国际分发与智能化运营服务系统	深圳雅文教育文化传媒有限公司
电视剧《湾区儿女》	广东爱虎投资股份有限公司

2022～2023年度深圳市国家文化出口重点企业和重点项目清单

深圳市酷看文化传播有限公司	深圳市前海幻境网络科技有限公司	中华商务联合印刷（广东）有限公司
深圳市乐易网络股份有限公司	深圳市创梦天地科技有限公司	深圳市迅龙创威网络技术有限公司
华强方特文化科技集团股份有限公司	中国图书进出口深圳有限公司	深圳视觉科技有限公司
深圳市闲云工艺饰品有限公司	深圳市中手游网络科技有限公司	深圳市汉拓数码有限公司
深圳易帆互动科技有限公司	深圳市凉屋游戏科技有限公司	深圳市星河互动科技有限公司
深圳市爱的番茄科技有限公司	腾讯科技（深圳）有限公司	深圳绘王趋势科技股份有限公司
雅昌文化（集团）有限公司	深圳雅文信息传播有限公司	
《熊出没》系列产品		华强方特文化科技集团股份有限公司
新仙剑奇侠传、轩辕剑		深圳市中手游网络科技有限公司
国际传播整合服务平台——"千帆"项目		深圳雅文信息传播有限公司

后 记

　　新技术、新媒体与文化创意的融合，构成了当代中国文化产业发展的核心动力。随着国家文化产业数字化战略的深入实施，以数字技术和互联网为依托的文化产业新业态蓬勃兴起，成为推动文化产业高质量发展的新引擎，为文化产业的高质量发展注入了新动能。当前，文化产业数字化趋势显著，产业结构不断优化，转型升级成效明显，个性化定制、精准化营销、协作化创新、网络化共享等文化经济发展新范式层出不穷，文化产业早已突破霍克海默和阿多诺最初批判的"文化工业"时期以福特主义为核心的规模化、标准化、批量化发展模式，正加速向在线化、个性化、交互化、智能化方向转型升级，并从文化产业生产方式、组织形式、消费方式以及传播途径等多个维度给文化新业态发展提供一个崭新的研究背景和研究方向。

　　作者在中国文化产业发展及媒体融合领域深耕多年，对技术创新催生的文化产业新业态及媒体、技术与产业业态之间的互相影响有深入研究。本书正是在多年深入研究新技术、新媒体与文化产业新业态三者脉络关系基础上形成的思想沉淀。本书上篇为理论篇，主要探究了在"互联网+5G"新时代背景下新业态、新媒体等概念的新内涵、新特征以及文化产业的创新形态、发展新趋势等最新理论问题。下篇为实践篇，研究坚持"理论源于实践，理论结合实践，理论指导实践"思想，主要以深圳文化产业创新实践为范本，对深圳新技术、新媒体背景下的文化创新发展思路和新业态新模式展开了系统的研究与总结。书中对新技术新媒体下深圳文化产业新业态的基本情况、空间布局、行业分析、产业规模做了新图谱描画，并选取了数字新媒体、数字游戏、数字影视、数字音乐、文旅融合等几个重点文化产业新业态领域进行了深度剖析，力求从多个维度系统地阐述深圳文化产业新业态创新发展模式。通过探讨、总结深圳文化企业在推动产业数字化转型中取得的宝贵经验，进而全面、立体勾勒新技术新媒体背景下深圳文化产业新业态发展新图景，以期对数字时代背景下全国文化产业的转型升级以及现代化文化产业体系构建贡献更多深圳经验。

"落其实者思其树，饮其流者怀其源。"本书的撰写是一项比较烦琐和庞大的系统工程，能够顺利完成得益于社会各界同仁以及深圳市文化广电旅游体育局、深圳市社会科学院、武汉大学新闻与传播学院以及深圳大学文化产业研究院等单位的鼎力支持。特别要感谢两位德高望重、学术造诣深厚的老师，一位是十年前将我带进文化产业研究领域、开启我学术研究道路的恩师——彭立勋老师，一位是帮助我开启新闻传播领域研究的博士生导师——武汉大学新闻与传播学院的冉华老师，正是两位导师的学术启迪和悉心指导，才使我能够在两个完全不同的研究领域顺利地完成跨学科研究，将学术研究之路走深走实。同时，还要特别感谢深圳市社会科学院吴定海院长、杨建副院长，以及深圳大学文化产业研究院周建新院长、胡鹏林副院长，他们严谨的治学态度、无私的指导、达观的处世方式亦深深地影响着我。感谢一路走来支持我、鼓励我的领导和业界同仁，感谢白瑜、栾媛、印巍、周明、弓伟等博士班同学，以及王敏、周修琦等同事，感谢我亲爱的家人，特别是先生的默默支持与付出。千言万语道不尽，唯有感恩挂心头，在此向他们致以最诚挚的谢意！

"路漫漫其修远兮，吾将上下而求索。"本书仅为抛砖引玉之作，期待更多的学者关注我国文化产业新业态的发展问题。当然，限于笔者能力、时间以及数据可得性、可靠性、及时性等诸多因素，研究尚存很多问题与不足，敬请广大读者和各界专家学者指导、批评、指正。

彭思思
2022年冬于深圳南山区观海台

图书在版编目(CIP)数据

新技术、新媒体与文化产业新业态 / 彭思思著. --北京：社会科学文献出版社，2024.1（2024.9 重印）
ISBN 978-7-5228-2864-0

Ⅰ.①新… Ⅱ.①彭… Ⅲ.①文化产业-产业发展-研究-深圳 Ⅳ.①G127.653

中国国家版本馆 CIP 数据核字（2023）第 227075 号

新技术、新媒体与文化产业新业态

著　　者 / 彭思思
出 版 人 / 冀祥德
责任编辑 / 周雪林
责任印制 / 王京美
出　　版 / 社会科学文献出版社
地址：北京市北三环中路甲29号院华龙大厦　邮编：100029
网址：www.ssap.com.cn
发　　行 / 社会科学文献出版社（010）59367028
印　　装 / 唐山玺诚印务有限公司
规　　格 / 开本：787mm×1092mm 1/16
印张：17.75　字数：306 千字
版　　次 / 2024 年 1 月第 1 版　2024 年 9 月第 2 次印刷
书　　号 / ISBN 978-7-5228-2864-0
定　　价 / 89.00 元

读者服务电话：4008918866

版权所有 翻印必究